Elvira Klein

Der Ausflug in den Odenwald

und an die Bergstraße

Societäts-Verlag

Karten und Zeichnungen von Rudolf Klein

Die hier veröffentlichten Wanderungen sind eine Auswahl der regelmäßig in der Frankfurter Allgemeinen Zeitung/ Rhein-Main-Zeitung erschienenen Artikelserie.

2. durchgesehene Auflage

Schutzumschlag Zeichnung: Wolfgang Krüger
Satz: Fotosatz Janß, Pfungstadt
Herstellung: Clausen & Bosse, Leck
Printed in Germany 1995
ISBN 3-7973-0510-9

Inhaltsverzeichnis

Ein Wort zuvor

Taunus, Odenwald, Spessart, Rhön, das sind nur einige Mittelgebirge, die als grüner Kranz das Rhein-Main-Gebiet umschließen. Ein unerschöpfliches Erholungsreservoir, das die hier Ansässigen aus eigener Erfahrung zu schätzen wissen, vornehmlich die Wanderfreunde. Jeder der Gebirgszüge hat aufgrund der geologischen Gegebenheiten sein unverkennbares, ganz spezifisches Gesicht in der breiten Palette von lieblich bis herb mit zahllosen Zwischentönen. Was Wunder, daß wohl jeder Erholungssuchende eine Vorliebe für die eine oder andere Gegend entwickelt und sich gezielt Anregungen für eben diesen Landstrich wünscht zum Wandern, Kennenlernen von Natur- und Kulturdenkmälern, Museen, regionaler Lebensart.

Hier sind es Odenwald und Bergstraße, die aus der langjährigen Serie in der FAZ/Rhein-Main–Zeitung „Der Ausflug am Wochenende“ herausgefiltert wurden und nun in Buchform erscheinen. Nach Taunus und Rhein oder den vorangegangenen „buntgewürfelten“ fünf Bändchen des „Ausflugs“. Wer also in den Odenwald fährt, braucht beispielsweise Hunsrück oder Westerwald nun nicht mehr „mitzuschleppen“.

Der Wanderer kann wählen zwischen 76 in sich abgeschlossenen Routen von der sonnigen Bergstraße über den ebenso abwechslungsreichen wie sagenumwobenen Mittelteil, dem burgenreichen, tief eingeschnittenen Neckartal, zum sanft nach Osten hin ausklingenden Hinteren Odenwald. Die Länge bewegt sich zwischen 7 und 19 Kilometern. Mit Rücksicht auf Benutzer öffentlicher Verkehrsmittel sind Anfang und Ende fast immer an einem Bahnhof oder einer Bushaltestelle. Die Vorschläge der Anfahrt, auch für Autofahrer, gelten ab Frankfurt. – Wegemarkierungen, Öffnungszeiten von Museen, Ausflugslokalen u. a. entsprechen dem neuesten Stand. Bei Änderungen bitte Nachsicht!

Viel Freude auf allen Wegen!

Besonderer Dank gilt der Geschäftsführung der Frankfurter Allgemeinen Zeitung und dem Societäts-Verlag, die das Erscheinen der bisher zehn Ausflugsbändchen ermöglicht haben.

Elvira Klein

Wo die Römer Steine klopften

Die „klassische“ Odenwaldwanderung, ein „Muß“ vieler Schulklassen, führt zum Felsenmeer, grandiose Relikte einer Erosionslaune der Natur und Schauplatz römischer Steinmetzarbeiten. – Ausgangsort Lautertal-Reichenbach ist zu erreichen von Bensheim (Bergstraße) mit Bus bis Reichenbach; für Autofahrer B 47 ab Bensheim. – Wanderlänge: sieben Kilometer (2 1/2 Std.).

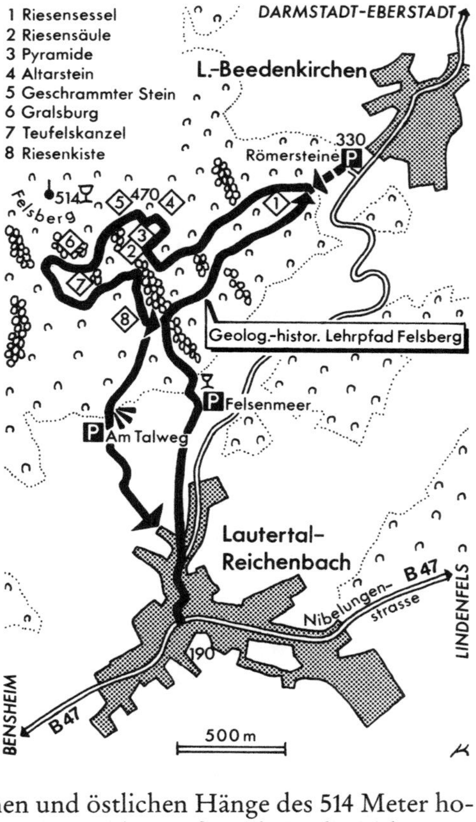

Über die südlichen und östlichen Hänge des 514 Meter hohen Felsberges im Odenwald ergießt sich in die Täler von Lautertal-Reichenbach und L.-Beedenkirchen 220 Meter tief der granitene Strom des Felsenmeeres. In dieser durch Erosion freigelegten Ansammlung gewaltiger, an natürlicher

Formschönheit kaum zu überbietender Steinblöcke hinterließen zudem römische Steinmetze Spuren ihres hohen handwerklichen Könnens. Vom dritten Jahrhundert an nutzten und bearbeiteten sie dieses harte Gestein für ihre monumentalen Bauwerke in Mainz und Trier.

Der Verein Naturpark Bergstraße-Odenwald hat im zentralen Bereich des Felsenmeeres einen geologisch-historischen Lehrpfad in Form eines Rundweges angelegt. Sechzehn Hinweistafeln informieren über geologische Begebenheiten, die Entstehung der Randgebirge beim Absinken des Rheingrabens und speziell die Naturschöpfungen des Blockmeeres als Rest eines langen Verwitterungsprozesses. Es wird auf die römische Steinindustrie eingegangen, ihre Arbeitsmethoden und die verbliebenen intakten und mißlungenen Werkstücke. Sie sind alle mit roten Ziffern gekennzeichnet. Beispiel: Riesensäule, Pyramide, Altarstein.

Der Rundweg verläuft fast eben in ostwestlicher Richtung, beginnend in unmittelbarer Nähe des Parkplatzes Römersteine, kurz vor Beedenkirchen. Die gelben Ziffern 4 und 6 weisen in den Wald, wo man sogleich an der folgenden Kreuzung auf das maßgebliche Zeichen des Lehrpfades, braunes Holzschild mit roter Spitze, trifft. Wenn am verlassenen Steinbruch das Schild fehlt, orientiert man sich ab hier an der 6 allein (!). Am Altarstein mit Schutzhütte ist der höchste Punkt des Rundkurses erreicht. Vom folgenden Geschrammten Stein kann man zur Gaststätte auf dem Felsberg hinauflaufen und setzt dann den ohne an Anschaulichkeit verlierenden Weg fort.

Schon auf dem Rückweg, folgt man an Tafel 12 (Transport der römischen Werkstücke) im Zweifelsfall dem Hinweis „Beedenkirchen, Parkplatz Römersteine“ bis kurz vor den Treppenaufgang zur Riesensäule, dann rechts abwärts neben dem breitesten Felsenstrom die Naturbalkentreppe hinunter zur Riesenkiste (Nr. 286) und nach links auf schwankendem Holzsteg über die mächtigen, grauen Urtierleibern gleichenden Granitkolosse. Nach einigen Kurven sind wir wieder am Parkplatz.

Busbenutzer und Motorisierte, die den Rundgang verlängern wollen, beginnen in Reichenbach am Rathaus, biegen in die Beedenkircher Straße und folgen der Markierung weißes F aufwärts, ab der Siegfriedquelle über Treppenstufen bis zum Einfädeln in den Lehrpfad nach rechts. – An der Riesenkiste trifft man auf das gelbe Viereck und läuft den aussichtsreichen Weg nach Reichenbach zurück.

Die „Pyramide", eine der zahlreichen römischen Steinmetzarbeiten im Felsenmeer

Heiligenberg – Battenberg – Mountbatten

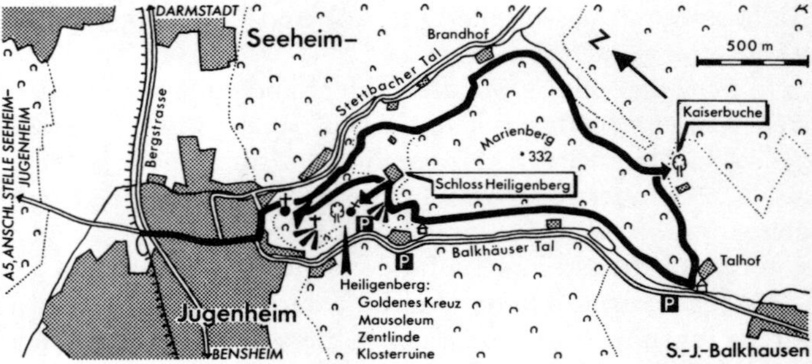

Schloß Heiligenberg bei Jugenheim, großherzogliche Sommerresidenz im vorigen Jahrhundert, gilt als das Stammhaus der Battenberg-Mountbattens. – Der Weitblick über die Rheinebene hinweg ist frappierend. – Der Weg führt direkt hinauf, oder wie in diesem Vorschlag eingebunden in örtliche Markierungen weit ausholend. – Länge des Spaziergangs insgesamt sieben Kilometer, also etwa zwei Stunden. Beginn in Jugenheim an der Straßenbahnhaltestelle Ludwigstraße der Linie 8 von Darmstadt. Autofahrer kommen über die A 5 Anschlußstelle Jugenheim herein.

In die Kette der Burgen und Schlösser entlang der Bergstraße wurde das Kleinod Schloß Heiligenberg über Jugenheim erst spät eingereiht. Die ursprünglich als Landgut vom hessischen Hofkammerrat A. K. Hofmann 1814 erstellte Anlage erhielt nach mehreren Um- und Anbauten ihre jetzige repräsentative, nachklassizistische Vierflügelform zwischen 1863 und 1877.

Großherzogin Wilhelmine hatte das Gut 1827 als Sommersitz erworben. Nach ihrem frühen Tod im Jahr 1836 ging es an ihre jüngsten Kinder, Alexander und Marie, spätere Zarin von Rußland, über. Weltweit bekannt geworden ist Schloß Heiligenberg als Stammhaus der Battenberg-Mountbattens, das Prinz Alexander mit Julie von Haucke, Hofdame seiner

Schwester, aufgeadelte Prinzessin von Battenberg, begründete.

Man kann direkt zur Höhe hinaufklettern, aber auch einen weitausholenden Bogen schlagen und das Hinterland mit einbeziehen, wie bei dieser Wanderung. Von der Straßenbahnhaltestelle Ludwigstraße geht man gegenüber durch ebendiese Straße und anschließend am Haus Krone links, schwenkt neben dem fein herausgeputzten Fachwerk-Rathaus durch das offene Gittertor und findet sogleich die weiße 6 im grünen Quadrat.

In der Folgezeit muten die Zahlenbündel der verschiedensten Wanderwege fast wie ein Verwirrspiel an. Als Grundregel sei angemerkt, daß gelbe arabische Ziffern, gelb umringt, als Rundwanderwege von entsprechenden Parkplätzen ausgehen, während weiße arabische Ziffern, weiß umrandet, von Ortschaften kommen und dort wieder hinführen.

Es geht hinan zur „Bergkirche", der evangelischen Pfarrkirche Jugenheims, wo man sich in die weiße Route der 7 und 12 einfädelt, zunächst leicht abwärts ins Stettbachtal, dann wieder aufwärts, im Wald, auf der Höhe Schloß Heiligenberg zunächst unbeachtet hinter sich. Von der Höhe bis hinunter zum Brandhof gefallen sich die Ziffern mal in einer eckigen, mal in einer runden Umrandung. Jetzt tritt die weiße 5 im Kreis auf den Plan, und im großen Rechtsbogen folgen wir ihr am Waldrand.

An der Wegekreuzung, vor der markanten Kaiserbuche, erwartet uns der letzte Lotse, die weiße 4. Nach dem Rechtsknick am Talhof und damit bereits im Balkhäuser Tal kommt ihr die gelbe 4 ins Gehege. Wir verbleiben auf dem breiten Hangweg (nicht der Spitzkehre der gelben 4 nachgehen!), auch wenn die weiße 4 seltener auftritt, und gelangen direkt aufs Schloßgelände.

Das Schloß gehört dem Land Hessen und wird als Lehrerfortbildungsstätte genutzt. Von der Balustrade öffnet sich die Sicht über die Rheinebene, doch noch besser ist das Panorama vom höchsten Punkt des Heiligenbergs am Goldenen Kreuz. Zum Andenken an Großherzogin Wilhelmine ließen ihre Kinder 1866 das Denkmal errichten. Diese schmale Bergzunge ist historisch gesehen der älteste Teil des Heiligenbergs, eine uralte Zentgerichtslinde gibt Zeugnis davon, ebenso die künstlich errichtete Kirchenruine eines um 1230 hier gegründeten Nonnenklosters.

Vom Schloß folgt man dem weißen F rechts neben der Straße auf kürzestem Weg zu Kirche und Rathaus hinunter.

Schloß Heiligenberg über Jugenheim

Vom Kindstaufgäßl zum Königstuhl

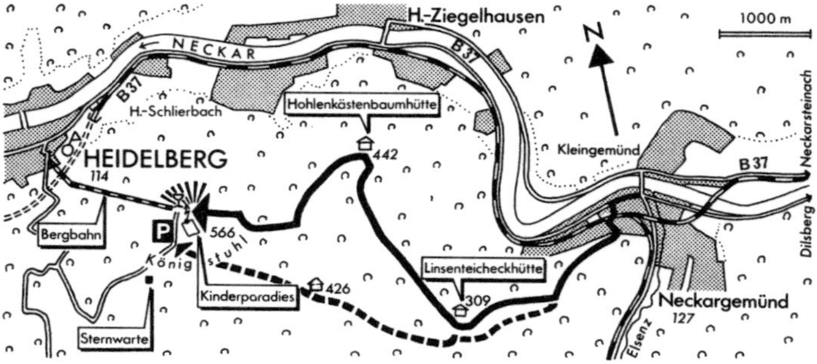

Acht Kilometer Wanderwege (2 1/2 Std.) liegen zwischen Neckargemünd und dem Heidelberger Ausflugsberg Königstuhl mit Kinderparadies. Kühle Quellen auf dem Hinweg, das Riesenfaß im Schloßkeller auf dem Rückweg. – Öffnungszeiten, Schloß: April bis Oktober täglich 8 bis 17 Uhr, November bis März 9 bis 16 Uhr; – Kurpfälzisches Museum: täglich außer Montag 10 bis 17 Uhr; Reichspräsident-Friedrich-Ebert-Gedenkstätte: Dienstag bis Sonntag 10 bis 18 Uhr; Studentenkarzer Alte Universität: Montag bis Samstag 9 bis 17 Uhr u. a. Museen. – Anfahrt zum Ausgangsort Neckargemünd, per Bahn: Frankfurt–Heidelberg, Heidelberg–Neckargemünd, oder ab Heidelberg Buslinie 35 ab Bismarckplatz, oder mit einem der Neckarschiffe. – Die Bergbahn zwischen Königstuhl und Kornmarkt verkehrt täglich mit Haltestelle Schloß.

Literaten würden in der graphischen Darstellung der heutigen Streckenwanderung den roten Faden zwischen Anfang und Ende einer Story sehen. Ziel ist das Kinderparadies auf dem Königstuhl über Heidelberg. Am Fuß des 82 Meter hohen Fernsehturmes erstreckt sich das Walderholungs- und Freizeitgelände, das mit seinen farbenfrohen und technisch perfekten Spieleinrichtungen viele Kinderwünsche erfüllt.

Der Anfang liegt am Hanfmarkt von Neckargemünd, im sogenannten „Kindstaufgäßl“. Einige winzige schiefbalkige Fachwerkhäuser drängen sich hier wie Vogelnester aneinander. Es soll das Viertel der armen Leute in der einstigen Reichsstadt gewesen sein. Zum Unterschied von den wohlhabenderen Bürgern, die weiter oben wohnten, seien hier unten die Kindstaufen so häufig gewesen, daß dieser Gassendurchschlupf den Namen „Kindstaufgäßl" erhielt.

Für uns ist die Brücke zwischen der Welt der Kinder von einst und heute der Wald. Kurz vor dem Bahnhof in Neckargemünd geht man am Schild Schützenhaus die Straßenüberführung hinauf und braucht sich, sobald man in der Hildastraße auf die Ziffer 12 gestoßen ist, eigentlich um keine andere Markierung mehr zu kümmern. Lediglich auf einen Treppenaufgang in der nächsten Straße ist zu achten. Über einen Schlängelpfad gelangt man in den Wald und gleicht sich ganz allmählich im Anstieg durch lichten Buchenwald der Höhe der umliegenden Berge an. Im Bedarfsfall (Schilder verschwinden häufig) kann man sich auch der Markierung rotes hohles Dreieck ab Bahnhof anschließen oder auf direktem Weg zum Königstuhl, oder dem roten Punkt bis Hohlenkästenbaumhütte, dann weiter mit Ziffer 12.

Es ist selten geworden, daß man in deutschen Mittelgebirgen frisch sprudelnde Quellen findet. Auf dieser Strecke kann man gleich zweimal seinen Durst stillen: an der Linsenteicheckhütte und an der Hohlenkästenbaumhütte, beides schön gelegene Rastplätze mit Schutzhütten. Die Wanderung ist so angelegt, daß sie bequem von Kindern bewältigt werden kann. So auch von der zweiten Quelle der letzte Abschnitt zum 566 Meter hohen Königstuhl-Massiv. Wer noch höher hinaus möchte, kann auf die Plattform des Fernsehturmes hinauffahren und sich durch das dort aufgestellte Fernglas den vorderen Odenwald, das Neckartal und die Rheinebene ganz nahe an Heidelberg heranholen.

Zu dem sechzig Hektar großen Kinderparadies sei gesagt, daß hier nicht nur Schneewittchen und die sieben Zwerge sich mit vielen anderen bekannten Märchengestalten ein Stelldichein geben. Sie alle wohnen komfortabel in skandinavischen Häusern, und daran mag man den Gesamtstil abschätzen. Im ganzen eine bunte Kunststoffwelt von Babys Wickelraum über Rutsche und Minigolfanlage zu Omas und Opas Kaffeehaus-Stuhl.

Die Kleinen aus dem „Paradies“ zu locken ist gar nicht schwer: sie brauchen nur von der Dampflokeisenbahn auf die Bergseilbahn umzusteigen. Mit 40 Prozent Gefälle geht es hinunter zur Station Schloß, für die Besucher, die „Europas berühmteste und größte Schloßruine“ und das 220000-Liter-Faß noch nicht kennen, oder weiter abwärts zur Endhaltestelle in der Altstadt. In der Neckaruferstraße bekommt man den Bus, mit dem man bis zum Bismarckplatz vor dem Bahnhof fährt.

Malerischer Fachwerkwinkel in Neckargemünd

Keltisches Quellheiligtum

Im Mittelpunkt der acht Kilometer langen, aussichtsreichen Wanderung (3 Std.) steht der Kapellenberg (460 m) bei Fürth-Weschnitz. – Überragend die Lage, die schon die Kelten als Opferstätte nutzten, Karl der Große Recht sprechen ließ und Christen eine Kirche bauten. – Fürth-Weschnitz ist von Heppenheim an der Bergstraße mit Bus Richtung Grasellenbach zu erreichen. Autofahrer nehmen ab der A 5, Anschlußstelle Heppenheim, die B 260 bis Fürth-Weschnitz.

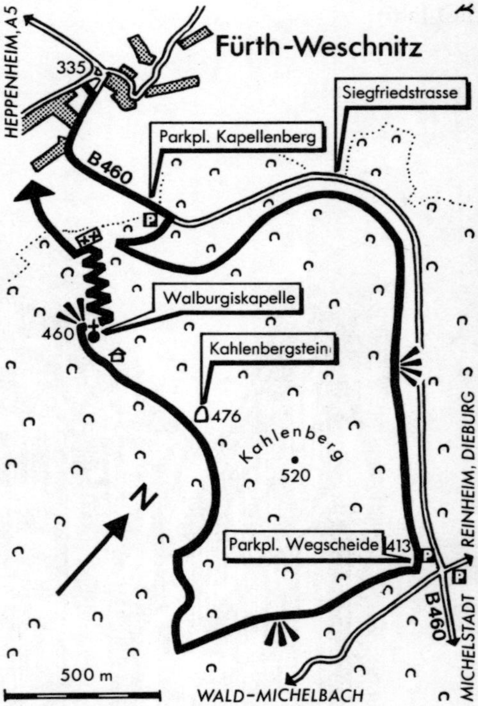

Ins Herz des Odenwaldes, wo sich die Wasser scheiden zum Rhein, Main und Neckar hin, soll die Wanderung führen, zum Oberlauf der Weschnitz, die sich für den großen Strom entschieden hat und ihm via Fürth, Weinheim und Lorsch zueilt. Was Wunder, daß denn auch von der Rheinebene her die Menschen vom Weschnitztal Besitz ergriffen haben. Schon der Name – Weschenz, aus dem keltischen Visgoz, was soviel wie zwei Quellbäche bedeutet – spricht für sich. Auf dem Kahlenberg wird ein keltisches Quellheiligtum vermutet, wahrscheinlich an der Stelle, wo heute die Walburgiskapelle steht. Um diese Kapelle ziehen wir den Wanderkreis.

Autofahrer können den Wagen am Parkplatz Kapellenberg an der B 460 außerhalb Fürth-Weschnitz abstellen. Busbenutzer gehen von der Haltestelle am Erbacher Hof zurück zur B 460 und folgen diesem auch Siegfriedstraße genannten Verkehrsstrang quer durch den Odenwald nach rechts bis zum Naturparkplatz. Hier orientiert man sich am Verlauf der gelben Ziffer 3 im Kreis, folgt ihr bis kurz vor den kleinen Waldfriedhof und biegt scharf links ein. Wenig später gabeln sich die Wege der 3, für uns ist der linke mit dem Hinweis Wegscheide der richtige.

Zwischen den Bäumen heben sich deutlich erkennbar unnatürliche Erhebungen an der Bergflanke ab; Hügelgräber, könnte man meinen, doch es sind Spuren, die der einstige Erzabbau am Kapellenberg hinterlassen hat. Arezgrefte, Erzgruben, werden bereits 795 urkundlich erwähnt. Bis zum Beginn des 18. Jahrhunderts hat man hier Mangan-Erz im Tagebau gefördert und teilweise vor Ort in primitiven Schmelzen verhüttet. Gänzlich erlosch der Erzabbau 1883.

Der unkomplizierte Hangweg, den wir parallel zur B 460 benutzen, wird Steinbruchweg genannt oder auch Grenzweg, wobei die zweite Bezeichnung offensichtlich wird. Wenn die 3 rechts abknickt, gehen wir in der bisherigen Richtung weiter, denn ein „Arm“ der Markierung reicht bis zum Naturparkplatz Wegscheide. Erst hier geben wir das Zeichen auf und wechseln zum gelben Doppelstrich über, der steil zum Kahlenberg hinaufweist.

Mit diesem Berg hat es eine historische Bewandtnis, die bis in unsere Tage herüberreicht. Er wurde auf Geheiß Karls des Großen 795 als Versammlungsort eines Schiedsgerichtes gewählt, das die Grenzen der neuen Mark Heppenheim festzulegen hatte, um Besitzstreitigkeiten endgültig beizulegen zwischen dem reichsunmittelbaren Kloster Lorsch einerseits und Mainz, Worms, Amorbach, die sich die Königsmark Heppenheim teilten, andererseits. Diese Grenze galt danach fast tausend Jahre zwischen dem Fürther Zent, Oberamt Heppenheim gegenüber der Grafschaft Erbach, bis sie 1806 zur heutigen Kreisgrenze wurde.

Wir kommen zu einer erklärenden Tafel an einer Wegekreuzung. Der bisher befestigte Weg knickt an dieser Stelle rechts ab, man folgt ihm weiterhin, jetzt ohne gelben Doppelstrich, von Hinweisschildern „Walburgiskapelle" geleitet. Am Kahlenbergstein (476 m) trifft man wieder auf die anfängliche Ziffer 3, die das gleiche Ziel hat, die einstige Opferstätte der Kelten, die Christen übernahmen und der heiligen Walburga weihten. Nach wechselvoller Geschichte wurde 1815 die jetzige Kapelle errichtet. Unverändert geblieben ist die beherrschende Lage des Kapellenberges, die eine freie Weitsicht ermöglicht.

Für den Abstieg auf einem Serpentinenweg schließen wir uns der gelben Ziffer 2 an. Sie bringt uns bis an den Waldfriedhof. Links um den Gottesacker herum führt der Weg zurück nach Weschnitz.

Auf Amors Spuren

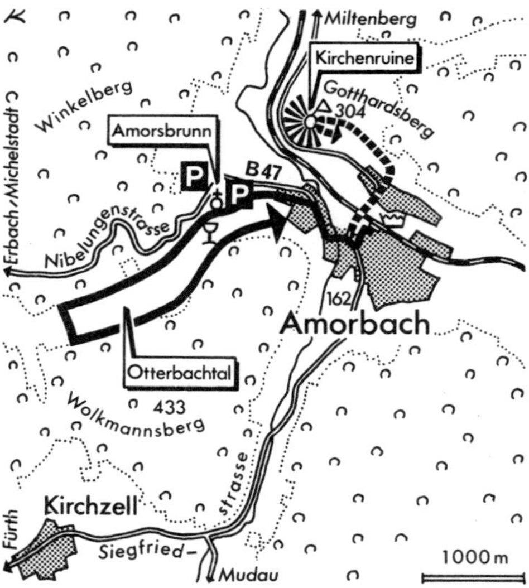

... wandern wir zwei Stunden (8 km) lang und besuchen dabei die alte Wallfahrtskapelle Amorsbrunn, ausgehend von Amorbach, dem Barockstädtchen im östlichen Odenwald. – Öffnungszeiten, ehemalige Benediktiner abtei: März werktags 9.40 bis 11.40 und 13.40 bis 17.00 Uhr, sonntags 13.00 Uhr bis 17.00 Uhr; April und Oktober werktags 9.20 bis 12.00 Uhr, 13.20 bis 17.20 Uhr, sonntags 11.20 bis 17.20 Uhr; Mai bis September werktags 9.20 bis 12.00 Uhr, 13.20 bis 18.00 Uhr, sonntags 11.20 bis 18.00 Uhr. – Orgelvorführungen: Mai bis Oktober dienstags bis samstags um 15.00 und samstags um 11.00 Uhr. Templerhaus: Mai bis Oktober mittwochs 16.30 bis 17.30, samstags 11 bis 12 Uhr. Sammlung Berger, Wolkmannstr. 2, größte Teekannensammlung Europas u. a. m.: 1. April bis 31. Oktober täglich außer Montag 13.30 bis 17.00 Uhr. – Anfahrt per Bahn: Frankfurt–Aschaffenburg–Miltenberg–Amorbach; per Auto: Frankfurt A 3 bis Anschlußstelle Stockstadt, B 469 bis Amorbach.

Wo die legendäre Wiege der Abtei Amorbach stand, dorthin geht der Ausflug. „Zum Amorsbrunn e Vertel Stunn", belehrt ein Wegweiser in der Stadt. Auf einem heidnischen Quellheiligtum sollen in dem Tal der Mudau irische und schottische Mönche im 8. Jahrhundert eine Kapelle errichtet haben, der bald das Benediktinerkloster Amorsbrunn angeschlossen wurde. Was läge näher, als mit diesem Namen den römischen Liebesgott in Zusammenhang zu bringen, zumal denen, die von der Quelle im Kapelleninneren trinken, Kindersegen vorhergesagt wird? Doch nicht er stand Pate, sondern der heilige Amor. Wem wollte man es verwehren, trotzdem nach der kleinen Putte mit Pfeil und Köcher Ausschau zu halten?

Vom Bahnhof Amorbach kommt man durch die Bahnhofstraße zunächst zur Stadtkirche St. Gangolf, die, obgleich schon Rokoko, ein Spiegelbild der Abteikirche ist. Am nahen Marktplatz laufen zentral die Wandermarkierungen zusammen. Eine Tafel am Rathaus gibt Auskunft. Wir wählen die weiße Raute und gehen mit ihr nach rechts über die Steinerne Brücke durch das ausgedehnte Neubaugebiet und auf dem Amorsbrunner Weg hinaus in ein kleines Seitental der Mudau. Es ist das liebliche Otterbachtal, an dessen Einmündung zur Mudau die Amorsbrunner Kapelle steht. Daß es nicht mehr das erste Gotteshaus ist, besagt die Jahreszahl 1521 über der Eingangstür. Doch die Quelle am Boden der Kirche speist jetzt wie damals das Becken im Garten. Wo einst rituale Waschungen vorgenommen wurden, tummeln sich heute Forellen.

Mit der gelben Ziffer 3 geht man an der nahen Gaststätte vorbei (oder hinein) und hinaus ins Grüne. Zwischen Wolkmann- und Winkelberg schlängelt sich der kleine Otterbach hindurch. Die Ziffer 3 folgt ihm talaufwärts durch den Wiesengrund, später gemeinsam mit dem weißen Strich. Nach etwa einer Stunde ist Kurswechsel, jetzt talab. Wenn die gelbe 3 abbiegt, halten wir uns nur noch an den weißen Strich und lassen uns von ihm nach Amorbach zurückführen.

Glanzvolle Vollendung früher klösterlicher Anfänge gipfeln in der Barockstadt Amorbach, in der Benediktinerabtei und der Fürstenresidenz. Man sollte sich einer der täglichen Führungen anschließen, durch die Kirche mit dem größten Barockorgelwerk Europas, der dreißigtausend Bände zählenden Bibliothek und dem Grünen Festsaal. Doch auch das Heimatmuseum in der ehemaligen Amtskellerei, das über Land und Leute des hinteren Odenwaldes von der Römer- bis in die Jetztzeit unterrichtet, verdient Beachtung.

Wer nun noch von der Höhe auf Amorbach herabschauen möchte auf die Wälder und Täler, die die Barockstadt umschließen, der sollte auf den Turm der Klosterruine des Gotthardsberges steigen. Auch dieser Berg ist mit der Geschichte Amorbachs aufs engste verbunden. Hier soll Ruthard, der Gründer Amorbachs, die Feste Frankenberg besessen haben, die Kaiser Barbarossa 1168 „auf ewig" auslöschen ließ. Vom Bahnhof führt das Zeichen blaue Raute hinauf.

Sommerurlaub mit Konditor und Klavier

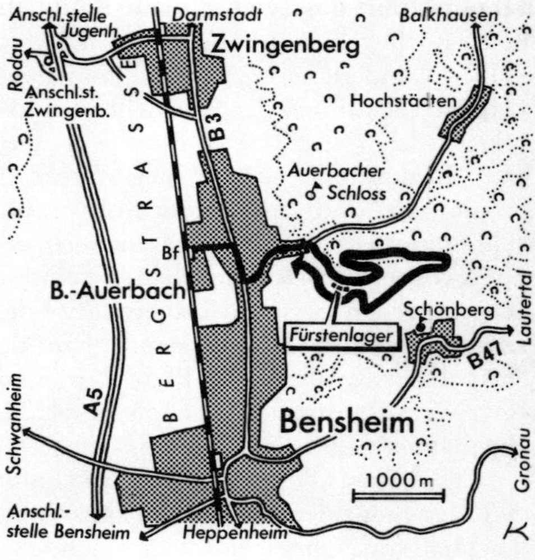

Auf den einst fürstlichen „Kurparkwegen“ des Darmstädter Hofes, im Fürstenlager bei Bensheim-Auerbach, bewegt sich die neun Kilometer lange, dreistündige Wanderung, zwischen großartigen alten Baumbeständen und all den kleinen und großen architektonischen Attributen, die barocker Zeitgeschmack hervorgebracht hat. – Einkehr im ehemaligen Herrenhaus, täglich geöffnet. – Wanderbeginn: Bahnhof Bensheim-Auerbach an der Main-Neckar-Bahnstrecke Frankfurt–Heidelberg. Autofahrer nehmen die A 5 bis Anschlußstelle Zwingenberg, weiter die B 3 Bensheim-Auerbach.

Die Vorbereitungen zum Sommerurlaub verliefen vor fast 200 Jahren ähnlich wie heute: es wurde gepackt, allerdings mitunter ganze Leiterwagen voll. So rollten vom landgräflichen Schloß in Darmstadt Federbetten, Geschirr, Lampen, Bücher, ja sogar das Klavier die Bergstraße hinunter zur Sommerresidenz Fürstenlager, wo Großherzog Ludewig I. im Geleit von Haushofmeister, Lakaien, Lichtkämmerer, Konditor und Weißzeugnäherinnen die Badesaison „an den Wassern von Auerbach“ eröffnete.

Zu den heilkräftigen Quellen, die der Oberschultheiß Georg Gerst in Auerbach schon 1738 hatte fassen lassen, kamen „die Leute aus Darmstadt, Frankfurt, Heidelberg, Mannheim und sogar über den Rhein und Main in großen Scharen, um in Krügen und Fässern das Wasser allhier zu holen". Die Kunde von der Heilkraft veranlaßte die Regierung, ein „Badbiet" zu errichten, ein provisorisches Badehaus, und den „Guten Brunnen" in einer Rundanlage für wassertrinkende Gäste zu fassen. Großherzog Ludewig I. ließ nach seinem Regierungsantritt 1790 die Gebäude, wie sie heute noch stehen, erbauen.

Der Wanderer erreicht den 25 Hektar großen Park, der von der Verwaltung der Staatlichen Schlösser und Gärten gepflegt wird, vom Bahnhof Bensheim-Auerbach aus, geht die Otto-Beck-Straße hinauf, biegt rechts in die Darmstädter Straße (B 3) und kurz darauf links in die Bachgasse. Diese geht unmittelbar in die alte Lindenallee des Fürstenlagers über, vorbei am Schwanenweiher, dem Nadelöhr des Parkes. Schon tauchen zwischen Trauergoldweide, Bleistiftzeder und anderen Baumriesen der Fremdenbau, der Stallbau mit den ehemaligen Remisen und Pferdeboxen auf, an den sich der Kavalierbau anschließt. Es folgen die Meierei und die Küchenbauten. Dem Herrenhaus vorgelagert (heute Restaurant) sind rechts der Prinzenbau und links der Damenbau, an den fast „angeklebt" das niedliche Weißzeughäuschen. Das Wachhaus mit Uhrturm steht am Rande der Herrenwiese mit einem Vogelhaus als Pendant auf der gegenüberliegenden Seite, und in der Mitte überragt alle seltenen Gehölze der 53 Meter hohe Mammutbaum.

Am Parkende, oberhalb des Herrenhauses, beginnt links mit der Ziffer 7, Schild Champignonhöhe, die Rundwanderung zu den „Rastplätzen" für Kurzweil und Besinnung, wie sie dem Geist des 19. Jahrhunderts entsprachen. Da sind zunächst die kleinen, terrassenförmig angeordneten Steintischgruppen, die in ihrer Gestalt an Champignons erinnern und an denen man mit Gästen ein Picknick einnahm, plauderte und hinunter auf das Fürstenlager schaute. Weiter hinauf und über den Kamm ein Stück abwärts gelangt man zur Grotte, von deren Wänden ursprünglich Gesteinskristalle aus dem Bergwerk Ems an der Lahn glitzerten. Es geht wieder zurück und weiter mit der 7 über das Luisendenkmal zu den Neun

Aussichten, deren Blick auf Melibokus, Auerbacher Schloß, Felsberg, Krehberg und Schönberg nicht mehr ganz frei ist.

Und weiter führt die 7 zur Eremitage, einem Rindenrasthäuschen mit Reetdach, bei dem der Anfang zu Ernst Pasqués Liebesgeschichte „Es steht ein Baum im Odenwald“ spielt. Kommt man den Hügel der Eremitage herunter, geht man kurz links und dann mit der gelben 2 wiederum links. Sie führt über freies Gelände zurück zum Efeutempel am oberen Ende der Herrenwiese. Mit der 5, am Fuße der Wiese, steigt man noch einmal bergan, zum Altarberg, dem schönsten Aussichtspunkt der Umgebung, von dem der Blick über die Rheinebene zum Hunsrück reicht. Die Ziffer 2 bringt nach Auerbach zurück.

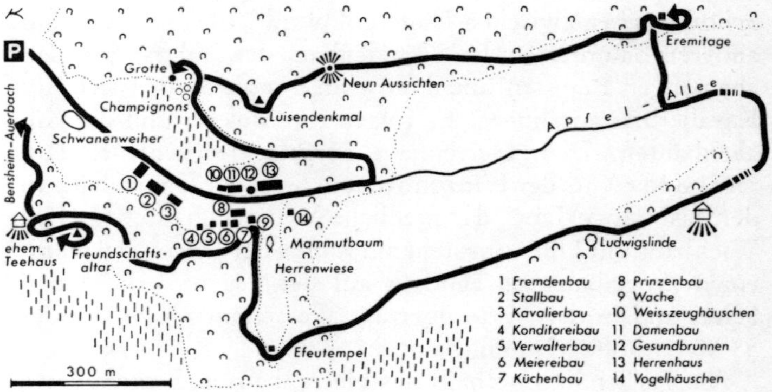

Eine fast südländische Landschaft

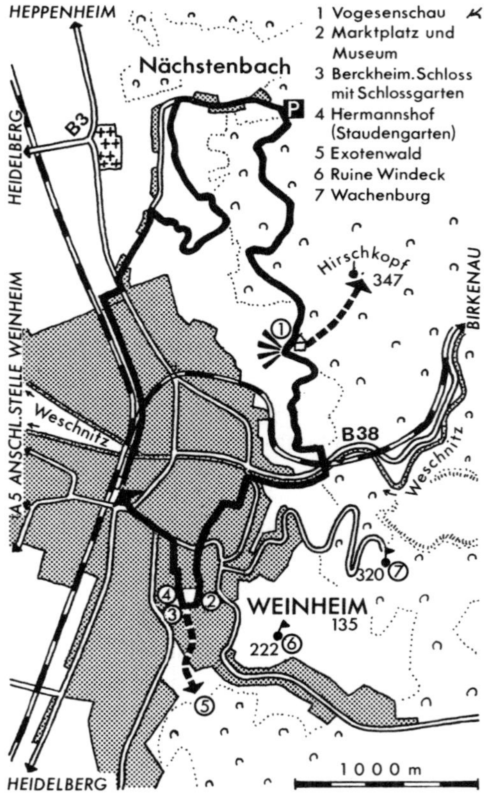

Weinheim an der Bergstraße hat viele liebenswerte Gesichter: die Altstadt mit dem „hängenden" Marktplatz, die Burgen und außergewöhnlichen Parks. Denen gilt auf dieser Wanderung das besondere Augenmerk, vornehmlich dem Staudengarten Hermannshof (geöffnet täglich außer Montag von 10 bis 19 Uhr, April bis August, 10 bis 18 Uhr September und Oktober), dem Schloßpark und Exotenwald (immer offen; Führung April bis September jeden Samstag 16 Uhr ab Minigolfplatz im Schloßpark). – Öffnungszeiten Museum Deutsch-Ordenshaus, Amtsgasse 2: Samstag 14 bis 17 Uhr, Sonntag 10 bis 17 Uhr. – Wanderlänge (ohne Parks) neun Kilometer (3 Std.). – Weinheim liegt an der Bahnstrecke Frankfurt–Heidelberg und an der Autobahn A 5.

Den Odenwald im Rücken, die Rheinebene zu Füßen, reiht sich entlang der Bergstraße zwischen Darmstadt und Heidelberg Städtchen an Städtchen. Mit wenigen Ausnahmen sind sie auf halber Bergeshöhe angesiedelt, meist burgengekrönt, und gerade diese Lage macht den besonderen Reiz aus. Hinzu kommt natürlich die üppige Vegetation in dem vom Klima so begünstigten, fast südländischen Landstrich. Ein Beispiel ist Weinheim, weniger Weinort, als der Name vermuten läßt, vielmehr ein Hort seltener Baum- und Pflanzenarten in Schloßgarten, Exotenwald und Staudengarten Hermannshof.

Wir wollen uns ein wenig umschauen. Verschaffen wir uns zunächst einen Überblick von erhöhter Stelle. Am Hauptbahnhof wendet man sich links und läuft die gleichnamige, wenig stimmungsvolle Straße mit ihrer Verlängerung Kapellenstraße zur B 3. Genau gegenüber erwartet uns die Markierung R, nach links weist sie den Nächstenbacher Weg zwischen dem leuchtenden Gelb, Blau und Rot der Vorgärten hinauf. Am Ende einer Häuserreihe zweigt rechts der Böppelbachweg ab. Ohne Markierung folgen wir ihm in seinen Kurven zwischen Wiesenobstgrundstücken bergan.

Wenn von rechts das gelbe B hinzukommt, geht es mit ihm in der mit zunehmender Höhe verwilderten, urwüchsigen Region nach oben. An aussichtsreicher Stelle beginnen erste Häuser davon Besitz zu nehmen. Wir sind am Rande des Weilers Nächstenbach. An der Telefonzelle gehen wir rechts ohne Zeichen durch das einsame Bergdörfchen weiter dem Schild Naturparkplatz nach zum Waldrand.

Die Sicht bleibt für einige Zeit verschlossen, dafür treten wir in das beginnende Grün des hohen Buchenwaldes am Hinweis „Weinheim, Vogesenschau“ rechts aufwärts ein. Die gleichfalls zuständige Ziffer 2 zeigt sich unterwegs nur selten. An einem alten Sandsteinwegweiser gabelt sich der Forstweg, wir biegen rechts ab in Richtung „Nach dem Thurm“ und folgen damit einem fast ebenen Hangweg im Hochwald. Erst nach einigen weit ausholenden Bogen, jetzt schon in der Nähe des Aussichtspunktes Vogesenschau gibt der Wald hin und wieder einen Durchblick in die Rheinebene frei. Mit Erreichen der Schutzhütte liegt ganz Weinheim uns zu Füßen.

Seitlich aus dem Grün der bewaldeten Bergkuppen ragen die Wachenburg und Ruine Windeck empor. Schloß- und Kirchturm, am südwestlichen Rand auf einem Bergbuckel die Stadt überragend, sind unser nächstes Ziel. Dort liegt die Altstadt, dort schlägt das Herz Weinheims.

Von der Höhe des Hirschkopfes kommt der Pfad (mit rotem Strich markiert) herunter. Wer den Aussichtsradius noch vergrößern möchte, sollte zu einem Abstecher auf die Höhe zum Turm hinaufklettern (2 Kilometer hin und zurück). Dem Zeichen kann man sich unbedenklich anvertrauen, auch abwärts, selbst in der Stadt auf dem Weg zum Marktplatz. Der Weg mit den sehr weit ausholenden Serpentinen läßt sich abkürzen, wenn man an der grünen Bank vor den ersten Häusern rechts den Durchschlupf nimmt, der jenseits des Sträßchens auf dem Pfad links zum Bahnübergang weiterführt. An der B 38 bringt uns ein Holzsteg über die Weschnitz, rechts geht es weiter zur davor beginnenden Hauptstraße, die nur noch lokale Bedeutung innerhalb der Altstadt hat. Sie ist abschnittweise verkehrsberuhigt, jenseits des Verkehrsknotenpunktes Dürreplatz auch Fußgängerzone. Nun kommt man zum eigentlichen Kern der Altstadt, wo sich Überraschung an Überraschung in den engen, von schmalgiebeligen Fachwerkhäusern gesäumten Gassen reiht. Schließlich gelangen wir zum „hängenden" Marktplatz mit dem Alten Rathaus von 1557 und in der Obertorstraße zur St.-Laurentius-Kirche und dem neuen Verwaltungssitz in der Schloßanlage des ehemals Berckheimschen Schlosses.

Der ausgedehnte Schloßpark und der angrenzende 30 Hektar große, über hundertjährige Exotenwald sind jederzeit frei zugänglich. Eine Rarität stellt der erst in den achtziger Jahren angelegte „Schau- und Sichtungsgarten Hermannshof" auf einer 22000 Quadratmeter großen, über 200 Jahre alten Gartenanlage dar. Sie dient als gärtnerisch-botanische Versuchsstätte für Stauden unzähliger Arten und Größenordnungen. Vom Marktplatz biegt man rechts in die Rote Turmstraße. Der Eingang zum Hermannshof ist dem Parkplatz gegenüber in der Babostraße.

Zum Bahnhof geht man die Dr.-Bender-Straße aufwärts und rechts durch die Ehretstraße zur Bahnhofstraße.

Weite Blicke und schützende Dächer

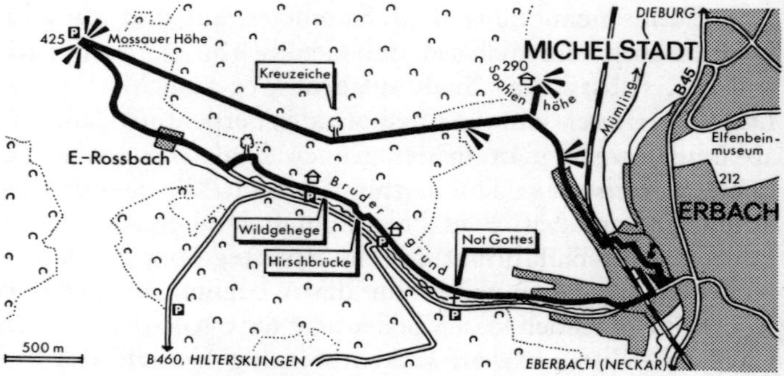

Auch wenn das Wetter für eine Wanderung einmal nicht mitspielt, Erbach, die Elfenbeinstadt als Ausgangsort ist immer ein Gewinn: das Deutsche Elfenbeinmuseum in der Werner-Borchers-Halle, täglich geöffnet von 10 bis 12.30 Uhr und 14 bis 17 Uhr, das Schloßmuseum, das seine Pforten vom 1. März bis 31. Oktober täglich von 8.30 bis 12 Uhr und 13.30 bis 17 Uhr öffnet. – Die neun Kilometer lange Wanderung (3 Std.) führt durch das Wildgehege Brudergrund, wo selbst Hunde angeleint mitgenommen werden dürfen, zur aussichtsreichen Mossauer Höhe (425 m). – Erbach liegt an der Bahnstrecke Frankfurt–Eberbach (Neckar); Autofahrer kommen über die B 45 Dieburg nach Erbach.

Wolken, die dunkel, Regen und Kälte verheißend, über der Stadt hängen, sollten zu keiner Jahreszeit Grund dafür sein, sich von einem erholsamen Ausflug abhalten zu lassen. Wählt man den Zielort so, daß er neben einer Wanderung oder anstelle einer solchen bei extremen Witterungsverhältnissen auch Möglichkeiten zur Besichtigung, beispielsweise eines Museums, bietet, dann wird auch ein solcher Tag ein Gewinn sein. Diese Voraussetzung erfüllt als Ausgangspunkt Erbach im Odenwald, das ehemalige Residenzstädtchen, mit seinem Schloßmuseum und dem Deutschen Elfenbeinmuseum.

Zunächst zur Wanderung, sie führt hinaus in ein westliches Seitental der Mümling zur aussichtsreichen Mossauer Höhe (425 m). Der Bahnhof liegt am Zugang zu diesem Brudergrund genannten Abschnitt. Das Schild „Wildpark Brudergrund“ vor dem Überqueren des Bahnüberganges zeigt in die Richtung, Leitzahl ist die weiße 1 im Quadrat. Man biegt halbrechts in den Brudergrundweg ein, und damit beginnt der stetige Anstieg der ersten Weghälfte. Gleich nach Beginn des Waldes ein stiller Platz der Besinnung unter einem Kreuz: es ist die Stelle, an der sich die älteste Gottesdienststätte Erbachs befand, Not Gottes, eine kleine gotische Kapelle, deren Grundmauern noch erhalten sind.

Beiderseits des schmalen, von Wald umschlossenen Roßbachtales erstreckt sich einen Kilometer lang der Wildpark mit Dam- und Rotwild, Schutzhütten begrenzen Anfang und Ende, auch Hunde haben im Park angeleint Zutritt. Das Tal wird im oberen Teil breiter, der Wald lichtet sich, so daß die roten Dächer des Weilers Roßbach sichtbar werden. Wenn die Ziffer 1 scharf rechts abbiegt, gehen wir geradeaus weiter, biegen nach vier mächtigen Eichen in leichtem Linksbogen zu einer Stichstraße ab und halten von hier auf die wenigen Gehöfte Roßbachs zu. Ab dem letzten Haus steigt es auf einem asphaltierten Feldweg zunehmend an. Wenn jetzt eine Gabelung kommt, ist der rechte Strang richtig, er leitet zur Mossauer Höhe, die nun freie Aussicht über westliche und südliche Odenwaldberge gewährt.

An diesem Wanderschnittpunkt, Teil einer früheren Nord-Süd-Höhenverbindung vom Main zum Neckar, wählen wir den weißen Strich, der auf einem Feldweg zwischen dem zuletzt begangenen und dem mit gelbem Dreieck markierten zum Wald hin verläuft und dann schnurgerade zur Kreuzeiche zieht. Auf der „Schwarzen Chaussee“ erreicht man schließlich das Waldende, und da präsentiert sich Erbach unten im Tal. Der Blick wird noch weitgreifender, schließt auch Michelstadt ein von der Sophienhöhe. Unser Zeichen weißer Strich leitet durch eine neue Hangsiedlung hinunter ins alte Erbach, ins Städtel.

Es ist der Bereich der ehemaligen Burgmannenhöfe, ein mit Leben erfülltes Museum, könnte man meinen, so gut ist die ehemalige Vasallensiedlung mit ihrem mittelalterlichen Gepräge samt Resten der einstigen Wehranlage erhalten. Töpfereien und Elfenbeinschnitzereien hinter kleinen Fenstern unterstreichen noch den Eindruck, denn was wäre Erbach ohne die Elfenbeinkunst, die der fortschrittliche Landesvater Graf Franz I. (1754–1823) als Erwerbszweig für seine Untertanen einführte, ja sie selbst das Schnitzen lehrte? Einen Eindruck von dieser überragenden Persönlichkeit vermittelt das Schloßmuseum, das er mit seiner Sammelleidenschaft begründete, die von antiken Büsten über gotische Glasfenster zu einem Waffenarsenal des deutschen Rittertums und einzigartigen Großgeweihen reicht.

Grabbretter auf dem Schlierbacher Friedhof

Die schlichten Schlierbacher Stickel

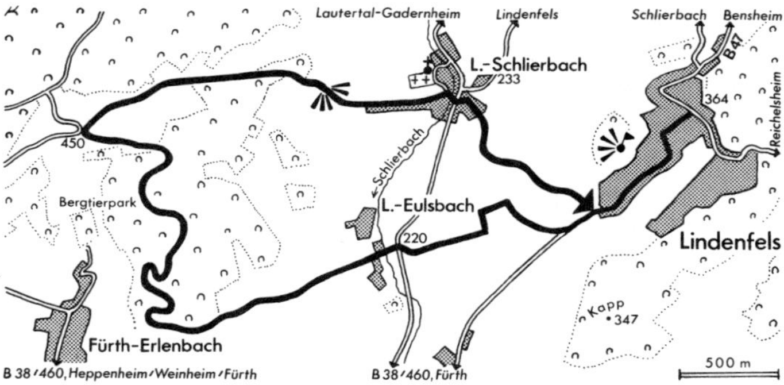

Wandern um Lindenfels ist zu jeder Jahreszeit schön. Nicht nur der Kurort selbst ist eine „Perle", auch jeder der dazugehörigen sieben Stadtteile in einer Höhenlage zwischen 250 und 500 Metern, beispielsweise Schlierbach im Talgrund zu Füßen der Lindenfelser Burg: ein Schatzkästlein an Fachwerk. Außergewöhnlich sind die „Stickel" auf dem Friedhof, schlichte bemalte Grabbretter anstelle von Kreuzen oder Gedenksteinen. – Das Lindenfelser Museum ist geöffnet April bis Oktober sonntags von 14.30 bis 17 Uhr. – Die besonders im Spätherbst stimmungsvolle Wanderung (9 km, 3 Std.) beginnt an der Bushaltestelle Lindenfels Zentrum, Bus ab Bensheim. Autofahrer kommen über die B 47 herauf.

Schlierbach, Stadtteil des namhaften Luftkurortes Lindenfels, gilt als eines der schönsten Dörfer des Odenwalds. Seine geschützte Lage im Talgrund, unterhalb der Burg, schmucke Fachwerkhäuser und alte Anwesen aus pfälzischer Burgherrenzeit, die von 1277 bis 1803 währte, zeichnen das Haufendorf aus. Schlierbachs Besonderheit aber ist sein Friedhof, richtiger Kirchhof, denn er umfaßt noch heute den Raum um das Gotteshaus, wie es in früheren Zeiten allein üblich war.

Als außergewöhnliche Zierde sind die anstatt der sonst üblichen Grabsteine oder Kreuze an vielen Ruhestätten aufgestellten schlichten weißen, mit Blumen bemalten Grabbretter, die der Anlage ein ungewohnt stimmungsvolles Bild verleihen. Ziel manchen Volkskundlers, läßt es sich auch für andere Interessierte in eine Wanderung einbeziehen.

Im Zentrum von Lindenfels, an der Durchgangsstraße und Bushaltestelle, nimmt man die Markierung umgekehrtes rotes T auf, biegt mit ihr in die Burgstraße ein, läuft fast zum Fuß der Burg, wo das Zeichen scharf links abschwenkt. Einige hundert Meter folgt es dem Sträßchen, zunächst aus dem Ort, dann durch offenes Feld bergab und bald nach rechts auf einen Feldweg. Geradeaus quert man das Dörfchen Eulsbach, gewinnt leicht an Höhe, dabei Rundumblick über die Odenwald-Bergrücken, bis sich am Ende eines Hohlweges die Waldkulisse vorschiebt.

An dieser Stelle wechseln wir nach rechts zum blauen Strich auf einen Forstweg über. In immer neuen Kehren und Serpentinen, flankiert von hohem Laubgehölz, geht es kräftig bergan, bis ein Felderplateau erreicht ist. Am bald auftauchenden Wegweiser setzen wir uns vom blauen Strich ab und folgen dem Hinweis „Schlierbach, 12 Min.“. Wenn die Zeit auch für Sprinter berechnet zu sein scheint, ist man trotzdem rasch, weil bergab, dort.

Gastronomischer Ortsmittelpunkt ist „Der Römische Kaiser“. Kurz davor geht es links ab zur evangelischen Kirche. Das Gotteshaus, ein schlichter Saalbau, entstand 1810 unter Verwendung gotischen Mauerwerks seiner Vorgängerin. Mittelpunkt eines bis zur Reformation über zwanzig Ortschaften umfassenden Kirchspiels. Aus der Reformationszeit soll auch der Ursprung der Totenbretter oder „Stickel“, wie sie im Volksmund heißen, in ihrer Schlichtheit herrühren. Die Aufschrift beginnt jeweils mit der Formel „Hier ruht in Frieden“, während es sonst „Hier ruht in Gott“ heißt. Ihr folgen Name, Ort und Todesjahr des Verstorbenen.

Für den Rückweg nach Lindenfels nimmt man gegenüber dem „Römischen Kaiser“ das Zeichen gelbes Quadrat auf, hält sich zwischen Neubauten rechts und ist nach einem vergrasten Wegstück in kurzer Zeit wieder am Ortsrand von Lindenfels, zum Schluß parallel mit dem vom Anfang der Wanderung bekannten T.

Rund um das Osterei

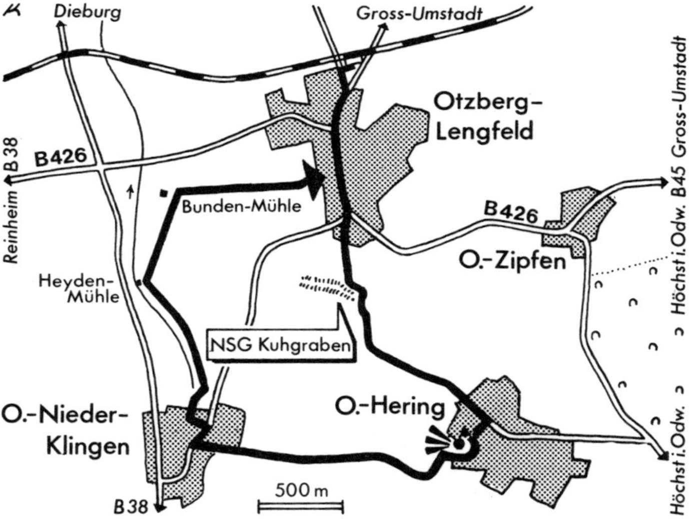

Ob Oster- oder Weihnachtsmärkte, die Demonstration alten Brauchtums und handwerklichen Könnens wirkt besonders eindrucks- und stimmungsvoll vor dem Hintergrund einer „echten“ historischen Kulisse wie hier auf der Burg Otzberg. Doch auch zu jeder anderen Jahreszeit ist das Museum Otzberg mit seiner Sammlung zur Volkskunde in Hessen ein lohnendes Ziel. – Öffnungszeiten: mittwochs und samstags von 14 bis 17, sonntags von 10 bis 17 Uhr. Das angeschlossene Hessische Spielzeugmuseum hat im Alten Rathaus in Lengfeld seinen Standort, geöffnet jeden 1.Sonntag im Monat von 14 bis 17 Uhr. – Die Vorschlagswanderung im offenen Dieburger Land mißt neun Kilometer (3 Std.). – Otzberg-Lengfeld liegt an der Odenwaldbahnstrecke Frankfurt–Eberbach (Neckar). Autofahrer kommen über die B 45 Dieburg zum Ausgangsort Otzberg-Lengfeld.

Osterbrauchtum beginnt mit dem Palmsonntag, dem triumphalen Einzug Jesu auf palmblätterbestreuten Wegen in Jerusalem. An dieses Ereignis erinnert noch heute in den katholischen Kirchen des europäischen Nordens der „Palmstrauß“. Ruten der Sal- oder Palmweide, mit Bändern geschmückt, werden zur Weihe in die Kirche gebracht und als Heilsbringer im Haus oder Stall aufbewahrt. In den evangelischen Landschaften Südhessens spielt der Palmhase als Vorbote des eigentlichen Osterhasen eine große Rolle. Das Ei, das man sich überreicht, ist noch weiß, noch ungefärbt.

Als Symbol des Lebens und der Auferstehung schlechthin steht das Ei im Mittelpunkt österlicher Bräuche. Die Kunst, es zu bemalen, zu verzieren und zu beschriften, Wünsche und Hoffnungen damit zum Ausdruck zu bringen hat sich in manchen dörflichen Gegenden von Generation zu Generation weitervererbt. Aufgrund des wiedererwachten, allgemein starken Interesses an Volkskunst erfreuen sich die seit etwa einem Jahrzehnt stattfindenden Ostermärkte mit Anschauungsunterricht in weiten Teilen des Landes großer Beliebtheit. Besonders überzeugend, wenn auch der Rahmen „echt“ ist wie beispielsweise im Volkskundemuseum auf der Veste Otzberg (Kreis Darmstadt-Dieburg). Dahin soll unser Ausflug führen.

Wir starten von Lengfeld aus, dem Zentrum der Gemeinde Otzberg. Vom etwas außerhalb liegenden Bahnhof geht man in den Ort hinein, die Durchgangsstraße weiter bis zum stattlichen Bau des alten Rathauses.

Inzwischen hat man die Markierung hohles rotes Viereck aufgenommen. Sie zieht am Fachwerkbau halbrechts vorbei, um abseits des Verkehrs auf einen Wiesenrandweg der Höhe zuzustreben. Bei schlechtem Wetter empfiehlt es sich allerdings, entlang der B 426 Richtung Höchst zum Ort hinaus bis zum Parkplatz vor den Glashäusern einer Gärtnerei zu laufen. Von dort führt ein befestigter Weg direkt hinauf zur Veste Otzberg, deren mächtiger Rundturm, die „Weiße Rüb“, auf einem 367 Meter hohen Bergkegel das Dieburger Land beherrscht. Ihr zu Füßen das Gipfelnest Hering, die ehemalige Burgmannensiedlung.

Von der Odenwaldstraße steigt man den Burgberg hinan

und betritt durch das gewaltige Tor den Burghof. Hier und im Bandhaus, jetzt Museum, finden die Ausstellungen und Demonstrationen kunsthandwerklichen Könnens statt in den Wochen vor Ostern, ebenso als Weihnachtsmarkt in der Adventszeit.

Mit Blick ins weite Rund verlassen wir das Burginnere, wenden uns vor dem Torhaus links, gehen die Zufahrtsstraße hinunter, biegen am Kiosk rechts um die Ecke und kurz darauf links in die Straße Im Finkenhäuschen. Bald heißt es im ausgedehnten Neubaugebiet rechts abwärts in die Waldstraße und beim Zusammentreffen mit der Feldstraße wiederum rechts, jetzt markiert mit blauem Dreieck und weißem Punkt. Damit sind wir auf dem asphaltierten Verbindungsweg zwischen Hering und Niederklingen.

Niederklingen, in eine Talmulde gekuschelt, ist erst kurz vor Erreichen auszumachen. Vom Ortsrand geht man bis zur Durchgangsstraße, diese nach rechts. Auch hier gilt bei schlechtem Wetter, dem Verbindungssträßchen nach Lengfeld gänzlich zu folgen. Der örtliche Wanderweg, mit der Ziffer 5 (selten) markiert, biegt von der Lengfelder Straße links ab in die Steingärten. Auf dieser Straße nehmen wir die erste Abzweigung nach rechts – „Am See“, wie sie erst später heißt. Es ist ein Grasweg entlang dem alten Mühlbach. Die Mühlen, die er einmal trieb, sind stillgelegt und verkommen. Oberhalb, besser unterhalb um das Anwesen herum, zieht die 5 zur nächsten Mühle, trifft dort auf einen befestigten Weg: Mit ihm nach rechts finden wir uns in Lengfeld am alten Rathaus wieder.

Zum Schutz des Mümlingtales

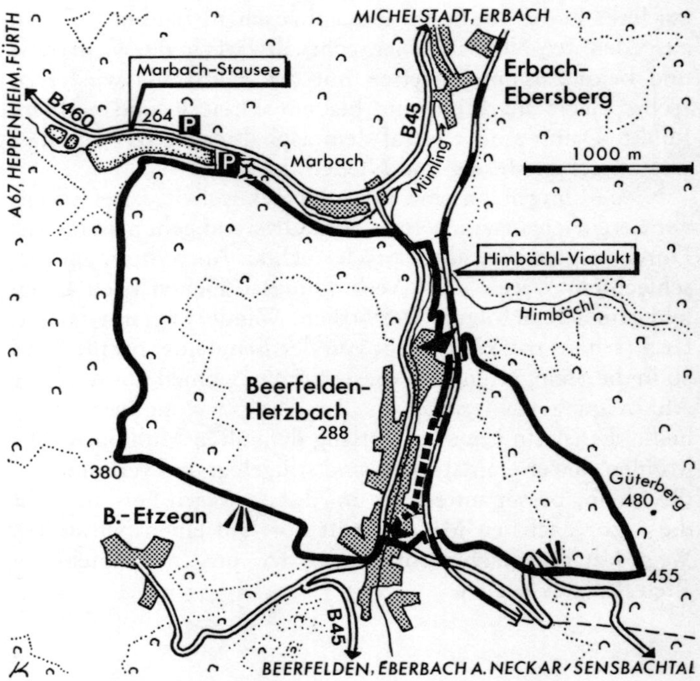

Es gibt Wanderungen, die landschaftlich bedingt, zu verschiedenen Jahreszeiten ihren Höhepunkt haben. Diese wird dem Sommer zugeschrieben durch die Möglichkeit, Wassersport mit Wandern zu verbinden: am Marbach-Stausee bei Beerfelden-Hetzbach. – Eine zehn (acht) Kilometer lange Wanderung (3 Std.) kann vorangestellt werden, beginnend am Bahnhof Hetzbach, zu erreichen mit der Bahn Frankfurt–Eberbach (Neckar), oder für Autofahrer über die B 45 (Dieburg).

Der Name Hochwasserrückhaltebecken Marbach klingt für Wasserratten nicht gerade einladend, deshalb hat es der Odenwälder Volksmund auch flugs in Marbachstausee nach der Freigabe als Badesee umbenannt. Das Angenehme mit dem Nützlichen zu verbinden bot sich beim Bau der Marbachtalsperre zum Hochwasserschutz des unteren Mümlingtales geradezu an. Der oder „die“ Marbach, wie die Einheimischen sagen, ist ein kleiner Seitenstrang der Mümling, der sich oberhalb von Beerfelden-Hetzbach sein Talbett in ein malerisches Wald-Wiesen-Gelände gegraben hat. Gestaut bietet er neben landschaftlichen Reizen nun auch noch Wassersportfreuden. Das Seegelände ist von der B 460 (Siegfriedstraße) her zugänglich, Wanderer kommen, einen großen Bogen schlagend, von Hetzbach her.

Vom Bahnhof Hetzbach läuft man die Straße nach rechts gut 200 Meter zurück (oder abkürzend nach links zur B 45), erreicht damit die Markierung rotes Kreuz und unterquert, bereits außerhalb, die Gleise. Das Zeichen lotst um ein Sägewerk herum, steuert rechts auf den Wald zu, steigt kräftig an und nimmt sich auf federndem Kiefernnadelweg die Höhe des Güterberges (480 Meter) zum Ziel. Wenn der höchste Punkt erreicht ist, fällt im Wald ein kleiner Feldlappen auf. Er gilt als Hinweis, daß nach seinem Ende zum gelben Andreaskreuz übergewechselt werden muß, mit dem man sofort scharf rechts abbiegt.

Nachdem man zuvor an Höhe gewonnen hat, geht es nun wieder abwärts, zunächst im Wald, dann durch freies Feld, dabei die Straßenkehre abschneidend. Dominierend lenkt Beerfelden auf dem Plateau mit seiner Kirche das Augenmerk auf sich. Was man nicht sehen kann, ist die originelle Fassung der Mümlingquelle nahe dem Marktplatz, die in einer langen Trogreihe mit sieben urnengekrönten Säulen gleich zwölfmal aus Löwenmäulern sprudelt, bevor sie ihr Wasser zum Main hin schickt.

Mit Erreichen der B 45 folgt man der Bundesstraße links weiter auf dem Bürgersteig. Nach etwa 100 Metern heißt es rechts ein unscheinbares Treppchen finden, in dessen Nähe das gelbe Kreuz sich etwas bedeckt hält. Die Stufen stellen die Verbindung zu einem asphaltierten Feldweg her, auf dem wir uns links in die örtliche Markierung Nr. 66, weiß auf rotem Grund, einreihen. Sie weist im freien Feld in Serpentinen wiederum bergan, tastet sich am Waldrand entlang, bevor sie in den Forst einschwenkt, abwärts zum Stausee führt und in den großen Wiesenstrand einmündet.

Der Stausee in einer Gesamtlänge von 2,7 Kilometern wurde 1985 fertiggestellt. Er ist in drei Zonen eingeteilt: als Badesee mit einer großen Liegewiese sowie der Möglichkeit, Schlauch- und Segelboote zu nutzen. Zur Staumauer hin schließt sich der Surfbereich an, der westliche Teil am Zulauf ist als Vogelschutzgebiet deklariert und „off limits", jedoch kann das Areal mit einer Dauerstaufläche von 22 Hektar zu Fuß umrundet werden. Vor der Staumauer sind Parkplätze, besteht Einkehrmöglichkeit.

Beim Rückweg bleibt man auf dem Weg oberhalb des Biergartens, kommt über den Parkplatz zum Wald, läuft ohne Markierung vor zur Straße, quert die B 45 und läuft jenseits angesichts des neunbogigen Himbächlviadukts Richtung Hetzbach hinauf zum Bahnhof.

Blütenträume, Exoten und Wein

Das ist Bergstraße, wie man sie sich vorstellt: im Frühling die Hänge voller Blütenträume, im Herbst das Gold des Weinlaubs. – Aussicht, ein Schloß, umgeben von exotischen Bäumen, zum Abschluß ein Bummel durch die Altstadt Bensheims – und natürlich Bergsträßer Wein. – Die Zehn-Kilometer-Wanderung (3 Std.) läßt noch viel Zeit zum Selbstentdecken. – Bensheim liegt an der Bahnstrecke Frankfurt–Heidelberg und an der Autobahn A 5.

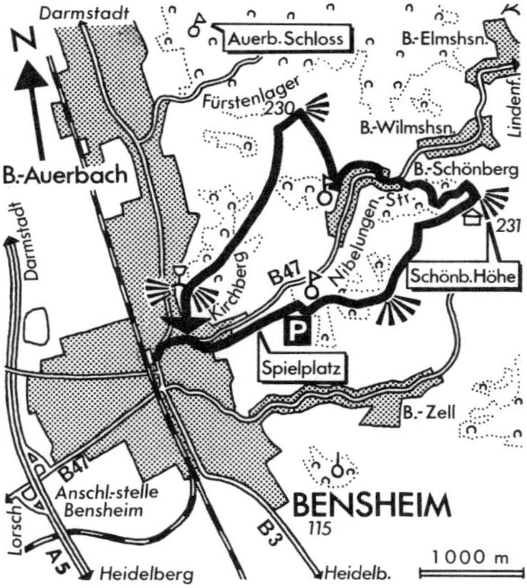

Dem „Schönen Berg" oder Schönberg bei Bensheim an der Bergstraße hat schon früh das Augenmerk der geistlichen und weltlichen Obrigkeit gegolten. Diese Bergnase war prädestiniert für Verteidigungszwecke. 1230 errichteten die Schenken von Erbach als pfälzische Lehnsherren hier erstmals eine Burg zum Schutze des Amtes Schönberg. Burg Schönberg wurde 1504 zerstört. Ihr Wiederaufbau vollzog sich im 16. und 17. Jahrhundert nicht mehr unter dem Gesichtspunkt der Wehrhaftigkeit, sondern wurde dem Wandel der Zeiten entsprechend als Schloß ausgeführt. Mit der Erweiterung der Residenz durch die Grafen Erbach-Schönberg

1728 und der Anlage eines Lustgartens war man auf dem Schönberg ganz à la mode.

Schönberg gehört heute zu Bensheim. Man bewegt sich bei dieser Wanderung praktisch im Stadtbezirk. Der rote Strich wird uns zunächst vom Bahnhof geleiten. Es geht links in die Rodensteinstraße Richtung Michelstadt–Lindenfels und unmittelbar nach dem Brauereigelände rechts ab in die Elisabethenstraße. Die Häuser verlieren sich in einem parkähnlichen Tal, aus dem man vom Gut Schönhof an durch einen Hohlweg aufwärts steigt. Es ist schon mehr eine Schlucht, die einer jener unzähligen Bachläufe des Odenwaldes in den Berg gefräst hat, verdunkelt von efeuumwucherten Nußbäumen.

Am Ende des Hohlweges wieder Licht und Weite: die Starkenburg über Heppenheim, die unter Kurmainz der gesamten Provinz ihren Namen gab, und im Weitergehen in entgegengesetzter Richtung Melibokus und Auerbacher Schloß. Das Bild rundet sich auf der Schönberger Höhe, wo man in einer Schutzhütte eine Rast einlegen kann.

An dieser Stelle wenden wir uns vom roten Strich ab und nach links dem gelben umgekehrten T zu. Auf einem weit ausschwingenden Forstweg kommt man in den engen Talkessel der Lauter hinunter in den langgestreckten Ortsteil Bensheim-Schönberg. Zwei nebeneinander stehende Bergvorsprünge mit Kirche und Schloß bestimmen das Landschaftsbild. Das T klettert den Schloßberg hinauf. Halbkreisförmig gruppieren sich um den Hof das Herrenhaus mit Treppengiebeln und halbrundem Treppenhaus und die Wirtschaftsgebäude. In dem anschließenden gepflegten „Lustgarten“ ist der größte Teil der Exoten erhalten. Eine doppelzeilige Lindenallee, seltene Arten wie Gingko- und Tulpenbäume konnten zu Naturdenkmälern erklärt werden. Der Park ist eine Ergänzung zum nahen Fürstenlager. Als Ruhrknappschafts-Erholungsheim sind Schloß und Anlagen für die Öffentlichkeit leider nicht freigegeben.

Man geht auf dem Höhenweg mit zunehmender Steigung weiter, im Blickfeld rückt die Starkenburg wesentlich näher. Auf der Höhe an einem einzelnen Wohnhaus nochmals Zeichenwechsel: mit dem gelben Strich nach links. Wer einen Abstecher zum Fürstenlager machen möchte, orientiert sich an dem entsprechenden Hinweisschild. Die aufgelockerte Waldlandschaft reicht bis an die Weinberge heran – Bergsträßer Wein. Eine verbale Weinprobe besagt nichts, sie will aus dem Glas genommen sein. Gelegenheit dazu ist auf dem Kirchberg mit der gleichnamigen Lage und Gaststätte. Den Blick über Bensheim und die Rheinebene gibt es gratis.

Das Rinnentor in Bensheim

Ein Kalender aus der Steinzeit

Für die Westentasche wäre er etwas zu unförmig, der vier Tonnen schwere „Kalender" aus der Steinzeit, der bei Alsbach-Hähnlein an der Bergstraße gefunden wurde. Im übrigen funktioniert er nur bei Sonnenschein – aber zu besichtigen ist er jederzeit, ebenso wie die Ruine des Alsbacher Schlosses. Die Gaststätte hat mittwochs Ruhetag. – Beide Sehenswürdigkeiten sind in eine zehn Kilometer lange Rundwanderung (3 Std.) eingebunden, beginnend an der Endstation der Straßenbahnlinie 8 Alsbach-Hähnlein von Darmstadt. Autofahrer kommen von der Anschlußstelle Gernsheim der A 67.

An der Bergstraße, bei Alsbach-Hähnlein, steht ein einzigartiges prähistorisches Denkmal: ein Menhir, auch Hünen- oder Hühnerstein genannt. Der Volksmund machte daraus „Hinkelstein". Erst seit 1970 weiß man, daß es sich um ein Relikt aus der Jungsteinzeit handelt. Die Megalith-Kultur hatte zwischen 2500 und 1500 v. Chr. ihre Hochblüte. Bekannt sind die riesigen Steingräber aus dieser Epoche in Stonehenge (Südengland) und Jütland. Der Alsbacher Hinkelstein war kein Teil eines solchen Megalithgrabes, auch keine Kultstelle, wie vermutet. Er diente nach neuesten Erkenntnissen der Bestimmung des jahreszeitlichen Naturablaufs. Ein Kalenderstein also.

Nach dem Frühling brauchen wir den Kalenderstein nicht zu befragen, der spricht für sich, insbesondere an der Bergstraße mit ihrer üppigen Vegetation in geschützter Hanglage. Werfen wir zunächst einen Blick auf die weitere Umgebung des Hinkelsteins.

Von Alsbach-Hähnlein aus gehen wir auf die Höhen über der Bergstraße und beginnen an der Endstadion der Straßenbahnlinie 8. Gegenüber der Alten Bergstraße kommen wir in die Straße Im Klingen, weiter in die Hauptstraße, die uns durch den alten Teil Alsbachs bringt und leicht ansteigend zum Parkplatz Hirschgrund am Wald. Jetzt übernimmt die gelbe Ziffer 7 die Führung. Kontinuierlich geht es bergauf, hoher Mischwald schließt uns ein. Die 7 folgt einigen engen Windungen, dabei noch an Höhe gewinnend, und setzt ihre Klimmzüge bis zur Hoboken-Hütte fort. Hier ist die stattliche Hindenburg-Buche nicht zu übersehen. An dieser Stelle wechseln wir zur gelben Ziffer 4 über, wenden uns mit ihr links und kommen nach einigen weitausholenden Schleifen zur Freizeitanlage Erlengrund an einem ehemaligen Steinbruch.

Die Ziffer 4 peilt in ihrer nächsten Etappe das Alsbacher Schloß an. Der Abstieg beginnt, wir sind noch immer im lichten Forst. Nach einem engen Rechtsbogen wird die Schloßanlage sichtbar. Unter einem Schloß mag man sich etwas anderes vorstellen, die Bezeichnung ist erst seit dem vorigen Jahrhundert geläufig, nachdem Teile der in ihrem Ursprung staufischen Burg restauriert worden waren, so der Bergfried, der Zwinger und das mächtige Doppeltor.

Nach Besichtigung des Bollwerks und der Gaststätte, dem faszinierenden Blick in die Rheinebene, kehrt man vom Innenhof zur Ziffer 4 zurück. Gemeinsam mit der weißen Raute geht es durch einen Hohlweg nach Alsbach. An den ersten Häusern ein Rechts-Links-Schwenk zur Kirchstraße, links in die Bahnhofstraße, über die Alte Bergstraße, kurz entlang der Straße Richtung Gernsheim; von ihr wird man rechts ab zum Hinkelstein eingewiesen. Er steht unmittelbar neben dem Sportplatz.

Der Hinkelstein wurde am zwei Kilometer entfernten Hang des Melibokus gebrochen. Vier Tonnen schwer und knapp drei Meter lang, ragt er jetzt noch gut eineinhalb Meter aus dem Boden. Mit diesem Stein haben die Megalithmenschen den Beginn des Frühlings – die Sonne geht dann genau hinter dem Darsberg auf –, die Sommer- und Wintersonnenwende exakt bestimmen können. Wissenschaftlich durchgeführte Nachmessungen haben das bestätigt. Der steinerne Kalender soll bis in die Römerzeit genutzt worden sein.

Am Sportplatz läuft man geradeaus weiter, kurz rechts und biegt im Neubaugebiet „Im Schelmbühl" links ein zur Straßenbahnendstation.

Eine bäuerliche Mehrzweckkiste

Sie ist nur eines der zahlreichen Ausstellungsstücke im Heimatmuseum Reinheim, das Einblick in den bäuerlichen Alltag vergangener Generationen gibt. – Die zehn Kilometer lange Wanderung (3 Std.) im Gersprenztal liefert dazu den natürlichen Hintergrund. – Reinheim liegt an der Odenwaldbahnstrecke Frankfurt–Eberbach (Neckar). Autofahrer nehmen die A 5 oder B 3 Darmstadt, B 449/B 426 bis Reinheim. – Das Heimatmuseum Reinheim, Kirchstraße 41, ist jeden Sonntag von 14 bis 16.30 Uhr geöffnet, während der Sommerferien geschlossen.

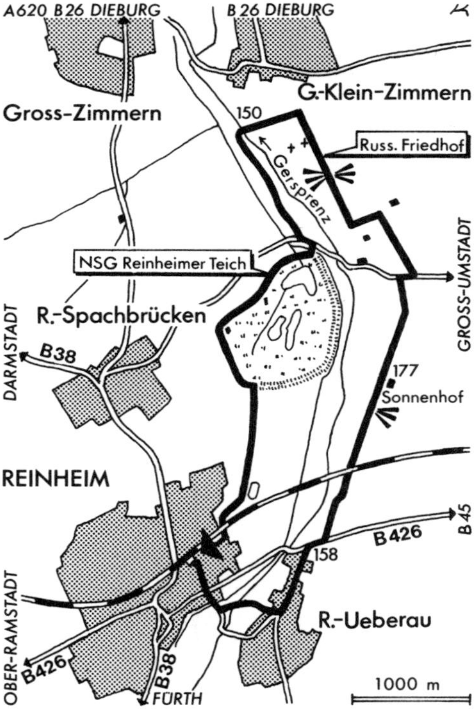

Der fruchtbare Lößboden beiderseits der Gersprenz am nördlichen Odenwaldrand war schon früh begehrter Siedlungsraum und wird bis heute überwiegend landwirtschaftlich genutzt. Den wenigsten Orten sieht man noch das einst Dörfliche an, sie sind um ein Vielfaches über sich hinausgewachsen, haben den Status von Kleinstädten angenommen.

Wer weiß schon, wie es hier bis vor wenigen Generationen auf einem Bauernhof aussah, kennt die alten Arbeitsgeräte, kann sich eine Vorstellung von der Einrichtung des Hauses machen? Nur Museen vermögen dies noch zu vermitteln, beispielsweise auf breiter Ebene der Hessenpark im Taunus; oder im Odenwald, allerdings in wesentlich kleinerem Rahmen, das Heimatmuseum Reinheim inmitten des Altstadtkernes, wo hinter jetzt herausgeputzten Fachwerkfassaden und Resten alter Adelshöfe früher einmal das bäuerliche Herz schlug.

„Wohnen und wirtschaften im bäuerlichen Haus" heißt das Motto, das die Stadt Reinheim beim Aufbau des Museums gewählt hat, nachdem das alte Pfarr- und Schulhaus aus dem Jahre 1600 von Grund auf für diesen Zweck restauriert worden war. Da sieht man förmlich die Bäuerin am gemauerten Herd bei offenem Feuer im Kessel rühren, Getreideröster, Eierpfanne und Waffeleisen in die Glut schieben, den Strohsack im (für heute viel zu kurzen) Himmelbett schütteln oder Häubchen, Schulter-Freud-und-Leid-Tuch im angebauten Schrank ordnen. Auch an Universellem fehlt es nicht, beispielsweise der Milchbank, die zur Aufbewahrung der Milchtöpfe diente, zur Unterbringung des Kleinkindes verwendet werden konnte und ebenso sicherer Hort für Hühner- und Gänseküken während der Feldarbeit war.

Der Besuch des Museums läßt sich gut mit einer Wanderung im Gersprenzgebiet verbinden. Vom Reinheimer Bahnhof aus läuft man gegenüber die Ueberauer Straße hinunter, nimmt dabei das blaue Dreieck auf, biegt gleich nach der Bachbrücke über den Wembach links ab in den Wiesenstreifen zum Steg über die Gersprenz und ist damit im Stadtteil Ueberau.

Sobald man auf das blaue Quadrat trifft, schließt man sich dieser Markierung nach links an, hält auf einen großen landwirtschaftlichen Betrieb zu und hat ab Ortsende noch etwa 100 Meter bis zur B 426. Hier kurz rechts, dann links im asphaltierten Feldweg kommt man zur Eisenbahnunterführung. Jenseits geht es leicht steigend zum Sonnenhof und mit Blick hinüber zum Otzbergkegel weiter zur Straße Spachbrücken–Habitzheim. Rechts und drüben links zielt das Zeichen auf Klein-Zimmern. Hier draußen gedenkt der Ort mit einem Kruzifix der deutschen Gefallenen und ehrt auf dem dahinterliegenden Friedhof zugleich russische Kriegsgefangene, die hier ihre letzte Ruhestätte gefunden haben.

Nach der Anlage folgt man dem blauen Quadrat noch bis zu einer Feldscheune und biegt dahinter links abwärts auf den asphaltierten Radweg Nr. 7 ein. Die Ziffer weist über den Gersprenzsteg, drüben in leichtem Linksbogen durch Wiesen und Felder zur Straße, folgt ihr links und biegt in der Kurve rechts zum deutlich erkennbaren Naturschutzgebiet Reinheimer Teich ab. Es ist ein etwa 80 Hektar großes Areal im Talgrund der Gersprenz, in dem mehrere Quellen entspringen. Die Landgrafen von Hessen-Darmstadt unterhielten hier einen Fischweiher. Heute dient das dichte Schilfgelände bestandsgefährdeten Vögeln sowohl als Durchzugs- wie Brut- und Überwinterungsquartier.

Unser Zeichen zieht auf dem Damm entlang. Am Rand des Naturschutzgebietes wendet es sich rechts ab und hält mit dem asphaltierten Radweg am Sportplatz vorbei auf Reinheim zu. Vom Bahnhof durch die Jahnstraße kommt man mitten in die Altstadt und zum Museum.

Die Ehefrau als Jüngling an der Harfe

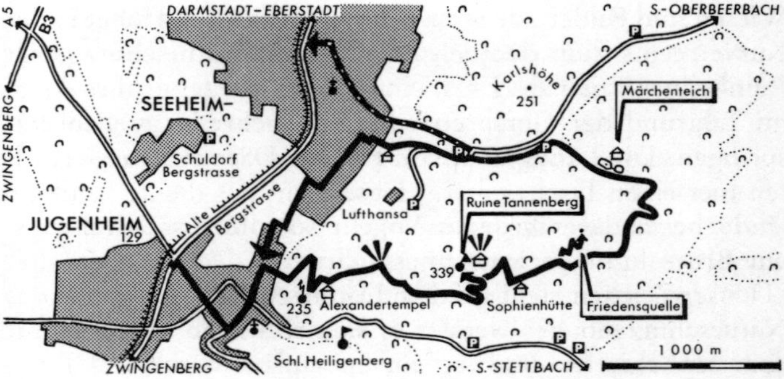

Die Burg Tannenberg bei Seeheim-Jugenheim gehört zu den nördlichen Burgen an der Bergstraße, die im 13. Jahrhundert entstanden sind. Ausgrabungen und Restaurierungsarbeiten der letzten Jahre machen die Burg, deren Lebensdauer nur 160 Jahre währte, zu einem beliebten Ausflugsziel, das in die zehn Kilometer lange Wanderschleife (3 Std.) einbezogen ist. Dabei geht es vornehmlich durch Wald. – Wanderbeginn in Jugenheim, Ludwigstraße, Haltestelle der Straßenbahnlinie 8 von Darmstadt. Für Autofahrer ist die A 5, Anschlußstelle Jugenheim, die kürzeste Anfahrt.

Ein Ausflug an die Bergstraße und in den vorderen Odenwald hat zu jeder Jahreszeit seinen eigenen Reiz, im Frühjahr, wenn die Natur hier früher als anderswo erwacht, im Sommer, wenn die Sonne gleißend über der üppigen Landschaft steht, im Herbst, wenn die reiche Ernte an Obst und Wein eingeholt wird, aber auch im sanften Licht des Winters, wenn die Erde starr und tot scheint.

Von Seeheim-Jugenheim aus treten wir in den Wald ein. An der Straßenbahnhaltestelle Ludwigstraße nehmen wir die Markierung weißes F auf, kommen mit ihm von der Alten Bergstraße zur Hauptstraße, wechseln am Haus Krone links kurz zum weißen R über, werden vom roten Rhombus Am

Tannenberg erwartet und klettern dies Sträßchen steil hinauf, den letzten Abschnitt vor dem Wald über Treppenstufen. Nach links wird an der nächsten Gabelung noch einmal ein Zeichenwechsel vorgenommen. Jetzt ist es der weiße Doppelstrich, der rechts aufwärts weist.

Auf einem Schild heißt es bald „Tannenberg 2,5 km", der folgende Hangpfad gewährt Aussicht über die Rheinebene bis zur Haardt. Ist man vor dem Umsetzer links und wieder rechts steigend auf dem Pfad, wird voraus der große Alexandertempel sichtbar, und am nächsten Waldrand hat sich das Aussichtskarussell nach Norden über Seeheim hinweg gen Frankfurt und Taunus gedreht. Auf dem Burgweg, als solcher ausgewiesen, nähern wir uns gemächlich steigend der Ruine Tannenberg.

Naheliegend wäre, anzunehmen, die Burg hätte ihren Namen von üppigen Tannenbeständen auf dem Berg erhalten. Doch wie meist steht der Name eines Geschlechtes dafür, in diesem Fall ein Godebold von Tanneberc, der bei einer drohenden Verpfändung der Anlage 1254 mit seinem Namen bürgte, Anfang vom Ende der in finanzielle und Erbschwierigkeiten geratenen Burg. Zum Raubritternest geworden, wurde es vom Landfriedensheer 1399 ausgehoben und bis auf den Grund zerstört; die erste Burg, die durch Pulverkraft bezwungen wurde.

Ungemein liebevoll muß es dagegen in den Anfängen der Burg unter den Herren von Hagen, den späteren Münzenbergern, zugegangen sein. Da schwört Konrad I., eine Fahrt ins Heilige Land zu unternehmen, wenn sein Weib Anneels von einer Krankheit gesunde. Er gerät als Sklave eines türkischen Herrn in Gefangenschaft, dieweil Anneels Jahr um Jahr auf die Rückkehr ihres Gemahls wartet. Schließlich nimmt sie ihre Harfe, verkleidet sich als Jüngling und segelt zum Hof des Fürsten. Mit ihren Harfenklängen betört sie den Herrscher und hat dafür jeglichen Wunsch frei.

Wieder in der Gegenwart, laufen wir ein kurzes Stück den Burgweg zurück und mit dem weißen Doppelstrich links abwärts, an der Sophienhütte vorbei bis zum Zusammentreffen mit dem gelben F. Wer sich laben möchte, kann von dieser Stelle der Ausschilderung folgend einen Pfad zur Friedensquelle hinuntersteigen. In bisheriger Wanderrichtung geht es weiter bis zur nächsten Kreuzung im Buchenhochwald, „Märchenteich 2 km“ heißt es da und Brunnenweg, markiert mit den örtlichen Ziffern 17 und 18. Märchenteich, eine Überraschung mitten im Wald. Eigentlich sind es zwei idyllische Teiche, im unteren eine kleine baumbestandene Insel.

Vom linken Ufer laufen wir mit dem roten S abwärts zur Straße Seeheim–Oberbeerbach, nach links entlang bis Abzweigung Schulungszentrum Lufthansa, folgen dem roten Rhombus die Straße hinauf, verlassen sie an der Linkskurve, laufen vor der Treppe eines Aussichtspavillons die Stufen hinunter, jetzt vom gelben F geleitet. In Seeheim wenden wir uns mit dem weißen R links in die Albert-Schweitzer-Straße und schließen, an Feldern und Gärten entlang, mit ihm den Kreis in Jugenheim.

Die freigelegten Reste der Burg Tannenberg

Nauses – ein Romantikermotiv

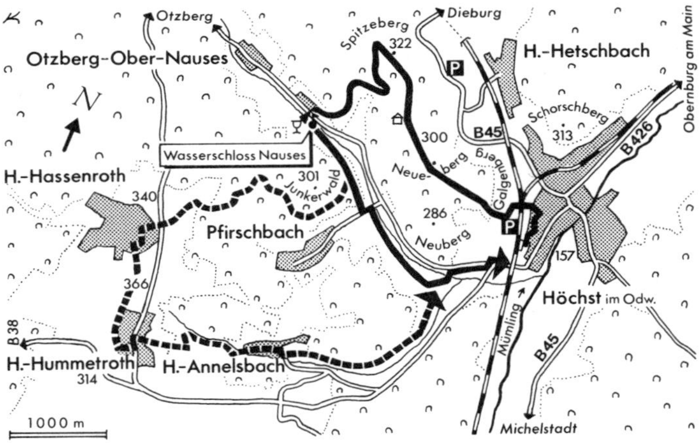

. . . nicht nur für Maler jener Zeit. – Das ehemalige Wasserschlößchen Nauses in einem Seitental der Mümling gibt es noch immer. Zahlreiche Wanderwege durch stille Waldregionen führen zu ihm hin. – Hier von Höchst im Odw. aus, wahlweise auf einem zehn oder fünfzehn Kilometer langen Rundweg (3 Std., 4 1/2 Std.). Bahnverbindung: Odenwaldbahn Ffm.–Eberbach (Neckar) bis Höchst. Autofahrer nehmen die B 45 über Dieburg.

Wenn manche Burgen und Schlösser in ihrer wesentlichen Bausubstanz Jahrhunderte überstanden, dann lagen sie meist „weit weg vom Schuß"; die Bewohner waren unauffällig, ohne Machtgehabe, blieben weitgehend unbehelligt oder hatten einfach Glück, daß sich der „rote Hahn" nicht auf ihrem Dache niederließ. Ein Beispiel dafür ist das ehemalige Wasserschlößchen Nauses, versteckt in einem schmalen Seitental der Mümling zwischen Höchst im Odenwald und dem Otzberg gelegen.

Historisch gesehen kam der Anlage nie irgendwelche Bedeutung zu, entsprechend spärlich fließen die Quellen zur Entstehungs- und Entwicklungsgeschichte. Vermutlich wurde sie als Talsperre zum Otzberg errichtet, genannt erstmals 1357, als ein Ritter Eberhard Kilian sie an Diether Ganß von Otzberg verkaufte. Rund 350 Jahre blieb das „Sloßlin Nuwses", das neue Schloß, im Besitz dieses Familienstammes.

Von Höchst im Odenwald läßt sich Schloß Nauses durch schattige Waldregionen angenehm erwandern. Am Bahnhof biegt man links in die Bahnhofstraße, nochmals links in die Kellereistraße, nimmt den Aufwärtspfad entlang dem Friedhof, kommt zur Straßenecke Am Galgenberg, stößt hier auf die Markierung offenes rotes Quadrat und schließt sich ihr in Linksrichtung weiter steigend an. Die Sandsteinbrücke über die Bahn wird gequert, noch ein Linksschlenker zum Naturparkplatz am Galgenberg. Wir folgen dem asphaltierten Weg und nach etwa 100 Metern halbrechts, dem Wiesenhang hinauf zum Wald. Linker Hand ist die ehemalige Richtstätte am Galgenberg erkennbar. Die letzte Hinrichtung soll hier 1785 vorgenommen worden sein. Wir streben geradeaus bergauf zur Seibert-Linde, benannt nach dem Höchster Oberamtsrichter Ludwig Seibert, der sich vor hundert Jahren große Verdienste um die Markierung der Odenwald-Wanderwege erworben hatte. Auf breitem, festem Weg wird mühelos der Neueberg (300 m) überschritten, ebenso der Spitzeberg (322 m). Dort, an der großen Wegekreuzung, ändert unser Wanderzeichen seine Richtung abrupt nach links abwärts, landet, große Schleifen ziehend, vor einer breiten Wiesenzunge, die umrundet werden muß, beschreibt noch einige Bogen im Laubwald, um dann Bachbrücke und Zufahrt zum ehemaligen Wasserschloß Nauses zu erreichen.

Die Gebäude, auf steinernem Sockel mit Fachwerkobergeschoß, werden immer noch als Gutshof genutzt. Wie die Anlage vor etwa zweihundert Jahren als herrschaftliches Gehöft aussah, hat detailgetreu der Heidelberger Romantiker und Nazarener Carl Philipp Fohr (1795–1818) mit einem Aquarell der Nachwelt überliefert. Es hängt im Landesmuseum Darmstadt.

Das rote Viereck behält über Nauses hinaus die Führung

durch Wiesen und Felder wiederum zum Wald. Wer die größere, meist schattenlose Tour gehen möchte, folgt dem Viereck bis über Hassenroth hinaus, trifft auf das gelbe Kreuz und kommt durch Hummetroth und Annelsbach nach Höchst zurück. Für die kürzere Strecke verläßt man am ersten Weg nach der rot-weißen Schranke das Quadrat, läuft ohne Zeichen hinunter zum Waldrand, biegt links in das Sträßchen ein und folgt dem nächsten festen Feldweg nach rechts. Im sonnigen Tal des Pfirschbachs erreicht man das gelbe Kreuz. Sofort hinter dem Eisenbahnviadukt wechselt man zum blauen Kreuz, das unmittelbar zum Bahnhof bringt.

Das ehemalige Wasserschloß Nauses

Mit Weitblick vom Kaiserturm

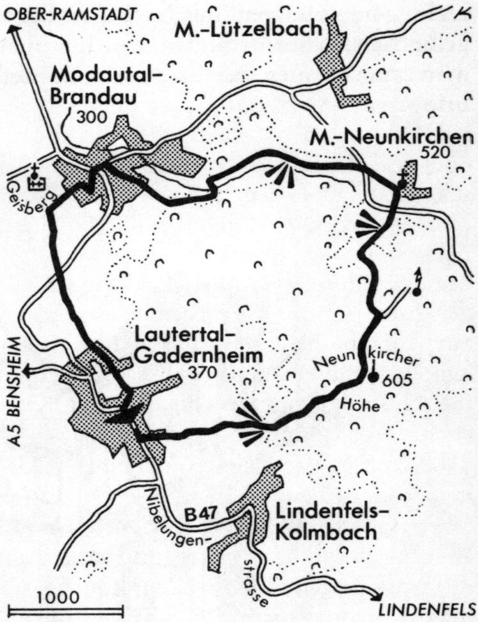

Elf Kilometer (3–4 Std.) in der Ebene wandern, oder wie hier, auf die Neunkircher Höhe, einen „Sechshunderter", klettern, ist schon ein Unterschied und muß vor Antritt der Wanderung bedacht werden. Wer die Höhe erklommen hat, dazu die Stufen des Kaiserturms, kann Platz nehmen im höchstgelegenen Gastzimmer des hessischen Odenwaldes oder die Rundumsicht genießen; geöffnet Mai bis Oktober Samstag und Sonntag 10 bis 17 Uhr, Dienstag, Mittwoch, Donnerstag ab 13 Uhr, im Winterhalbjahr nur am Wochenende. – Ausgangsort ist Lautertal-Gadernheim, zu erreichen mit Bus von Bensheim (Bergstraße), für Autofahrer von dort auf der B 47.

Wer zur Neunkircher Höhe (605 Meter) hinaufsteigt, ist dreifach ganz oben im hessischen Teil des Odenwalds: zum einen auf der höchsten Erhebung, in Neunkirchen im höchstgelegenen Dorf und schließlich mit dem Erklimmen des Kaiserturms im höchstgelegenen Gastzimmer. Ausgangsort dieser Rundblick und Weitblick versprechenden Wanderung ist Lautertal-Gadernheim an der Nibelungenstraße (B 47).

Von der Bushaltestelle Gadernheim Mitte läuft man in Fahrtrichtung die B 47 noch einige Schritte weiter, trifft auf die Markierung gelbes Quadrat, biegt mit ihm halblinks in die Turmstraße ab und ist alsbald in freier Natur. Durch Weidewiesen geht es am Bach entlang aufwärts zum Wald. Nach einem Blick zurück gen Bergstraße gilt das Augenmerk dem Wegweiser an der Waldecke, der einen Rundweg mit dem roten Strich um die Neunkircher Höhe ankündigt. Das heißt, geradeaus die Richtung einschlagen, nicht rechts über Kolmbach, was der rote Strich ebenfalls anzeigt. Der Anstieg wird steiler. Kurz vor Erreichen des Gipfels reiht sich der rote Strich weiteren Wanderrouten mit Ziel Kaiserturm ein.

Es ist schon ein erhebendes Gefühl, da hinaufzuklettern, über die Wipfel der Bäume hinweg den Blick in die Runde schweifen zu lassen. Spessart und Taunus, Hunsrück und Haardt erfaßt das Auge bei klarer Sicht. Die Ferne in die Nähe holen mit dem Errichten von Aussichtstürmen war eines der zahlreichen hochgesteckten Ziele, die sich die Wanderklubs bei ihrer Konstituierung im vorigen Jahrhundert zur Aufgabe machten. Der erste Kaiserturm an dieser markanten Stelle entstand bereits 1888, eine Holzkonstruktion, die schon 1907 durch den steinernen Kaiserturm Nummer II ersetzt werden mußte.

Unser nächstes Ziel ist Neunkirchen. Man schließt sich dem roten Quadrat an, kommt damit auf die schmale Zufahrtstraße für den Radarturm der Bundesanstalt für Flugsicherung, folgt ihr abwärts, und sobald außerhalb des Waldes die trutzige Kirche von Neunkirchen sichtbar wird, trennt man sich vom Quadrat und hält auf sie zu. Neunkirchen war bis zur Reformation ein bedeutender Wallfahrtsort. Seine Entstehung soll auf das Jahr 300 nach Christus auf eine Quellenkultstätte im heutigen Kirchenbereich zurückgehen. Die jetzige „neue" Kirche entstand 1742 auf den Grundmauern verschiedener Vorläuferkapellen und -kirchen.

Für den Weiterweg nach Brandau nehmen wir den weißen Strich an der Ummauerung des Kirchenbezirks auf, laufen den Wiesenhang hinunter, über die Straße in den Wald. Das Zeichen dirigiert am Rand eines Bachtälchens entlang abwärts, wobei mit Erreichen des ersten Hauses die Bach-Tal-

Seite gewechselt wird. Drüben nochmals durch Wald kommen wir hinunter nach Brandau, dem Verwaltungssitz der Großgemeinde Modautal.

In der Ortsmitte am Amtsgebäude schwenkt das Zeichen links, biegt sogleich in die Straße Im Eck ein und weist dann den Bensheimer Weg hinauf. Wenn außerhalb am Sperrschild das Zeichen rechts dem Ehrenfriedhof für Kriegstote aller Nationen auf dem Geisberg zustrebt, nehmen wir geradeaus ohne Zeichen den zunächst asphaltierten Weg durch die Felder. Es ist der Zubringer zum gelben Strich, den wir nach knapp 300 Metern treffen. Er lotst uns auf anfänglich schlechter Wegstrecke nach Gadernheim zurück. Wenn das Zeichen unten im alten Teil nach links abknickt, laufen wir kurz zur B 47 und Ortsmitte weiter.

Der Kaiserturm auf der Neunkircher Höhe

Das Kloster der Heidelberger Romantiker

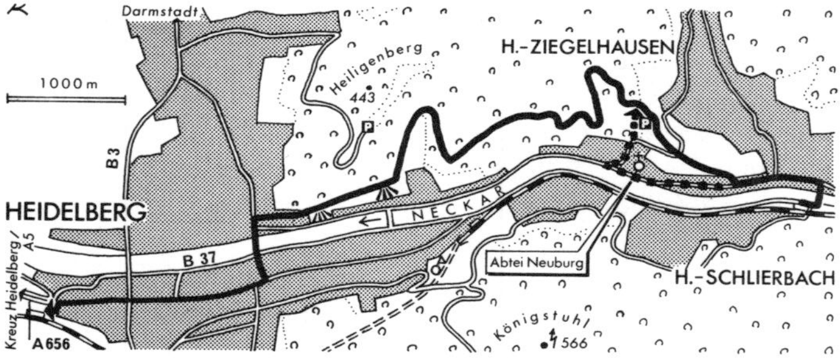

Von Heidelbergs Vorort Schlierbach auf einer elf Kilometer langen Streckenwanderung (3 Std.) über Neckarsteilhänge ins Zentrum der Universitätsstadt. – Überwiegend Waldschatten, vom Philosophenweg der berühmte Schloßblick. – Und zum Abschluß der Altstadtbummel. – Öffnungszeiten, Kurpfälzisches Museum: täglich außer Montag 10 bis 17 Uhr; Reichspräsident-Friedrich-Ebert-Gedenkstätte: Dienstag bis Sonntag 10 bis 18 Uhr; Studentenkarzer Alte Universität: Montag bis Samstag 9 bis 17 Uhr u. a. Museen. – Anfahrt: Heidelberg, Hauptbahnhof – Schlierbach mit Zug oder Bus; – Autofahrer: A 5 – A 656 – B 37 – Schlierbach.

Heidelberg wirkt zu jeder Jahreszeit wie ein Magnet auf Besucher; davon können besonders im Zentrum parkplatzsuchende Autofahrer ein Lied singen. Aber das Ziel müssen ja nicht nur Schloßberg und Altstadt sein. Auch am gegenüberliegenden Ufer ist Heidelberg und in seinen Vororten flußaufwärts. Hier liegen die eigentlichen Urzellen der Stadt in ehemaligen Lorscher Klöstern auf dem Heiligenberg und den im 12. Jahrhundert dazugekommenen Abteien Schönau und Neuburg, wobei Neuburg im Stadtteil Ziegelhausen von allen Lorscher Filialgründungen noch die einzig lebendig gebliebene ist. Dorthin wollen wir unsere Schritte lenken.

In dem vielgewundenen Neckartal, das ins Odenwaldmassiv eingegraben ist, bleibt oft kaum Raum für Straße und Schiene. Hart am Ufer machen sie den Schwung des Flusses mit. So steht man am Schlierbacher Bahnhof, gleichgültig, ob man mit Zug oder Bus ankommt, auch schon am Neckar, wo unsere Wanderung beginnt. Wir laufen über die Brücke zum Stadtteil Ziegelhausen und biegen dort links in die Kleingemünder Straße ein. Bald stößt man auf das rote R des Neckarrandweges, das über die Höhen entlang dem Fluß nach Heidelberg führt. Doch die Abtei Neuburg liegt ausgangs des Ortes unten im Tal. Um zu ihr zu gelangen, geht man ohne Zeichen die Durchgangsstraße, die in der Verlängerung Neckarhelle heißt, geradeaus bis zum Hotel Stiftsmühle an ihrem Ende. Hinter dem Gebäudekomplex zweigt ein kurzer Waldpfad zur etwas erhöht stehenden Klosterkirche ab.

Hier und in den etwas abseits liegenden Konventbauten wirken seit 1927 wieder Benediktinermönche, nachdem die Abtei über 150 Jahre in weltlichem Besitz unter häufig wechselnden Eigentümern gewesen war. Ihren geistigen Höhepunkt in dieser Zeit erreichte die Neuburg, als sie 1825 der Frankfurter Rat Johann Friedrich Schlosser erwarb und zum Treffpunkt der Heidelberger Romantiker machte. Überhaupt hat das Kloster eine nicht unwesentliche Rolle in der Entwicklung der Universität Heidelberg gespielt, die 1386 nach Prag und Wien als die drittälteste im Heiligen Römischen Reich entstand.

Wir müssen für den weiteren Verlauf der Wanderung wieder auf das rote R treffen. Die Hauptroute sieht vor, in den Ort zurückzukehren und von hier mit dem R über einen Treppenaufgang zwischen den terrassenförmig angelegten Häuserzeilen und verwunschenen Schrebergärten draußen zum Naturparkplatz Kuhriegel am Waldrand zu gelangen. Man kann diesen Platz auch erreichen, wenn man vor der Klosterpforte die Auffahrtsstraße zum Sportzentrum weitergeht und sich vom Waldrand an am gelben Rhombus orientiert oder den Schildern des Trimm-Pfades folgt.

Das R verschwindet vom Parkplatz jetzt gänzlich im Hochwald, steigt zunächst das wildzerklüftete Mausbachtal hinauf und schlägt dann auf den steil zum Neckar abfallenden Hängen Kurs in westlicher Richtung ein. Mal überwindet es die Täler kleiner Gebirgsbäche, umrundet Felsnasen und schleicht durch Gebüsch, Farn und Gras. Wenn der Weg breiter wird, sich hin und wieder wie durch einen Guckkasten eine Neckarschleife zeigt, Spaziergänger entgegenkommen, weiß man, Heidelberg ist nah. Der Wald endet, und da haben wir den berühmten Blick: das Schloß, die Altstadt mit der Heiliggeistkirche, die Alte Brücke. Man kann den Schlangenweg zur Alten Brücke und zum Karlstor hinuntersteigen oder im großen Bogen den Philosophenweg zur Theodor-Heuss-Brücke.

Sommerresidenz Bergstraße

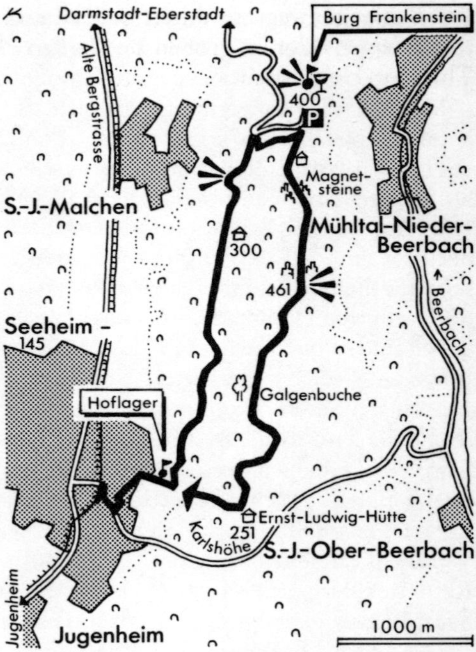

Die Beziehung Hoflager (Schloß) Seeheim und Burg Frankenstein war familiär als einstige Besitztümer der Landgrafen von Hessen-Darmstadt. Heute verbinden Wanderwege das Schloß an der Bergstraße und die Burg in 400 m Höhe. – Die elf Kilometer lange Rundtour (3½ Std.) beginnt in Seeheim, Neues/Altes Rathaus an der Straßenbahnhaltestelle der Linie 8 (ab Darmstadt). – Anfahrt Autofahrer: A 5, Anschlußstelle Pfungstadt oder Jugenheim, B 3 Seeheim. – Einkehr im Terrassen-Aussichtsrestaurant Frankenstein (montags geschlossen) zur Halbzeit. – Einen Blick in Seeheims Vergangenheit erlaubt das Heimatmuseum im Alten Rathaus, geöffnet sonntags 10 bis 12 Uhr und mittwochs 17 bis 20 Uhr.

Der Glanz höfischen Lebens in Seeheim-Jugenheim, Sommerresidenz der Großherzöge von Hessen-Darmstadt im vergangenen Jahrhundert, ist vorbei. Geblieben davon sind Schloß Heiligenberg in Jugenheim und das Hoflager (Schloß) zu Seeheim. Heute wie damals übt die anmutige Landschaft am Westhang des Odenwaldes ihre Anziehungskraft auf Naturfreunde nicht nur zur Baumblüte im Frühling aus. Folgen wir den Wanderzeichen zu den bewaldeten Höhen.

In Seeheim, an der Straßenbahnhaltestelle Neues Rathaus, geht es los in Richtung Altes Rathaus (kurz zurück, rechts Darmstädter Straße). Unübersehbar der Fachwerk-„Star“ mit seiner phantasievollen Balkenordnung und fränkischen Erkern auf massivem Erdgeschoß, erbaut 1599. Von Grund auf restauriert, hat darin das Heimatmuseum seinen Platz. Genau gegenüber hält sich die Markierung gelbes F bereit, aus dem Luftkurort hinaus zum Schloß zu geleiten.

Mit Schloß Heiligenberg läßt sich der Gebäudekomplex kaum vergleichen in seiner Bescheidenheit, eher der großzügige Park mit alten Baumbeständen. Als Landgut eines Seeheimer Amtsmannes war die Anlage 1799 begonnen und 1808 von Ludwig I. übernommen worden. Hierher flüchtete der Hof zur Zeit der Cholera, zog sich Ludwig III. vom gesellschaftlichen Leben zurück. Das gelbe F weist am Rande des Parks den Hang aufwärts zum Häusergeviert, mitten hindurch in den beginnenden Wald. Nach links entläßt uns, den Blick auf Seeheim gerichtet, ein früheres Tor noch einmal zwischen Wiesen. Dann nimmt uns lichter Buchenwald auf, leicht steigend dem Ziel des F, Burg Frankenstein, entgegen. Kurz vor Erreichen der Zufahrtsstraße zur Burg nimmt das F an der Barriere rechts einen Treppenaufgang und zieht oberhalb des Asphaltbandes weiter zum Parkplatz.

Burg Frankenstein bildet das nördlichste Glied in der Kette der Bergstraße-Burgen. Mitte des 13. Jahrhunderts erbaut, blieb sie im Besitz des gleichnamigen Geschlechts, bis sie 1662 an die damaligen Landgrafen von Hessen-Darmstadt überging. Die Burg wurde nie belagert oder zerstört, trotzdem war sie um 1740 völlig verfallen, sie besaß keinen strategischen Wert mehr für die Landgrafschaft. In der früheren Vorburg steht heute ein Terrassenrestaurant, von dem der Blick in die Rheinebene bis hinüber zur Haardt reicht.

Zur Einkehr läuft man über den Parkplatz kurz geradeaus weiter, kehrt dann zum Wendepunkt zurück. Wir wenden uns vom F-Weg spitzwinklig nach rechts dem roten Rhombus zu, anfänglich unterstützt von den Ziffern 1 und 3. An der Felsing-Hütte vorbei windet sich der Weg zwischen Felsblöcken der Magnetsteine hindurch, für Kletteranfänger ein gern besuchtes Übungsobjekt. Waldwege wechseln mit weichen Graswegen ab, Lichtungen gewähren Ausblicke ins liebliche Beerbachtal, bis Neunkircher Höhe und Melibokus. Dem Naturdenkmal zweier H-förmig zusammengewachsener riesiger Buchen, genannt Galgenbuche, gilt unsere Aufmerksamkeit, und bald darauf der Ernst-Ludwig-Hütte als Orientierungsmerkmal. Hier wenden wir uns von der roten Route ab – mit der man zwar auch nach Seeheim kommt, aber gegen Ende entlang der Straße – und den Ziffern 13/14, Seeheim Schloß, zu. Von der so bezeichneten Buche bringt ein Grasweg direkt in das bekannte Schloßrevier.

Das Alte Rathaus von 1599 in Seeheim

Auf den Höhen des Silberberges

Eine elf Kilometer lange, gut dreistündige Wanderung, die vertraut macht mit der Vergangenheit Ober-Ramstadts durch seine Gebäude, sein Museum, den Gang über ehemaliges Silberbergbaugelände. Dazu ein Naturfreundehaus am Wegesrand (mittwochs geschlossen). – Öffnungszeit: Museum Altes Rathaus sonntags 14.30 bis 17.30 Uhr. – Ober-Ramstadt liegt an der Bahnstrecke Darmstadt/Hanau – Eberbach (Neckar); Autofahrer kommen von der A 5, Anschlußstelle Pfungstadt–Da.-Eberstadt auf der B 426 herüber.

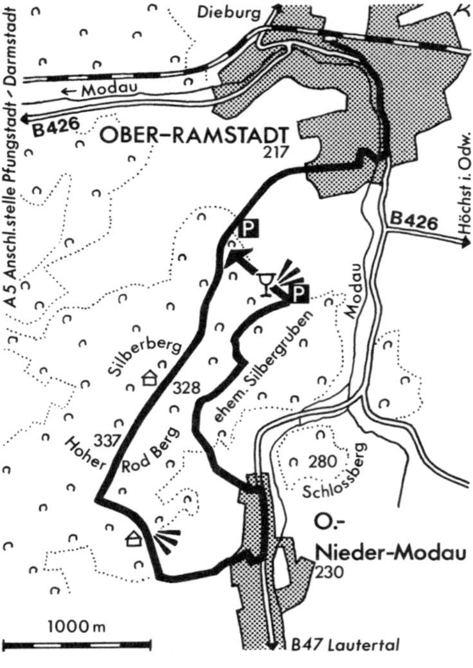

Silberberg heißt ein langgestreckter Bergrücken bei Ober-Ramstadt, der in einer Höhe von 328 Metern gipfelt. Haselberg war sein ursprünglicher Name, doch der Volksmund benannte ihn um, nachdem hier Ende des 16. Jahrhunderts auf Veranlassung Landgraf Georgs I. Bergbau betrieben worden war. Ein Versuch, den Wohlstand seines durch den Schmalkaldischen Krieg stark mitgenommenen Landes zu verbessern. Der Landgraf knüpfte dabei an die Überlieferungen an, daß bereits 1507 in diesem Bereich eine Schmelzhütte in Tätigkeit gewesen war. Er nahm 70 Jahre später den Erzbergbau auf, vornehmlich zur Silber- und Kupfergewinnung.

Das Waldgebiet des Silberberges liegt südlich des Städtchens, der Bahnhof an der nördlichen Peripherie. Wer mit dem Zug kommt, hat Gelegenheit, durch den Ort zu schlendern. Die Markierung blauer Punkt und weißes Andreaskreuz halten sich für den Wanderer von Anbeginn bereit, sie weisen am Bahnhof zur Bundesstraße 426 und weiter zur Stadtmitte. Mittelpunkt sind dort nicht mehr das Ensemble Altes Rathaus und Kirche allein, wie ehedem, sondern auch das wiedererstandene Fachwerkkarree der Hammermühle als sozialer und gesellschaftlicher Bürgertreff. Das Heimatmuseum ist im Alten Rathaus verblieben mit Schwerpunkt Technologie-Geschichte und einer Lichtenberg-Aussstellung zu Ehren des in Ober-Ramstadt geborenen Physikers und Schriftstellers Georg Christoph Lichtenberg (1742–1799).

Unsere Zeichen entfernen sich von Bundesstraße und Modau, die die Stadt in ihrer ganzen Länge durchfließt, nach rechts in Neubaugebiet unter gleichzeitigem Hinweis zum Naturparkplatz. Zwischen Feldern geht es hinauf zum Wald, der Hohen Straße folgend. Wenn ein Schild zum Naturparkplatz und Naturfreundehaus zeigt, verbleiben wir bei Punkt und Kreuz weiter leicht steigend auf asphaltiertem Weg. Fast auf der Höhe des Silberberges wird uns mineralogischer Anschauungsunterricht zuteil durch sechs etwas links vom Weg aufgestellte Gesteinsproben: Buntsandstein, Basalt, Granit, Porphyr, Syenit und Gabbro.

Die Blütezeit der „Gnade Gottes", wie die Grube damals genannt wurde, währte nicht lange. Obwohl stets fündig, rund 40 Pfund Kupfer und sechs Lot (etwa 100 Gramm) Silber auf einen Zentner, verschlang sie mehr Geld zum Ausbau der Schächte bis in 28 Meter Tiefe, eines Poch- und Schmelzwerkes, als sie einbrachte. Bereits 1586 kam das Bergwerk zum Erliegen. Spätere Verkaufsverhandlungen scheiterten. Die Grube blieb 300 Jahre verschlossen. Erst 1907 wurden umfangreiche Aufschlußarbeiten begonnen, der Betrieb jedoch nicht wiederaufgenommen trotz guten Zustandes der Schächte.

Ganz auf der Höhe kommen wir zum alten eisernen Wegweiser und zur August-Kehr-Hütte, folgen der Hohen Straße weiter in Wellen und Bogen. Wenn es wieder bergauf geht, heißt es an einer Kreuzung Achtung auf den schwer erkennbaren weißen Punkt und mit ihm links ab zum Waldrand. Dort eröffnet sich die großartige Aussicht über das Modautal zum Otzbergkegel in der Ferne, Schloß Lichtenberg und Neunkircher Höhe. Ein asphaltierter Feldweg zieht am Waldrand hinunter, mit Rechts-Links-Knick nach Nieder-Modau. An den ersten Häusern geht es links die Straße Am Ballenrain abwärts zur Odenwaldstraße, diese links und fast am Ortsende mit dem roten Querstrich links im Horeth hinauf durch Felder zum Wald. Kurz nach Waldbeginn, zwischen Jagen 104 und 105, biegt man mit der verwitterten gelben 2 halbrechts ab, ein Weg, der sich durch das ehemalige Schürfgebiet schlängelt, zwischen tiefen Furchen, Gräben, ja Schluchten, von hohem Buchenwald überzogen. Wird die genauso schwer erkennbare Markierung gelbe 3 gekreuzt, hält man sich weiter im leichten Rechtsbogen abwärts. Ein Holzgeländerpfad führt aus der Grube heraus zum Naturfreundehaus mit Einkehrmöglichkeit und Naturparkplatz. Rückweg gleich Anfang.

Wander-Dorado Überwald

Nicht nur einen Tag, einen Erholungsurlaub sollte man in diesem inneren, schon zum Süden hin ausgerichteten Teil des Odenwaldes verbringen. Überwald nennt sich diese Region der Wald-Wiesenlandschaft in einer Höhenlage zwischen 300 und 600 Metern, in die die Dörfer hineingetupft zu sein scheinen. Ein Dorado für Wanderer. – Standort für die variable Wanderung (elf Kilometer Route A, dreizehn Kilometer Routen A und D) ist Gras-Ellenbach, zu erreichen mit Bus von Weinheim, für Autofahrer: A 5, Anschlußstelle Weinheim, B 38 Fürth, B 460, Abzweigung Gras-Ellenbach.

Daß ein bekannter und geschätzter Kurort eine Oase der Ruhe bleiben kann, dafür ist das Kneippheilbad Gras-Ellenbach im Odenwald beispielhaft. Selbst den Siegfriedbrunnen am nahen Spessartkopf braucht es als Anreiz für den Fremden nicht, das Überland, die einzigartige Mittelgebirgslandschaft, spricht für sich. Den Heldennamen der Nibelungensage jedoch entkommt man nicht, sie sind allgegenwärtig in Straßen und an Gebäuden.

Nehmen wir Gras-Ellenbach als Ausgangspunkt für eine vielgestaltige Wanderung, die aufgrund der gegebenen Markierungsmöglichkeiten in unterschiedlichen Längen und Variatonen vorgenommen werden kann. Busbenutzer treffen an der Haltestelle Guntherstraße, von Weinheim kommend, ein, von hier wenden sie sich nach links in die Siegfriedstraße. Autofahrer können hier an der Post parken. Wer sich der Gesamtwanderung (A) einreihen möchte, folgt ab Hotel Dorflinde mit der Markierung stehendes rotes Kreuz dem Rechtsknick der Siegfriedstraße, biegt links ab hinauf zum Friedhof, dort rechts zum Wald. Das Schild „Krumme Tanne" zeigt in die gleiche Richtung. Ist der angekündigte Baum nach leichtem Anstieg erreicht, erweist sich die Tanne jedoch als stattliche, knapp dreihundertjährige Kiefer.

An dieser Stelle trennen wir uns vom roten Kreuz, das auf die Wegscheide zuhält, reihen uns geradeaus der örtlichen Ziffer 10 ein (Schild Walburgis-Kapelle), kommen damit zum gelben Doppelstrich, der uns links weiter durch den Wald bis Hammelbach lotst. Ein Zeichenwechsel wird am Café am Markt vorgenommen, das gelbe Andreaskreuz tritt jetzt in Aktion. Mit ihm geht es links um die Ecke, ein Stück die Straße nach Wahlen, am Ortsausgang links in den Gras-Ellenbacher Weg, Neubaugebiet, und schon ist man wieder im Wald. An der Schutzhütte teilen sich die Wege, wer abkürzen möchte (C), folgt dem Hinweis Gras-Ellenbach und Ziffer 12, die Ausdauernden knicken mit dem gelben Kreuz rechts ab auf den Kammweg über den Hammelberg (491 m). Sollte beim Beginn des Abstiegs das Zeichen kurz verlorengehen, auf dem nächstfolgenden festen Querweg nach links findet man es wieder. In weit ausholenden Serpentinen geht es abwärts nach Wahlen, dort eingangs links, nochmals links in die Straße Am Schmelzrain, damit ist man jetzt bei der Markierung weißer Rhombus. Den Waldrand entlang mit Blick ins Wiesental des Ulfenbaches geleitet der Rhombus nach Gras-Ellenbach zurück.

Autofahrer können diese Wanderung auch vom Naturparkplatz Wegscheide aus unternehmen (D), an der Kreuzung der B 460 von Fürth her mit der Verbindungsstraße von der B 38 (Dieburg) über Unter-Ostern. Sie beginnen mit dem gelben Strich Richtung Hammelbach und kommen von Gras-Ellenbach mit dem roten Kreuz über die „Krumme Tanne“ zur Wegscheide zurück. Eine andere, sehr reizvolle Variante (B) führt durch das Gaßbachtal, die wie die Hauptroute an der „Dorflinde“ beginnt. Hierfür orientiert man sich am Hinweis Café Bauer, läuft am Hotel Siegfried vorbei mit Ziffer 13 das Gaßbachtal aufwärts zur Felsenquelle, an der Professor Beisinger den Entschluß zur Gründung des Naturparkes Bergstraße-Odenwald faßte, der 1960 in die Tat umgesetzt wurde. Vom Café Bauer weiter talaufwärts trifft man auf den gelben Doppelstrich der Route (A).

Ruine der spätgotischen Kirche zu Hammelbach

Zur Odenwälder Weininsel

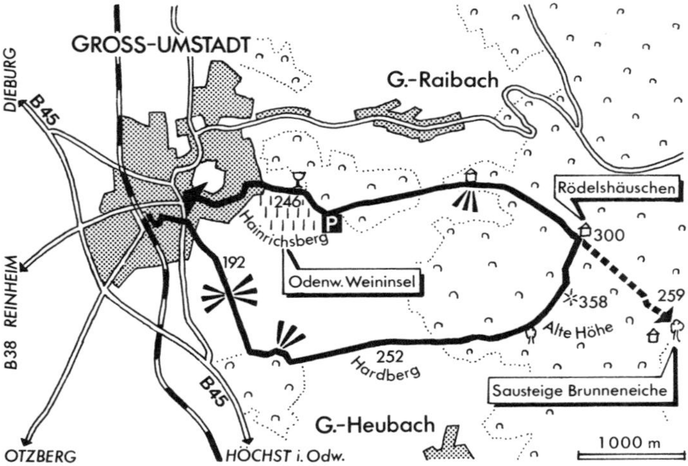

Groß-Umstadt, das „Tor zur Odenwälder Weininsel", steht jederzeit offen zum Ausflug in die kleine Weinbergswelt und in die Wälder der beginnenden Odenwaldhöhen, aber auch für einen Rundgang im Städtchen selbst mit seinen historischen Bauwerken. Sommers vermittelt dazu das Museum Gruberhof ergänzend einen Einblick in die Geschichte dieses Landstrichs (geöffnet Ostern bis Oktober, sonntags von 13 bis 18 Uhr). – Die elf (dreizehn) Kilometer lange Vorschlagswanderung (3 bis 4 Std.) schließt die verschiedensten Anlaufpunkte mit ein. – Zwischen Frankfurt und Groß-Umstadt besteht direkte Bahnverbindung oder mit Umsteigen in Hanau. Autofahrer kommen über die B 45 Dieburg nach Groß-Umstadt.

„Tor zum Odenwald" nennt sich Groß-Umstadt. Ein repräsentatives, gemessen an den historischen Baulichkeiten der Schlößchen und Adelshöfe ehemaliger Standesherren samt dem Renaissance-Rathaus und der gotischen Stadtkirche. Gemeint ist aber mehr die geographische Lage am Übergang von der Rhein-Main-Ebene zu den waldreichen Mittelgebirgsausläufern. Dieser fruchtbare und klimatisch günstig gelegene Landstrich, in dem selbst noch ein vorzüglicher Wein reift, war von jeher begehrtes Siedlungsland, erstmals dokumentiert im 8. Jahrhundert als Besitz des Klosters Fulda. Es sollte noch eine Reihe von Herren folgen: Münzenberg, Hanau, Kurpfalz, Hessen. Die vielfach erhaltenen Bauten aus den jeweiligen Perioden machen den Reiz des Stadtkerns von Groß-Umstadt aus. Doch zunächst hinaus ins Hinterland.

Am Bahnhof Groß-Umstadt nimmt man den roten Doppelstrich auf, schließt sich ihm nach rechts an und läßt sich mit einem Links-Rechts-Schlenker stadtauswärts weisen. Die ehemalige B 45 wird gekreuzt, auf asphaltiertem Weg ist man schnell im Freien. In leicht steigendem Hohlweg kommt man zur Höhe mit freier Rundumsicht, bei der die „Weiße Rüb", der Bergfried auf dem Otzberg, in einiger Entfernung als Blickfang dominiert. Der Weg zieht zum Waldrand, dort links entlang, jetzt gemeinsam mit dem blauen Kreuz.

Der feste Weg hält weiter zwischen Ackerbreiten auf die nächste Waldkuppe voraus zu, dann nimmt der Forst uns für eine Weile auf. Kaum merklich steigend, kommt man an der mächtigen Hindenburgbuche vorbei zum Rödelshäuschen, einem Waldarbeiterstützpunkt auf freier Fläche. Hier treffen wir auf die nächste maßgebliche Markierung rotes Dreieck. Nach rechts kann man mit ihm einen Abstecher zur Sausteige machen mit Sausteigbrunnen und gleichnamiger Eiche in einem lieblichen Wiesental, in das früher die städtische Schweineherde zur Eichelmast getrieben wurde (2 km hin und zurück). Am Rödelshäuschen links geht es in Richtung Groß-Umstadt. Ein breiter, fester Weg führt zur Aussichtshütte am Waldesrand und noch einmal leicht steigend zum Naturparkplatz Hainrichsberg am Waldende.

Odenwälder Weininsel wird Groß-Umstadt in der näheren Umgebung genannt. Nur 50 Hektar ist die Rebfläche groß, die als Teil des Anbaugebietes Hessische Bergstraße gilt. Der Weinbau in Groß-Umstadt fußt auf jahrhundertealter Tradition. Die rassig edlen Tropfen kommen allerdings kaum über die Mainlinie hinaus, mit ihnen werden die Umstädter und ihre Besucher mühelos selbst fertig. Wer sich für die Historie des Umstädter Weinbaus interessiert, der bereits im Jahre 985 begann, kann sich ausgiebig im Museum Gruberhof informieren. Und nicht nur über diese Materie. Anhand unzähliger Exponate wird die Geschichte der gesamten Gegend lebendig aufgezeigt. Das Ungewöhnliche ist der Rahmen: ein altes bäuerliches Anwesen mit Haus, Hof und Stallungen. Die Stadt hat diese Hofreite 1986 erworben und vom Museums- und Geschichtsverein ausgestalten lassen. Schwerpunkt, den Räumlichkeiten angepaßt, natürlich bäuerliches Großgerät und historische Werkstätten.

Vom Parkplatz Hainrichsberg läuft man am obersten Rand des Rebenhanges weiter, folgt der Zufahrtsstraße zum Farmerhaus und hält sich oberhalb des Krankenhauses stadteinwärts. Auf der Durchgangsstraße Mörsweg rechts kommt man zum Museum Gruberhof im Raibacher Tal, die Straße querend zum Marktplatz und in die angrenzende Altstadt mit ihren gemütlichen Weinlokalen.

Sausteigebrunnen und Sausteigeeiche

Die Kaiserpfalz auf der Bergnase

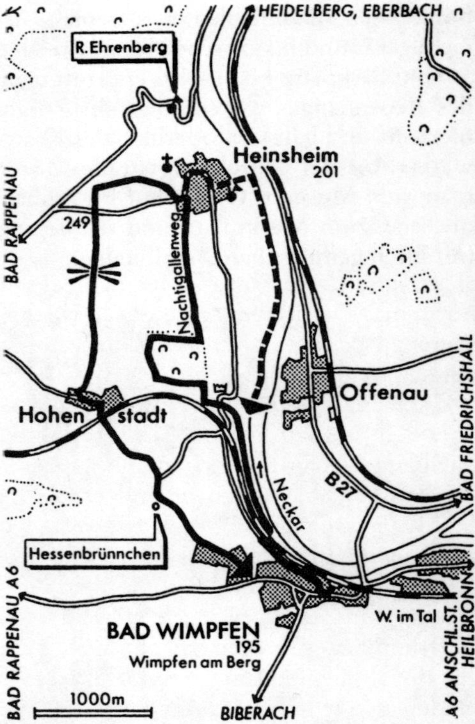

Von welcher Seite auch immer man die Stadtsilhouette Bad Wimpfens am Neckar in Augenschein nimmt, sie ist gleichermaßen faszinierend. Hoch über dem Neckartal ragen Roter und Blauer Turm der ehemaligen Kaiserpfalz empor, geben den Hinweis, wo der Kern der Altstadt, die steilen, kopfsteingepflasterten Gassen zu finden sind und natürlich die Reste der Kaiserpfalz. – Wanderwege gibt es nach allen Himmelsrichtungen. Diese zwölf (zehn) Kilometer lange Tour (4 Std.) nimmt vorrangig den Neckar als Richtschnur. – Mehr zur Geschichte erfährt man im Museum im Steinhaus, Burgviertel 15, Öffnungszeiten 1. April bis 15. Oktober täglich außer Montag von 10 bis 12 und 14 bis 16.30 Uhr. – Bad Wimpfen ist mit der Bahn über Heidelberg oder Eberbach (Neckar) zu erreichen. Autofahrer: A 5, Heidelberg, B 37, B 27, oder A 5 Kreuz Walldorf, A 6, Anschlußstelle Bad Rappenau, Bad Wimpfen.

Kaiserpfalzen, in denen einst Kaiser und Könige von den Karolingern bis zu den Staufern im Wechsel hofhielten, erwecken, zumindest im Rhein-Main-Gebiet, leicht die Vorstellung von riesigen befestigten Wohnsitzen ähnlich den Wasserburgen. Gelnhausen und Seligenstadt mit ihren Pfalzrelikten sind Beispiele dafür. Nicht so Wimpfen am Neckar. Obgleich es eine wesentlich ältere Talsiedlung gibt als die spätere Reichsstadt auf dem Berg, entstand eine staufische Kaiserpfalz auf ebendieser Bergnase in 200 Meter Höhe. Wimpfen am Berg, heilklimatischer Kurort und Bad, soll Ausgangspunkt einer Wanderung sein.

Vom Wimpfener Bahnhof geht man die wenigen Schritte bis zu der kleinen Dreiecksanlage, hält nach rechts oberhalb auf das Stadttor zu und schwenkt kurz davor rechts auf einen Treppenpfad neben der hohen Mauer ab. Wir sind auf der Rückseite der staufischen Kaiserpfalz. Klotzig überragt der 23 Meter hohe Rote Turm die Stadtmauer, östlichster Eckpfeiler und letzte Zuflucht für den Kaiser im Falle einer Erstürmung. Der Blaue Turm, das höchste Gebäude der Stadt, begrenzt als westlicher Eckpfeiler die Pfalz. Beide Türme können bestiegen werden.

Unser Pfad verläuft am bewaldeten Hang auf halber Höhe über dem Neckar weiter. Wir folgen ihm so lange, bis er im Neubaugebiet in die Straße einmündet. Dort vor zwei großen Kastanienbäumen nehmen wir die Markierung schwarze Mühle auf, folgen dem rechts abwärts weisenden Pfädchen, unterqueren die Gleise, nehmen noch das gelbe R dazu und ziehen zwar im Laubschatten, aber mit freiem Blick zum Neckar hin voran. Wenn der Wald endet, angesichts des Schwimmbades, biegen wir mit Mühle und R links ab, kreuzen die Straße und treten jenseits halb rechts auf einem Steilpfädchen eine kleine Kletterpartie an, kommen entlang den Gleisen nach wenigen Metern zu einer Bank und knicken hier scharf rechts auf einen als solchen kaum erkennbaren Wiesenpfad ab. Man bleibt links der Obstbaumreihe, dort sind R und Mühle sichtbar, die bald links aufwärts zum Wald weisen. Wiederum links am Wald-Wiesen-Saum zur nächsten Ecke, dann rechts unter alten Eichen leicht abwärts bis zu einem asphaltierten Weg, mit ihm rechts in den hohen Forst.

Wir folgen dem Lauf eines kleinen Gewässers, üppiges Feuchtbiotop säumt den Weg. Am Ende des Waldes geht es dagegen links den Nachtigallenweg hoch, die Mühle noch immer voran. Aufgelassene, trockene Weinbergterrassen bestimmen die Vegetation.

Wir kommen nach Heinsheim hinein. Der Nachtigallenweg setzt sich bis an den Rand des alten Ortskerns fort. Beim Hinuntergehen sollte man auf die Hohenstädter Straße achten, in die das Mühlenzeichen für den weiteren Weg abknickt. Wie in einem Nest liegt Schloß Heinsheim aus dem 18. Jahrhundert inmitten seines Parks in der Dorfmitte eingebettet, heute ist es ein Hotel-Restaurant. Zum Eingang kommt man von der Straße Lange Mauer her. Wer das Flußufer dem Gang über die Höhe vorzieht, kann entlang einem Pfad nach Wimpfen zurücklaufen.

Freie Sicht über die Felderhöhen erwartet den, der weiter dem Mühlenzeichen folgt. Die Hohenstädter Straße wird zur Steige, bis sie die Höhe erreicht, dort auf dem Querweg mit dem Burgenzeichen zusammentrifft und gemeinsam mit ihm nach links weiterzieht. Wenn kurz vor Erreichen von Hohenstadt beide Zeichen links abdrehen, gehen wir nach rechts in das Dorf hinein, links abwärts und rechts über die Gleise. Ein Fußweg neben der Straße, am Hessenbrünnchen vorbei – Reminiszenz an die Zeit, als Wimpfen hessische Exklave war (1803–1952) –, bringt uns an den Stadtrand von Bad Wimpfen. In Sichtweite der Kurkliniken gehen wir die Hohenstädter Straße noch abwärts, dann die Garten- oder Mathildenbadstraße, links kommt man in das Burgenviertel mit dem Marktplatz an der evangelischen Pfarrkirche und in die Altstadt.

Beim Bummel durch die verwinkelten Fachwerkgassen sollte man keinesfalls den Bereich unterhalb der Hauptstraße zwischen Heiliggeisthof, auch Spital genannt, heute Museum, und dem Dominikanerkloster auslassen.

Arme-Leute-Winkel

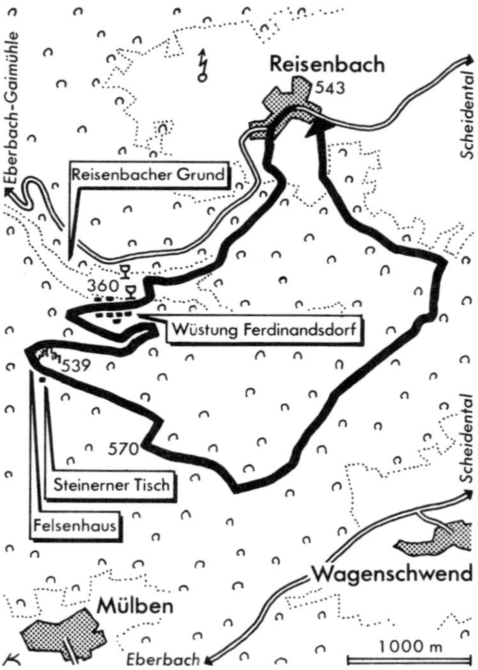

Der südöstliche, zum Neckar hin ausgerichtete Teil des Odenwaldes ist zweifellos der wildromantischste des Gebirges. Hier zu wandern, am besten mit Rucksack, wird zum ganz besonderen Erlebnis. Die Einstimmung erfolgt schon bei der Anfahrt über die kurvenreichen Gebirgssträßchen. Nach Reisenbach, dem Ausgangsort dieser zwölf Kilometer langen Wanderung (4 Std.), fährt man auf der B 45 (Dieburg) bis Hetzbach, biegt dort Richtung Hesseneck ab, kommt über Kailbach zur Gaimühle, von dort in den Reisenbacher Grund. – Hunde dürfen in das Wildgatter nicht mitgeführt werden.

Der Odenwald gilt als das lieblichste deutsche Mittelgebirge. Gemeint ist damit die bewegte, klimatisch begünstigte Landschaft des vorderen und mittleren Odenwaldes in ihrem bunten Wechsel zwischen Berg und Tal, bewaldeten Kuppen und sonnengeöffnetem Ackerland. Ganz anders der östliche und südöstliche Teil des Gebirges, den der mediterrane Atem der oberrheinischen Tiefebene nicht mehr erreicht. Bergrükken mit steil abfallenden Flanken formen sich zwischen 300 und 600 Metern Höhe zu einer kaum erschlossenen Waldregion. Nur kleinste Straßen folgen dem wildromantischen Lauf der Bäche und verbinden die wenigen Dörfer miteinander. Eines von ihnen, Reisenbach, das höchstgelegene Odenwalddorf (543 m), wurde zum Ausgangspunkt dieser Luftkur-Wanderung gewählt. Winterhauch heißt das Plateau um den nahen Katzenbuckel (626 m). Ein frisches Lüftchen weht auch selbst sommers in dem angrenzenden Gebiet um Reisenbach.

Daß diese einsame Gegend, die zwar mit ausgezeichnet markierten Wanderwegen durchzogen ist, nur vom Autofahrer erreicht werden kann, ist verständlich. Man parkt seinen Wagen am besten in der Dorfmitte von Reisenbach unterhalb der Kirche. Hier, in der Gaimühler Straße, findet man das Zeichen roter Rhombus, läuft mit ihm ein kurzes Stück zurück und biegt dann nach links in den Mühlweg. Ein befestigter Weg leitet hinunter in den Mühlgrund und in den Wald, dessen Vorhang sich auf der gesamten Route nur hin und wieder einen Spalt öffnen wird. Durch hohe, ernste Fichtenschläge windet sich der Weg in Serpentinen abwärts in den Reisenbacher Grund. Das Tal zählt mit seinen steil herabfallenden Waldwänden zu den schönsten des Odenwaldes.

Seine Geschichte allerdings ist die der Armut und Not von Menschen, die es in der Mitte des vergangenen Jahrhunderts verlassen mußten. Wo heute nur noch vereinzelte Häuser stehen, zogen sich im 18. Jahrhundert die Siedlungen Ober- und Unterferdinandsdorf den Berg hinauf. 1712 hatte Graf Ferdinand von Wieser den Wald in diesem Abschnitt roden und arme Bauern ansässig werden lassen. Doch die Gebirgsäcker brachten keinen Ertrag, so daß die hohen Herren die Lust an dem Projekt verloren. 1855 kam es zur Zwangsauflösung der noch 170 hungernde Bewohner zählenden Ortschaften. Der größte Teil der Menschen wurde veranlaßt, nach Amerika auszuwandern, der Rest auf die umliegenden Dörfer verteilt.

Wir kommen zu einer aufgelassenen Mühle, biegen hier

links ab und beginnen, auf der anderen Talseite wieder hinaufzusteigen. Eine rustikale Einkehr liegt am Weg. Ist eine Rucksackmahlzeit vorgesehen, bietet sich dafür später der Steinerne Tisch mit ebensolchen Bänken an. Kurz hinter der Gastwirtschaft heißt es über ein Wildgatter klettern; wir befinden uns in einem Jagdrevier. Und weiter geht es aufwärts in der herbfrischen Luft, vorbei an den Ruinen der aufgelassenen Häuser. Heller Laubwald setzt freundliche Akzente und erlaubt hin und wieder einen Durchblick auf das grüne wellige Waldmeer. Wir gelangen zum Felsenhaus, einer gewaltigen Steinanhäufung, in der die berüchtigten Räuber Hölzerlipp und Schinderhannes zeitweise Unterschlupf gesucht haben sollen.

Am markanten Punkt des Steinernen Tisches wird ein Zeichentausch vorgenommen. Man wechselt nach links zum roten Andreaskreuz über und folgt ihm durch Baumbestand aller Altersstufen, bis es auf den blauen Rhombus trifft. Ihm schließt man sich, wiederum nach links, ins Scheidental hinunter an. Ist der freistehende Hochsitz in gerader Richtung passiert, gesellt sich bald der gelbe Punkt hinzu, der uns schließlich im Alleingang nach Reisenbach zurückbringt.

Wandern zwischen Welten

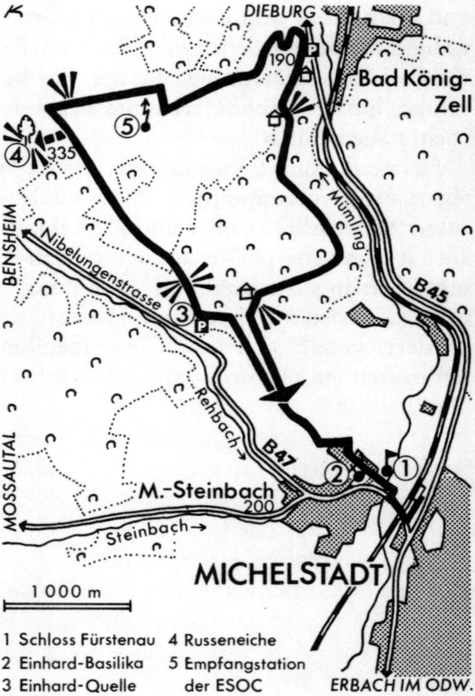

... das geschieht sicher nicht häufig. Gemeint sind die beiden Eckpfeiler Michelstadt-Steinbach mit der weihevollen karolingischen Einhardsbasilika einerseits und den Sendeanlagen zum Zwecke der Weltraumforschung und Weltraumtechnologie andererseits. – Zwölf reale Wanderkilometer spannt sich der Bogen um die beiden Welten (4 Std.). – Michelstadt liegt an der Bahnstrecke Frankfurt–Eberbach (Neckar). – Autofahrer nehmen die B 45 über Dieburg. – Die Einhard-Basilika ist von Mitte März bis Ende Oktober täglich außer Montag von 10 bis 11.30 und von 13 bis 17 Uhr geöffnet. – Die Museen im Michelstädter Amtshaus, Odenwald- und Spielzeugmuseum öffnen ihre Tore vom 2. Samstag vor Ostern bis 1. November täglich außer Montag von 10 bis 12 und 14 bis 17 Uhr.

Welten liegen im realen und übertragenen Sinn zwischen den beiden Scheitelpunkten der heutigen Wanderung, einerseits verkörpert durch das historisch und kunstgeschichtlich so bedeutende Michelstadt-Steinbach im Odenwald, andererseits durch die Bodenstation der ESOC mit ihrem direkten Draht zum All. Die Zelle des Odenwaldes, als die Michelstadt auch bezeichnet wird, soll Ausgangspunkt sein.

Am Bahnhof, neben der in Nord-Süd-Richtung verlaufenden Umgehungsstraße B 45, nehmen wir die Markierung gelbes Quadrat auf, lassen uns von ihr über die Gleise führen, kurz entlang der B 47, vor der Mümlingbrücke halbrechts wieder weg, dafür über gleich drei Stege. Wer Schloß Fürstenau noch nicht kennt, sollte jetzt rechts in der Schloßstraße abbiegen und sich dieses phantasievolle Gebilde aus verschiedenen Jahrhunderten anschauen. Hat man den Rundbogen zum Schloßhof durchschritten, orientiert man sich für den Weiterweg am Hinweis Basilika. Nach links trifft man wieder auf das gelbe Quadrat, jetzt mit dem roten Andreaskreuz vereint. Wir kommen unmittelbar an der Einhard-Basilika vorbei, im Jahre 821 von Einhard, dem Vertrauten Karls des Großen, errichtet. Die dreischiffige Kirche gilt als die besterhaltene ihrer Art nördlich der Alpen.

Die Zeichen zielen bergan, von der Straße fast auf der aussichtsreichen Höhe rechts in einen Feldweg übergehend. Oben trennen sich die beiden Markierungen, wir bleiben bei dem halblinks weiterziehenden gelben Quadrat. Vom Naturparkplatz „Einhard-Quelle“ an beginnt es im Rechtsknick stärker zu steigen, zunächst zum Waldrand, nochmals durch Felder, und wieder auf einer Höhe geradeaus weiter der Waldspitze zu. Vom Grasweg wechseln wir auf einen leicht abwärts weisenden asphaltierten Weg über. Wenn jetzt das Zeichen links abknickt, kann man ihm noch für einen kurzen Abstecher zur Russeneiche folgen, das ist ein freistehender Veteran von mehreren Metern Stammumfang. Der Baumriese grünt, obwohl innen bis auf etwa acht Meter Höhe völlig ausgehöhlt; mehrere Menschen könnten darin Platz finden.

Wir kehren zurück zum befestigten Weg, laufen ohne Zeichen geradeaus und biegen am nächsten rechts abzweigenden Asphaltband ein. Schon zuvor waren an aussichtsreicher Stelle die beiden Parabolantennen sichtbar geworden, die wir nun in ihrer vollen Größe, einem Durchmesser von fünfzehn Metern, näher vor uns sehen. Es sind die beiden größten, locker in die Landschaft eingefügten Empfangs- und Sendeanlagen der ESOC, Abkürzung für European Space Operation Centre, einer Zweigniederlassung der ESA, European Space Agency, in Paris.

Zweck dieser Weltraumorganisation ist die Zusammenarbeit europäischer Staaten für ausschließlich friedliche Zwecke auf dem Gebiet der Weltraumforschung und Weltraumtechnologie. Hier auf der Bodenstation Michelstadt werden halbstündlich Daten empfangen vom Wettersatelliten Meteosat, der sich in 36000 Kilometer Höhe geostationär über dem Äquator bewegt. Im Rechen- und Computerzentrum Darmstadt verarbeitet, über Satellit an mehr als 500 Wetterstationen in aller Welt verteilt, erscheinen die Bilder bei uns allabendlich als Wetterkarte auf dem Fernsehschirm.

In einem Rechts-Links-Knick laufen wir durch Weiden und Obstbaumwiesen in einem schönen Tal abwärts, kommen am Waldrand entlang und stoßen an der Brücke über die B 45 wieder auf das rote Andreaskreuz. Mit dem Zeichen nach rechts, an der Willi-Freiling-Hütte vorbei zum Wald, öffnet sich die Sicht ins Mümlingtal mit dem Luftkurort Zell und Bad König. Michelstadt tritt wieder ins Blickfeld nach Erreichen der Schutzhütte „Saubuche“, wenn wir von hier nach einem Linksbogen wieder freies Feld vor uns haben und gemeinsam mit dem gelben Quadrat den Wanderkreis schließen.

Raubvogelnest über dem Neckar

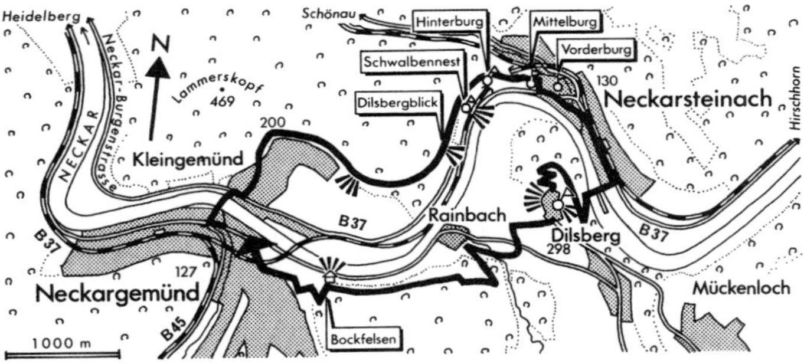

Gleich fünf Burgen können auf dieser zwölf Kilometer langen Neckarwanderung (4 Std.) „erobert" werden, darunter die Feste Dilsberg mit unvergleichlicher Aussicht. – Ausgangsort ist Neckargemünd, von Heidelberg mit Zug, Bus oder Schiff zu erreichen, für Autofahrer auf der B 37.

Auf einem steil abfallenden Felskegel, 180 Meter über Neckarsteinach, trutzt die Bergfeste Dilsberg. Schaut man vom gegenüberliegenden Riegelberg, quasi aus der Vogelperspektive, auf dieses wie aus einem Guß geformte kreisförmige Häuser- und Mauergebilde, ist die Vision eines Raubvogelhorstes naheliegend. Ähnlich sicher wie ein solches Nest aufgrund seiner unzugänglichen Lage war die Feste Dilsberg über Jahrhunderte. Nicht, daß sie eine Raubritterburg gewesen wäre, sie diente vielmehr von ihrer ersten urkundlichen Erwähnung 1208 an rein strategischen Zwecken: Sicherung des Neckar- und Elsenztales. Mit häufig wechselnden Besitzverhältnissen erging es dieser Feste nicht anders als allen anderen mittelalterlichen Burgen. Sie jedoch war uneinnehmbar. Auch Tilly gelang es im Dreißigjährigen Krieg nach zweimaligem Ansturm nicht, das Bollwerk zu erstürmen. Nur der Zahn der Zeit war stärker.

Dem romantischen Neckar widerspricht jede Hektik, er will gemächlich genossen werden. Was böte sich dazu besser an, als von Heidelberg bis Neckargemünd mit einem der regelmäßig verkehrenden Liniendampfer eine Stunde flußaufwärts zu tuckern anstelle des schneller fahrenden Busses? Ob man vom Bootssteg oder von der Bushaltestelle kommt, es geht zu Fuß über die Brücke nach Kleingemünd. Man biegt rechts in die Ziegelhäuser Straße und nach hundert Metern links in die Bergstraße. Hier beginnt die örtliche Markierung Nummer 15, zu der später das rote R hinzukommt. Schnell gewinnt man an Höhe. Hin und wieder leuchtet zwischen den Bäumen der Neckar herauf. Der Waldpfad macht die Bogen des Flusses mit. Für stets freie Sicht beim nachwachsenden Grün wird am „Dilsbergblick" gesorgt. Es ist die Stelle, wo sich der Bergkegel mit seinem Burgnest in volle Szene setzt. Doch zunächst passieren wir diesseits des Neckars vier Burgen, „Geschwister" sozusagen, die der Familien-Clan der Landschaden errichtete. Die erste und jüngste ist das Schwalbennest, es folgen Hinter-, Mittel- und Vorderburg.

Über die Schloßsteige gelangt man nach Neckarsteinach hinunter. Gegenüber dem Rathaus gibt ein Wegweiser zur Unterstützung des gelben Rhombus die Richtung Dilsberg an. Man wird zum Städtchen hinausgeleitet und überquert hinter dem Bahnhof über die Schleuse den Neckar. Der Wald reicht bis zum Ufer, und hier heißt es jetzt in Serpentinen hinaufklettern zur Feste Dilsberg und zu dem malerischen Dörfchen, das sich in die Umfassungsmauern schmiegt. Von der gewaltigen Burganlage sind heute noch Turm und Mantelmauer erhalten, der Brunnen und ein in den Felsen gehauener, über 80 Meter langer, begehbarer Gang. Von der Höhe des Turmes auf die große Neckarschleife zu blicken, die den Dilsberg von drei Seiten umfließt, auf die gegenüberliegenden vier Burgen, ist ein besonders eindrucksvolles Erlebnis.

Wir verlassen das Bergnest durch das einzige Tor, finden unmittelbar dahinter am Richard-Schirrmann-Weg die Zahl 24 und lassen uns von ihr den obstbaumüberzogenen Wiesenhang bergab führen. Wenn später das gelbe R hinzukommt, folgen wir ihm, allerdings heißt es nun, noch einmal einen Stich aufwärts zu überwinden, doch dann geht es auf bequemem Hangweg, später zusammen mit der Ziffer 1, zur Bockfelsen-Aussichtshütte über Neckargemünd.

Über einen Treppenabgang kommt man in das Neubaugebiet von Neckargemünd. Die klassizistische Ehrenpforte verbindet das Neue mit dem Alten. Durch die engen Gäßchen zu streifen, in denen manch bauliche Kuriosität erhalten ist, besonders um den Hanfmarkt, sollte man als Abschluß nicht versäumen.

Kleinstadtluft macht frei

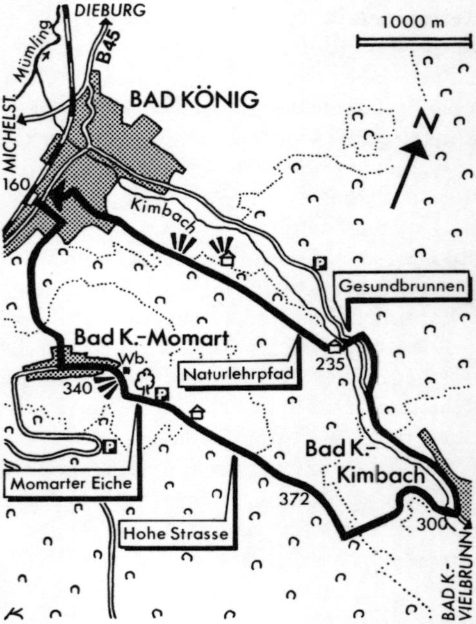

Bad König ist der einzige Kurort im inneren Odenwald, der sich mit dem begehrten Vorsatz „Bad" schmücken darf. Eisen- und manganhaltige Quellen machen es möglich. Dazu kommt die geschützte Lage im Mümlingtal und natürlich die waldreiche Umgebung, die gleichermaßen zum Spazierengehen und zu ausgedehnten Wanderungen verlockt, hier zu einem zwölf Kilometer langen Rundkurs (4 Std.). – Bad König liegt an der Bahnstrecke Frankfurt–Eberbach (Neckar). Autofahrer kommen über die B 45, Dieburg.

Hohe Auflagen sind zu erfüllen, wenn eine Gemeinde Stadtrechte verliehen haben möchte. Ein wirtschaftlich ausgewogener Raum mit bereits städtischem Gepräge muß gegeben sein, die Einwohnerzahl als unterste Grenze an die zehntausend reichen. Dabei sind die materiellen Vorteile heute gering. Der Spruch „Stadtluft macht frei" hatte historisch schon im vergangenen Jahrhundert ausgedient. Es geht mehr „um die Ehre", sich Stadt nennen zu können.

Dieses Privileg wurde Bad König, dem hessischen Kurort im Odenwald, 1980 zuteil. Wenn man so will, nach fast achthundertjährigem Bemühen. Ende des 13. Jahrhunderts war es unter den Mainzer Kurfürsten beinahe soweit, aber der Geistlichkeit gehörte nur eine Hälfte von „Kuntichen“ – was etwas mit Grenzzeichen aus der Karolingerzeit zu tun hat –, die andere Hälfte nannten die Erbacher Grafen ihr eigen, die strikt gegen die verbrieften Freiheiten waren. Als der Ort im 15. Jahrhundert gänzlich in ihren Besitz kam, ging „das früheste Kapitel der Stadtwerdung“ zu Ende. Wesentlich einfacher war es für den Kurort, sich mit dem begehrten Vorsatz „Bad“ schmücken zu dürfen. Die notwendigen Voraussetzungen dafür wurden bereits 1948 anerkannt.

Kurgäste und Urlauber kommen in die Stadt Bad König, wie sie früher in die Gemeinde kamen, wo schon die eisen- und manganhaltigen Quellen sprudelten. Sie erfreuen sich am Kurpark im Mümlingtal, der nahtlos in den Waldpark des umgebenden Odenwaldes übergeht, und ziehen dort ihre erholsamen Wanderrunden, was wir ihnen gleichtun wollen.

Die Route beginnt für uns am Bahnhof Bad König, wo wir uns gegenüber dem Gebäude der Markierung blaues umgekehrtes T anschließen. Sie führt die Waldstraße hinauf, biegt oben rechts Richtung Momart ab und weist gegenüber dem Café Waldesruh versteckt das Treppchen hinan auf einen Waldweg parallel zur Straße. Über den Hauswiesenweg kommt man nach Momart, am Gasthaus zur Post vorbei, durch die Talblickstraße und von ihr links in die Hohe Straße, den offensichtlich alten Teil des Ortes mit noch holzgeschindelten Bauernhäusern. Am Dorfende, wo die Sicht über zahlreiche langgestreckte Waldrücken frei wird, trennen wir uns am alten Sandsteinwegweiser vom T, das nach rechts abbiegt. Wir bleiben von jetzt an ohne Zeichenhilfe auf der asphaltierten Hohen Straße, kommen an die Momarter Eiche, völlig gleichmäßig gewachsen mit mächtigem Stamm und riesiger Krone, und gleich danach am Naturparkplatz Dicke Eiche vorbei. Weiter geht es auf der Hohen Straße zunächst noch durch Felder, dann durch Fichten- und Lärchenwald. Ein kleiner Wegweiser zeigt in Richtung Kimbach. Das langgestreckte Dorf am Hang des Kimbachtales wird erst sichtbar, wenn man an einem von Birken wieder bestockten Kahlschlag links abgebogen ist. Mit einem Schlenker gelangt man hinunter auf die Straße Bad König – Vielbrunn, dreht nach links und folgt damit dem Hinweis „Fußweg nach Bad König“.

Wieder im Wald, muß darauf geachtet werden, daß rechts die Markierung gelber Strich an die Straße heranführt. Sie schließt sich ihr an, zunächst auf einem Pfad parallel zum Asphaltband, kreuzt es nochmals und ist auch schon am Gesundbrunnen, einer gefaßten, kräftig sprudelnden Quelle. Weiter geht es mit dem gelben Strich, für eine Weile identisch mit der aufschlußreichen Kennzeichnung eines Waldlehrpfades, für den allerdings von seiner Beschaffenheit her eher die Bezeichnung Kurweg zutrifft. Schöne Sicht eröffnet sich noch einmal über das Kimbachtal und Bad König, erst recht, wenn später der Wald endet und man auf die Straße zuhält. Halbrechts kommt man zum Zentrum mit altem und neuem Schloß und geradeaus von der Forststraße durch die Weyprecht- und Phil.-Schmunck-Straße zum Bahnhof.

Von den Römern zur Ritterburg

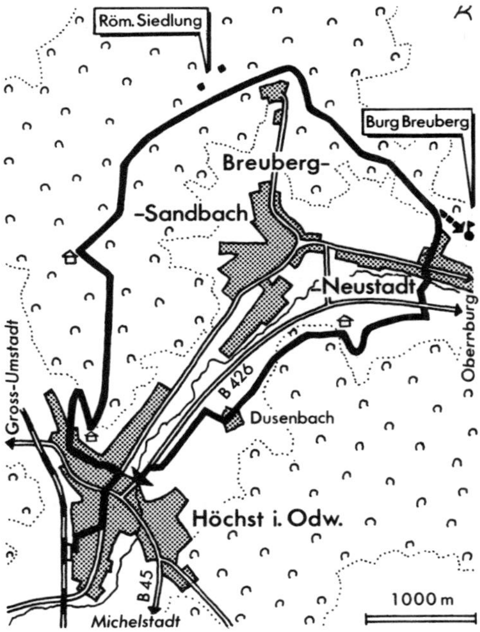

In welcher Richtung auch immer der Wanderradius in Höchst im Odw. angelegt wird, die Landschaft ist rundum gleichermaßen harmonisch: bewaldete Höhen, die sich um das Mümlingtal gruppieren. Hier geht es nach Nordost zu den Resten einer römischen Siedlung, mit der Möglichkeit eines Abstechers zur Burg Breuberg. Öffnungszeiten Burgmuseum: Mitte März bis 31. Oktober täglich von 9 bis 12 und 13 bis 16.30 Uhr. – Wanderlänge zwölf Kilometer (3½ Std.) ohne Burg. – Höchst liegt an der Bahnstrecke Frankfurt–Eberbach (Neckar). Autofahrer kommen über die B 45 Dieburg nach Höchst im Odw.

Wamboldtsches Schlößchen nennt der Volksmund die ausgedehnten Reste einer Siedlungsstelle auf einem bewaldeten Odenwaldhöhenrücken zwischen Heubach und Sandbach. Man ging wohl davon aus, daß das Mauerwerk mit dem in Birkenau ansässigen, von kurfürstlichen Gnaden dereinst als Lehensträger in dieses Gebiet eingesetzten Geschlecht in Zusammenhang zu bringen sei. Den Namen behielt man auch bei, als Ausgrabungen im Jahre 1878 längst Licht in das Dunkel der Entstehungsgeschichte gebracht hatten. Danach stand eindeutig fest, daß es sich um Baureste römischen Ursprungs handelt: wohl um einen Gutshof, der hier auf weidewirtschaftlicher Grundlage existierte.

Unsere heutige Wanderung, von Höchst im Odenwald ausgehend, berührt dieses Areal. Am Bahnhof nehmen wir die Markierung blaues Kreuz auf, laufen mit ihm die Bahnhofstraße ins Zentrum hinab, kommen über die große Kreuzung zur Aschaffenburger Straße (B 426) und biegen von dieser kurz darauf links in die Frankfurter Straße. Ansteigend zwischen hübschen Hangwohnhäusern, erreichen wir den Wald und lassen uns vom blauen Kreuz weiter aufwärts durch den Forst, in dem die Kiefer dominiert, zum achteckigen Schillertempel führen. Er wurde 1859 erstmals dem Dichter errichtet.

Ein angenehmer, fast ebener, schnurgerader Forstweg entlang hoher Fichten- und Buchenbestände schließt sich an. Es ist die alte „Frankfurter Straße“, mit der unsere Route auf einem kurzen Abschnitt identisch verläuft. Schließlich wird ein Zeichenwechsel notwendig. An einer markanten Kreuzung mit Schutzhütte wechseln wir zum weißen Punkt über, ohne dabei nennenswert die Richtung zu ändern. Erst wenn uns hoher Buchenwald umschließt, heißt es rechts ab. Diese Stelle ist deshalb wichtig, weil sie die Nähe der römischen Ruine signalisiert. Zu der Ausgrabungsstätte läuft man von der Stelle des abzweigenden Punktes etwa 200 Meter geradeaus.

Die gut sichtbaren Funde, bestehend aus den freigelegten Grundmauern dreier rechteckiger Gebäude, werden von einer im Boden sich abzeichnenden Umfassungsmauer umschlossen. Es wird vermutet, daß die Anlage ohne Gewalteinwirkung geräumt wurde – naheliegend anzunehmen, daß dies durch die östliche Verschiebung des Odenwaldlimes (148 bis 160 n. Chr.) geschah.

Wir kehren zum weißen Punkt zurück und lassen uns auf dem leicht fallenden Weg durch abwechslungsreichen Mischwald bis zur Zufahrtsstraße der Burg Breuberg geleiten. Diese im Laufe von Jahrhunderten entstandene Anlage gehört zu den besterhaltenen deutschen Wehrbauten, ein Lehrbeispiel für Stilepochen von der Romanik über die Gotik zur Renaissance. Wer zu ihr hinauf möchte, kann sich weiter dem weißen Punkt anvertrauen und nach diesem Abstecher unterhalb wieder einfädeln. Für die Nichtburgbesteiger ist zunächst das rote Dreieck maßgebend. Ihm folgt man mit Blick ins Mümlingtal die Zufahrtsstraße hinunter, überquert den Fluß in Neustadt und wechselt nach Unterqueren der Bundesstraße zum roten offenen Quadrat über. Von einer Schutzhütte ein letzter Blick zur Burg, und nach einem kurzen Stück Wald und über Wiesen setzt sich der Weiler Dusenbach ins Bild. Von hier lotst das Zeichen über die Landstraße zu den ersten Häusern von Höchst, über die Mümling ins Zentrum und zum Bahnhof.

Burg Breuberg, eine der besterhaltenen deutschen Wehrbauten

Englischer Garten und Erbacher Wiesenmarkt

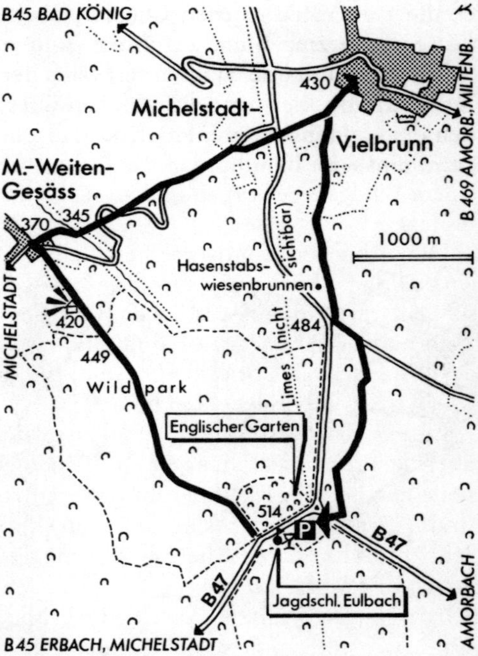

Wer Schloßmuseum Erbach sagt, meint auch den Englischen Garten Eulbach mit großem Tiergehege in einigen Kilometern Entfernung, beides Gründungen von Franz I. Graf zu Erbach-Erbach (1754–1823). – Jagdschloß Eulbach ist Ausgangspunkt einer zwölf Kilometer langen Wanderung (4 Std., ohne Englischen Garten) durch den Wildpark und die angrenzenden Waldungen, wobei selbst Hunde (angeleint) mitdürfen. – Der Englische Garten (separat, mit Eintrittsgebühr) unabhängig von der Wanderung, ist ganzjährig geöffnet, im Sommer von 9 bis 18 Uhr, im Winter bis 17 Uhr. – Das Schloßmuseum in Erbach ist vom 1. März bis 31. Oktober täglich von 8.30 bis 12 Uhr und 13.30 bis 17 Uhr geöffnet. Das Deutsche Elfenbeinmuseum in der Werner-Borchers-Halle täglich von 10 bis 12.30 Uhr und 14 bis 17 Uhr. – Autofahrer nehmen die B 45 über Dieburg bis Erbach, B 47 Eulbach.

Der Eulbacher Markt wurde erstmals 1802 auf dem Gelände des im Dreißigjährigen Krieg untergegangenen Dorfes Eulbach abgehalten. Graf Franz I. zu Erbach, der unvergessene, letzte souveräne Landesvater (1754–1823), Archäologe und besessener Sammler, hatte kurz zuvor auf diesem Terrain ein Jagdhaus erbauen lassen und damit begonnen, nach den Plänen des Gartenbaukünstlers Ludwig von Skell einen Englischen Garten anzulegen. Nach mehrmaligen Erweiterungen des Parkes, der Anlage von Teichen und Baudenkmälern wurde der Eulbacher Markt 1824 in Erbach angesiedelt, auch Erbacher Wiesenmarkt genannt, und ist zum größten Volksfest des Odenwaldes geworden. Der Park erfreut sich mehr denn je großer Beliebtheit; auch wir wollen ihn in eine Wanderung einbeziehen und beginnen sie dort.

Vor der Wildparkschänke am Eulbacher Jagdschloß finden Autofahrer ausreichend Parkplatz. Wir stehen auf dem Boden des einstigen Römerkastells Eulbach. Ein Plan am Eingangskiosk beschreibt die Rundwege, sie führen auch an einem Wildgehege vorbei, in dem sich selbst Wisente heimisch fühlen.

Die offiziellen Wanderzeichen bleiben außerhalb der Parkeinfriedung. Für einen größeren Bogen über Vielbrunn schließen wir uns am westlichen Rand der Markierung blaues T an und durchschreiten damit ein Gatter. Kurz nach Ende des Wildparks lichtet sich der Wald, die ersten roten Dächer von Weiten-Gesäß leuchten herauf.

Eine Schutzhütte lädt an aussichtsreicher Stelle zum Blick über die grünen Berghäupter ein. Weiten-Gesäß wird nur an seinem äußersten Rand berührt. Beim Erreichen der Römerstraße wendet man sich vor dem Bauerngehöft wenige Schritte links, sichtet die Markierung gelbes Viereck, folgt ihr nach rechts auf einem Graspfad zwischen Kuh- und Schafweiden abwärts in den Sellengrund und jenseits zum Wald. Wir sind auf dem Vielbrunner Pfad, der anfangs kräftig steigt, eine Forststraße mehrmals schneidet, beinahe auf der Höhe durch ergiebigen Heidelbeerwald führt und uns nach Kreuzen der Straße zwischen Feldern zu den ersten Häusern Vielbrunns bringt.

Ein eiserner Wegweiser steht an der Kreuzung, nach rechts treten wir mit dem roten Dreieck den Rückweg an. Wer einen Blick in den Luftkurort werfen möchte, auf den Fünfröhrenbrunnen, die Gastronomie, der verbleibt beim gelben Viereck, kommt mit ihm wieder zum Wegweiser zurück und schließt sich nach links dem Dreieck an. Mit Blick auf den Zwiebelturm der evangelischen Pfarrkirche steuern wir über Wiesen wieder auf den Wald zu. Er wirkt struppiger in diesem Teil. Ein kleiner Abstecher zur Hasenstabswiesenquelle, erfrischt geht es weiter. An der Straße biegt das Dreieck links in die Zufahrt zum Sansenhof, dann rechts ab auf einen Forstweg. Beim Zusammentreffen mit dem gelben Dreieck darf das gemeinsame Abschwenken der beiden Zeichen rechts auf einen Graspfad nicht übersehen werden. Vor Erreichen der Straße nehmen die Zeichen noch einmal Linkskurs, jetzt direkt auf den Parkplatz am Englischen Garten.

Die „Aul" von 1534, Rest der Zwingenberger Wehrmauer

Weitblick vom Melibokus zur Haardt

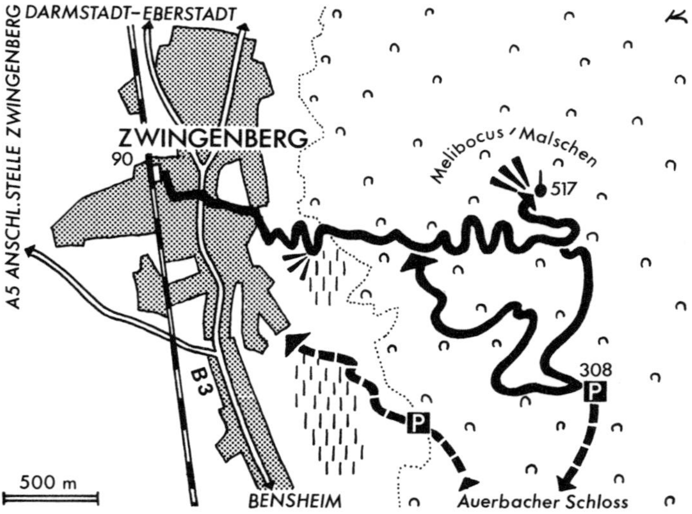

Wer von unten hoch hinauf will, muß sich schon etwas anstrengen, hier beim Klettern von Zwingenberg (Bergstraße) zum Aussichtsturm auf dem Melibokus (517 m), dem höchsten Berg des Vorderen Odenwaldes. 400 Meter Höhenunterschied sind zu überwinden, um dann mit einem unvergleichlichen Fernblick über das Rheintal bis zur Haardt belohnt zu werden. Stärken kann man sich in der Gaststätte Berghütte im Winterhalbjahr samstags und sonntags, im Sommer sind Wanderer täglich willkommen. Das Auerbacher Schloß, dessen Restaurant noch zusätzlich miteinbezogen werden kann, ist im Sommerhalbjahr täglich außer montags geöffnet, im Winterhalbjahr mittwochs bis sonntags mit eingeschränkten Öffnungszeiten. Dann sind es statt zwölf vierzehn Wanderkilometer (4 bis 5 Std.). – Zwingenberg liegt an der Bahnstrecke Frankfurt–Heidelberg und an der A 5, gleichnamige Anschlußstelle.

Der Melibokus ist der markanteste und höchste Berg (517 Meter) des Bergstraße-Odenwaldes. Malschen war sein alter, volkstümlicher Name, auch Malsen oder Malschenstein, von mons Malscus herrührend, als solcher in einer Urkunde 1012 genannt. Zum Spitzberg wurde er im 16. Jahrhundert (althochdeutsch malsc = steil, hochragend). Schließlich traten die Humanisten mit der Benennung Melibocus auf den Plan, die sie einer Schrift des Geographen Ptolemäus (um 90 bis 160 n. Chr.) über Germanien entlehnt hatten. Nur, der Grieche hatte mit Melibocus den Harz gemeint, wie Generationen später einwandfrei bewiesen werden konnte. Doch da hatte sich der fremdartige Name längst eingebürgert.

Klettern wir hinauf zum Wahrzeichen der Bergstraße. Dazu wurde der Anstieg von Zwingenberg her gewählt, ein gutes Konditionstraining, denn es sind auf knapp fünf Kilometer Länge über 400 Meter Höhenunterschied zu überwinden. Gleich am Bahnhof weist eine Wandertafel ein. Für uns gültig: der rote Rhombus. Es geht nach rechts Richtung Jugendherberge, von der Bahnhofstraße über die B 3, den Löwenplatz und zwischen schmalbrüstigen Giebelhäusern den Berg hinan, auf dessen Höhe beherrschend die Wehrkirche thront. Durch die verbliebene Stadtmauer werden wir ins Freie entlassen zum Serpentinenanstieg, stellenweise über Treppen. Mit Erreichen der Reben herrliche Sicht zurück über die Stadt in die Rheinebene, nach links zum Auerbacher Schloß.

Hoher Laub-Mischwald nimmt uns auf, die Steigung läßt zunächst etwas nach. Aber dann folgen Bogen, die es in sich haben, und zum Abschluß, wenn das gelbe Quadrat sich noch hinzugesellt hat, heißt es nach einer Rechtskurve auf ein Pfädchen und etwa 500 Meter über Stock und Stein zum Gipfelplateau mit überragendem Aussichtsturm.

Schon 1772 hatte Landgraf Ludwig IX. einen 21 Meter hohen Turm errichten lassen, der 1945 gesprengt wurde. Der neue Aussichtsturm wurde 1966 eröffnet. Von seiner Höhe bietet sich ein unvergleichlicher Fernblick über das Rheintal bis zur Haardt. Am Fuße des Rundturmes kann man sich in der zünftigen Einkehr stärken.

Zum Abstieg: Der Weg ist anfänglich der gleiche mit rotem

Rhombus und gelbem Quadrat wie beim Aufstieg. Wenn sich die beiden Zeichen trennen, folgen wir dem gelben abwärts durch aufgelockerten Mischwald bis zum Scheitel der großen Spitzkehre. Wer das Auerbacher Schloß einschließen möchte, folgt weiter dem Quadrat, über die Schloßanlage hinaus, so lange, bis er nach großen Kehren am Rande Bensheim-Auerbachs auf das gelbe B des Blütenweges trifft. Mit ihm wird nach rechts der Weg Richtung Zwingenberg fortgesetzt.

Der kleinere Rundweg beginnt sich an der Spitzkehre mit dem weißen Rhombus zu schließen. Vom gelben Quadrat rechts ab auf breitem Forstweg mündet dieser in die Route des roten Rhombus ein, mit ihr geht es zurück nach Zwingenberg. Abweichend davon in der Stadt sollte man nicht versäumen, einem Bummel durch die hergerichtete historische Scheuergasse (jenseits der B 3) zu unternehmen und von dort den Blick hinauf zum Melibokus zu richten.

Schloß Lichtenberg – Spiegel einer Landschaft

Weniger die Architektur des Schlosses stellt das Spiegelbild der Landschaft dar, in die es gestellt wurde, als vielmehr sein Museums-Inhalt in Verbindung mit den kulturellen Rahmenveranstaltungen. (Geöffnet Mitte März bis Ende Oktober Mittwoch und Freitag von 14 bis 17 Uhr, Samstag und Sonntag von 10 bis 17 Uhr.) Lichtenberg ist eingebunden in eine dreizehn Kilometer lange Wanderung (4 Std.), die in Groß-Bieberau beginnt und endet. – Der Ausgangsort ist zu erreichen mit Bus von Darmstadt Hbf. oder Ober-Roden. Autofahrer kommen über die B 45 Dieburg, B 38 Reinheim nach Groß-Bieberau.

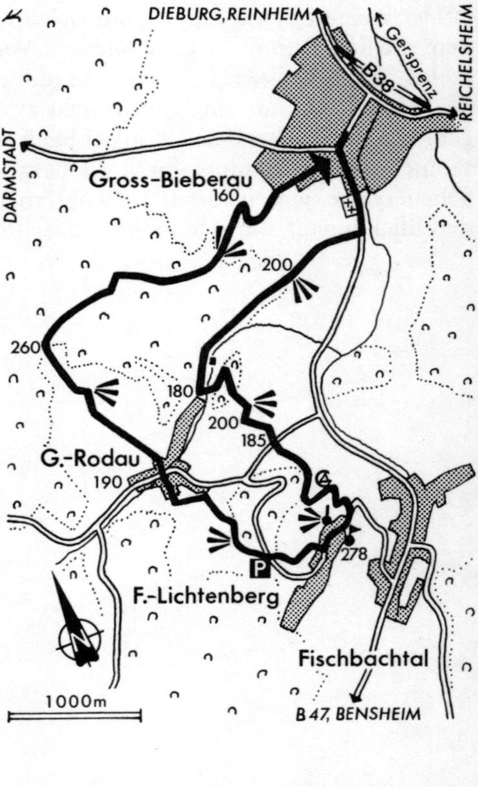

Wer als Wanderer über das Naturerlebnis hinaus sich auch für den historischen Hintergrund eines Wandergebiets interessiert, dessen kürzester Weg zur Vergangenheit wird wohl vorrangig in Richtung Landschaftsmuseum in einem Ort sein. Gerade im südhessischen Raum gibt es eine Reihe von aussagekräftigen Museen, darunter am Odenwaldnordrand drei Burgen (Otzberg, Breuberg, Schloß Lichtenberg), von denen jede für sich schon ein Stück Geschichte darstellt.

Unser Wanderweg führt uns in das alte Lichtenberger Land, die Tallandschaft von Fischbach und Gersprenz. Fischbachtal heißt der neue Verband von sechs Ortschaften in dieser Region, die Schloß Lichtenberg auf granitenem Bergkegel optisch beherrscht. Die Dörfer liegen abseits der Hauptverkehrsstraßen. Der landschaftlich so abwechslungsreiche Aufstieg zum Schloß beginnt in Groß-Bieberau, einem Ort, der sich gabelförmig in die beiden Täler von Gersprenz und Fischbach erstreckt. Einst katzenelnbogischer Besitz wie Lichtenberg, fiel es nach dem Aussterben des Geschlechtes 1479 mit der Burg an den Landgrafen von Hessen. Das Ortsbild wird heute von schmucken Fachwerkhäusern geprägt, zum Teil aus dem frühen 17. Jahrhundert.

Man geht von der Bahnhofstraße zur Marktstraße, über den Marktplatz, die Marktstraße weiter und links die Lichtenberger Straße zum Ort hinaus. Unmittelbar vor der Tankstelle biegt man rechts auf einen asphaltierten Weg ab, der durch Felder zum Wald hinaufzieht, den grünen Zipfel auf dem „Rosenberg-Stichweg" leicht abwärts durchmißt, dann links auf die Häusergruppe von Rodau zuhält. Hier schließlich, vor den Mühlen, trifft man auf die Markierung blauer Strich. Links am ersten Gehöft vorbei über die Rodau, links den Waldrand hinauf und gleich wieder rechts beginnt das Auf und Ab zum Schloß. Die einstmals starke Befestigung der Burg läßt sich an dem abseits stehenden Artillerieturm, dem sogenannten Bollwerk, ermessen. Dicht drängen sich die kleinen, alten Häuser bis an den mittelalterlichen Torbau heran.

Das Renaissanceschloß in luftiger Höhe stellt buchstäblich alles andere in den Schatten. Landgraf Georg I. ließ das katzenelnbogische Burgerbe 1570 bis 1580 für seine Gattin von Grund auf neu gestalten. Das streng gegliederte Bauwerk mit seinen regelmäßigen Fensterreihen und eleganten Schneckengiebeln war das erste dieser Art im Lande Hessen-Darmstadt. Es wurde zum Vorbild für das Residenzschloß in Darmstadt, das Jagdschloß Kranichstein und andere Gebäude. Heute ist es kultureller Mittelpunkt im Kreis Darmstadt-Dieburg. Die Anfänge des Landschaftsmuseums im Ostflügel reichen in die fünfziger Jahre zurück mit Schausammlungen zur Geschichte der Burg und ihrer Umgebung. Eine Sammlung von 11000 Zinnfiguren unterstreicht die Lokalgeschichte in bunten Dioramen. Wechselausstellungen von Künstlern der Gegenwart und die Lichtenberger Schloßkonzerte beleben das Museale.

Für den Rückweg läuft man vom Schloß geradeaus ins Dorf, nimmt die Markierung weißer Doppelstrich auf und folgt gleichzeitig dem Hinweis Eselsbrunnen, Parkplatz Riedbusch, rechts den Treppenabgang hinunter. Dann geht es aufwärts zum Parkplatz, an seinem rechten Rand abwärts an Buchen- und Eichenwald entlang auf Rodau zu. An den ersten Neubauhäusern biegt man links in den Ort zum Zeichenwechsel blaues Dreieck an der Gaststätte Rauth. Die Straße und in ihrer Verlängerung den asphaltierten Feldweg hinauf, hält man auf den Wald zu. Nach einem Links-Rechts-Knick noch im Feld tauchen wir in das Waldesgrün ein. Wenn schließlich von rechts der blaue Strich auftaucht, schließen wir uns ihm für etwa 50 Meter an, orientieren uns dann an der gelben Ziffer 5 bis Groß-Bieberau. Vom Waldende führt ein Feldweg mit Blick ins Gersprenztal zum Ausgangspunkt zurück.

Baumrecken als Denkmäler

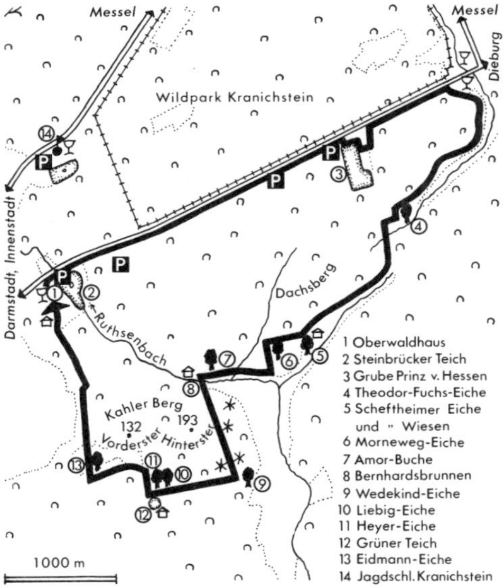

Wer alte Bäume liebt, kann ihnen hin und wieder noch begegnen, vornehmlich in einstigen herrschaftlichen Jagdgründen, meist Bannwäldern. Das Jagdrevier der Landgrafen, späteren Großherzöge von Hessen hat eine Reihe solcher Uralt-Recken aufzuweisen. Am nordöstlichen Stadtrand Darmstadts lassen sie sich leicht aufspüren. – Ausgehend vom Freizeitgelände Oberwaldhaus (mit Einkehr, täglich geöffnet) verläuft die dreizehn Kilometer lange (4 Std.), fast ebene Wanderung. – Bahnbenutzer nehmen am Hbf. Darmstadt die Buslinie F bis Oberwaldhaus; Autofahrer halten sich an die Richtung Messel/Kranichstein.

Von alters her hat der Mensch ein besonderes Verhältnis zum Baum. Er ist Symbol des Lebens schlechthin, mit seinen Wurzeln fest in der Erde verankert, die Wipfel himmelwärts strebend, Früchte tragend. Sie sind nicht mehr so häufig anzutreffen, die alten Veteranen, die den Stürmen der Jahrhunderte trotzten, um so beglückender, ihnen hin und wieder zu begegnen. Im Darmstädter Forst, dem ehemaligen Jagdrevier der Landgrafen, späteren Großherzöge von Hessen, hat sich eine Anzahl alter Eichen und Buchen gehalten. Der älteste Baum, eine über tausendjährige Eiche, ist in sich zusammengefallen. An die erste Stelle ist eine siebenhundertfünfzigjährige gerückt, ihr folgt eine fünfhundertjährige. Diese steht an unserem Rundweg, im Gefolge „junge", an die 300 Jahre zählende Recken.

Unser Weg beginnt am Oberwaldhaus, am nordöstlichen Stadtrand. Hier, von der Buslinie F, laufen wir los. Zunächst ohne Zeichen über den Parkstreifen neben der Dieburger Straße, weiter auf dem Fußgängerweg, rechts daneben fängt die Wanderung etwas eintönig an, aber das ändert sich bald. Jenseits der Straße werden die ersten stattlichen Eichen sichtbar. Unmittelbar nach dem ausgeschilderten Parkplatz Grube Prinz von Hessen gehen wir von der Straße weg, und schon sieht man zwischen Hecken und Bäumen die wassergefüllte ehemalige Braunkohlengrube blitzen. Der Tagebau währte nur von der Jahrhundertwende bis 1924. Erst in den siebziger Jahren wurde mit dem Herrichten des acht Hektar großen Geländes als Erholungsgebiet begonnen.

Wir kommen zum Angelbereich des in verschiedene Sportzonen eingeteilten Ufers, wenden uns dort nach links zum Freibad, wo sich zu jeder Jahreszeit auf Futter wartende Wildenten tummeln. Vor der DLRG-Hütte schlagen wir einen Linksbogen um den ehemaligen Abraumberg, nähern uns wieder dem Radfahr- und Fußweg neben der Straße und sind bald am Forsthaus Einsiedel mit gleichnamiger Einkehr. Es ist unser Wendepunkt, jetzt markiert mit rotem Quadrat und weißem Andreaskreuz. Die Zeichen schwenken rechts in den Hinterhecksweg und leiten damit über in die alte Baumregion an Sulz- und Ruthsenbach.

Viele der mächtigen Bäume sind benamt. Das Forstamt Darmstadt ehrt damit herausragende, bereits verstorbene Persönlichkeiten, die in der Stadt geboren wurden oder sich um sie verdient gemacht haben. Ein lebendes Denkmal, das die Erinnerung wachhält und in die Zukunft weist. Eine Ausnahme macht die Scheftheimer Eiche an den gleichnamigen Wiesen, hier stand einst eines der Falltorhäuser mit Zollfunktion, die den landgräflichen Bannwald abriegelten. Wir kommen zur Morneweg-Eiche, benannt nach Darmstadts Oberbürgermeister von 1891 bis 1909 unter Ernst-Ludwig, dem letzten Großherzog, Gründer der Jugendstil-Künstlerkolonie auf der Mathildenhöhe.

Unsere Zeichen folgen dem Lauf des Ruthsenbachs. Auf dem Steinbogenbrückchen an der Amorbuche queren wir den Bach. Es geht leicht aufwärts zwischen hohen Buchen schnurgerade am Hintersten Kahlenberg entlang. Wenn die inzwischen hinzugekommene Ziffer 2 an einer Kreuzung rechts abbiegt, halten wir an dieser Stelle Ausschau nach der Wedekind-Eiche (halb links voraus im Wald). Es ist das fünfhundertjährige Prachtexemplar mit einem Umfang von 5,45 Metern und einer Höhe von 31 Metern. Der Baum wahrt das Andenken an den Geheimen Oberforstrat Georg Frhr. von Wedekind (1796–1856).

Von den bisherigen Zeichen weg folgt man der 2 in die Katzenschneise und kommt nach kurzer Fichtenpassage zu zwei weiteren Baumdenkmälern, der Heyer-Eiche, in memoriam des bedeutenden Forstmanns Carl Heyer (1797–1896), und der Liebig-Eiche (Justus von Liebig, 1803 in Darmstadt geboren). An der Heyer-Eiche vollzieht die 2 einen Rechtsknick zu den Oppermannswiesen, abermals rechts schwenkt sie in die Oppermannsschneise. Hier steht der letzte herausragende Baum an unserem Weg, die Eidmann-Eiche. Heinrich Eidmann war Heimatforscher und Lehrer an der Morneweg-Schule. Noch eine lange, gerade Strecke bis zu den Wiesen am Freizeitgelände am Oberwaldhaus und zur Einkehr.

Die Kiefer auf der Schloßmauer

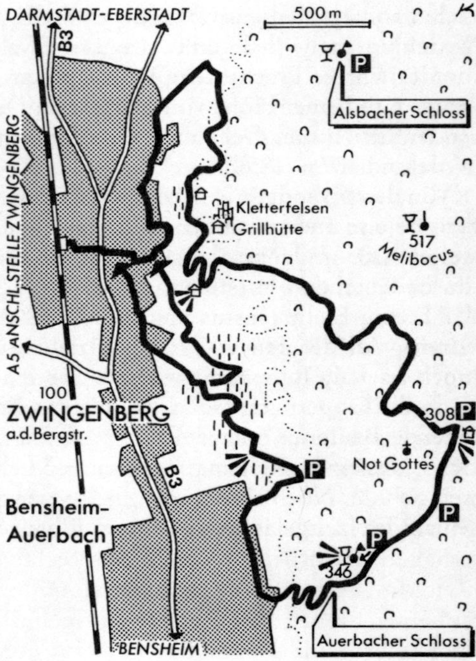

Das Auerbacher Schloß auf einem Bergkegel in 346 Meter Höhe sticht als erste gewaltige Burgruine am Odenwaldrand ins Auge, wenn man von der Mainebene an der Bergstraße entlang fährt. Das Restaurant im Auerbacher Schloß ist im Sommerhalbjahr täglich außer Montag geöffnet, im Winterhalbjahr Mittwoch bis Sonntag mit eingeschränkten Öffnungszeiten. – In einen dreizehn Kilometer langen Wanderbogen (4 Std.) mit Anfang in Zwingenberg (Bergstraße) wird das Auerbacher Schloß miteinbezogen. – Zwingenberg liegt an der Bahnstrecke Frankfurt–Heidelberg und an der A 5.

Das Auerbacher Schloß ist um einen weiteren Anziehungspunkt bereichert worden. Ohne architektonischen Bruch wurde die ehemalige, dem Zwinger vorgelagerte Scheune in ein stilvolles Restaurant umgewandelt. Mit ihm erhielten die langjährigen Restaurierungsarbeiten am Schloß ihren repräsentativen Abschluß. Der hohe dreistöckige Palas und die kleinen Blendarkaden lassen die einstige höfische Pracht zur Zeit der Katzenelnbogener Grafen, der Erbauer, noch erkennen. Ihr Behauptungswille zeigt sich am hoch aufragenden Mauerwerk und am tiefen Halsgraben an der gefährdetsten Stelle des nach drei Seiten steil abfallenden Berges.

Auch unser Ausgangsort Zwingenberg hat in den letzten Jahren viel Erhaltenswertes vor dem Verfall bewahrt. Besonders die historische Scheuergasse wurde zu einem echten Schmuckkästchen. Am Bahnhof hält sich das Wanderzeichen rotumrandeter Rhombus bereit. Mit ihm geht es, die B 3 und den Löwenplatz kreuzend, hinauf bis zum Ortsrand, bleibt noch eine ganze Weile im städtischen Weichbild mit dem nach links führenden gelben B (Blütenweg), ehe man nach einem scharfen Rechtsknick und dem Wechsel auf das weiße R (Randweg) endgültig in die freie Natur einschwenkt. Obstbäume und Reben werden bald von hohem Buchenwald abgelöst, der gleich noch einmal für eine kurvenreiche Partie durch Weinberge aufreißt.

Das milde, niederschlagsarme Klima der Bergstraße begünstigt das Reifen von Riesling und Spätburgunder. Dennoch hat der Bergsträßer Wein nicht einmal den Ruf eines Geheimtips, einfach weil die Anbaufläche zu klein für einen überregionalen Verkauf ist. Zwischen Zwingenberg und Schriesheim trinkt man sein Traubenerzeugnis am liebsten selbst. Nach den Weinbergen bleibt uns das R noch ein gut Stück des Pfades hinauf zu einem Wegestern mitten im Wald erhalten. Dort heißt es, sich nach rechts und an dem neuen Zeichen, dem weißumrandeten Rhombus, orientieren, der auf einen breiten Forstweg bis zu einem Parkplatz leitet. Von hier sind es mit dem gelben Quadrat nur noch wenige hundert Meter zum Auerbacher Schloß. Sein heimlicher Star ist eine Kiefer. Nach den schweren Zerstörungen durch den französischen Marschall Turenne im Reunionskrieg 1674 waren alle Zu- und Aufgänge für Generationen verschüttet. So konnte sich auf der Schildmauer ein dahergewehter Samen ungestört entfalten. Wie alte Ansichten zeigen, hat der Baum wenigstens seit dem frühen 19. Jahrhundert sein Wachstum eingestellt. Nur so konnte er gegen die ungebremst heranbrausenden Stürme und auf einem extrem nahrungsarmen

Boden bestehen. Ganze sieben Meter mißt dieses Wunder der Anpassung an die unwirtlichen Bedingungen. Bemerkenswert erscheint auch, daß es seit den ersten Sicherungs- und Restaurierungsarbeiten zur Mitte des vorigen Jahrhunderts niemand je gewagt hat, die Kiefer zu entfernen.

Das unterhalb von Schloß Auerbach zurückgelassene gelbe Quadrat nehmen wir für den Abstieg wieder auf. Der Hauptweg schlägt noch ein paar Haken und kommt am Ortsrand von Bensheim-Auerbach heraus. Hier erhält die Wanderung ein letztes Mal eine neue Richtung: Wir wenden uns nach rechts und dem neuen Zeichen, dem gelben B, zu. Einmal mehr geht es durch die Bergsträßer Rebenhänge mit weiter Sicht in die Rheinebene. Kurz vor Zwingenberg hat man die Wahl: mit dem B noch etwas weiter durch die Weinberge oder mit dem blauumrandeten Dreieck gleich ins Zentrum.

Auf dem Auerbacher Schloß

„Wo Siegfried wart erslagen“

Mit dem Mythos des Odenwaldes untrennbar verbunden ist das Nibelungenlied. Wo die Siegfried-Quelle gewesen sein soll, nehmen mehrere Orte für sich in Anspruch. Favorit ist der Kneipp-Kurort Gras-Ellenbach. Doch nicht unbedingt deshalb kommen die Erholungsuchenden dorthin, vielmehr wegen des Liebreizes der Ulfenbachtallandschaft, in die es eingebettet liegt. – Gras-Ellenbach ist Ausgangsort einer dreizehn Kilometer langen Wanderung (4 Std.). Mit dem Bus ist es von Heppenheim oder Weinheim zu erreichen. Autofahrer kommen von Heppenheim über die B 460.

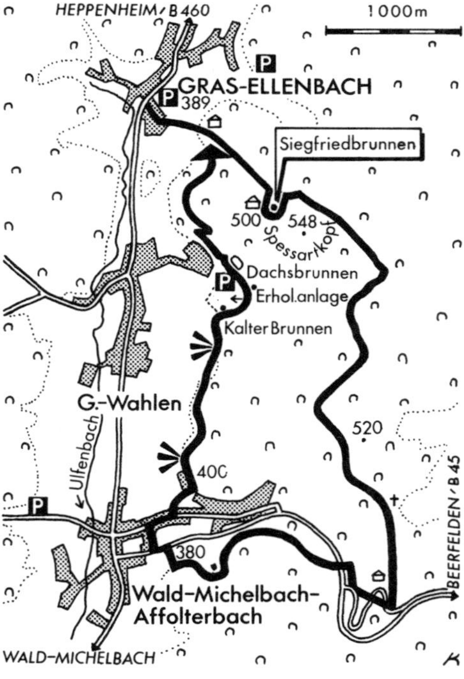

Die Zahl der Siegfriedbrunnen, die im Odenwald, den frühen Jagdgründen der Burgunder, plätscherten, ist groß. Dies ist durchaus verständlich, denn der Dichter des Nibelungenliedes im 12. Jahrhundert machte über die Ortsangabe, an der der Recke Siegfried „wart erslagen“, nur vage Andeutungen. Welche die „echte“ Quelle ist, an der Hagen den heimtückischen Mord beging, darüber gehen die Meinungen auseinander. Besonders an den Orten, wo man es verstand, diese Quellen am populärsten zu machen. Ganz an der Spitze steht da Gras-Ellenbach – der heute so geschätzte Kneipp- und Luftkurort, so daß er den Siegfriedbrunnen am nahen Spessartkopf gar nicht mehr als zusätzlichen Anreiz für Fremde brauchte. Wir besuchen den sagenumwobenen Platz bei unserer Wanderung durch den Wald der Nibelungen, den sie laut Epos auf ihrem Zug an König Etzels Hof zum letztenmal durchzogen.

Gegenüber der Bushaltestelle nimmt man an der alten Kastanie die Markierung rotes Kreuz auf und steigt mit ihr, unter dem gleichzeitigen Hinweis „Siegfriedbrunnen", die Siegfriedstraße hinauf. Die wenigen Häuser, meist schmucke Pensionen, bleiben zurück. Beim kurzen Gang durch die Felder offenbart sich der ganze Liebreiz dieser schmalen Tallandschaft des Ulfenbaches, an dessen grünen Wiesenhängen auch rote Dächer in der Sonne leuchten. Dann schließt sich der Wald hinter uns für lange Zeit. Die hohe Fichte dominiert, doch die Ränder der Wege sind hell und freundlich aufgelockert durch Birken, Farn und Gräser.

Nach ständigem Anstieg weist die Markierung vom Hauptweg einen Haken zum Siegfriedbrunnen, der aus lose aufgesetzten Steinen rinnt. Das Sandsteinkreuz daneben mit dem eingemeißelten 16. Abenteuer des Nibelungenliedes, „Als der edle Siegfried aus dem Brunnen trank . . .", erinnert an den Darmstädter Hofrat Dr. Knapp, der Mitte des vorigen Jahrhunderts diese Quelle mit der Nibelungensage in Zusammenhang brachte. Platz zwei der „Echtheit" von Siegfriedwassern nimmt der Lindelbrunnen bei Hüttenthal unter Meinungskontrahenten ein, und an dritter Stelle steht eine Quelle in Odenheim zwischen Wiesloch und Bruchsal.

Zurück vom kurzen Abstecher, zieht das rote Kreuz auf einem leicht welligen Höhenweg über Kilometer durch den geschlossenen Forst ohne Unterbrechung weiter. Zur Rast lädt nur einmal eine Bank an lichter Kreuzung auf der Affolterbacher Höhe. Noch angenehmer für ein Picknick ist die bald folgende Schutzhütte mit Tischen und Bänken im Schatten alter Bäume. Diese Rastmöglichkeit liegt wenige Meter abseits unserer Route. Kurz davor, in bisheriger Wanderrichtung rechts, wechseln wir zum weißen Dreieck, das über anfängliche Schleichpfade zunächst die Straße nach Affolterbach umgeht, dann jenseits des Asphalts auf breitem Weg aber bald abwärts führt. Kurz vor den ersten Häusern schlägt der Weg noch einmal einen Haken um die Holzschnitzerei zum Wald. Von dort oben führt er in vielen Windungen auf die Dorfmitte zu. An der alten Beerfelder Straße kreuzt er den weißen Rhombus. Diesem neuen Zeichen schließen wir uns nach rechts an und links hinauf zum Wald, an dessen Rand wir ebenen Fußes weiterwandern, bis der Rhombus links hinunter nach Wahlen zeigt. Die Ziffer 5, die sich inzwischen hinzugesellt hatte, bleibt unser alleiniger Begleiter geradeaus zur Erholungsanlage Dachsbrunnen im Wiesengrund: Liegewiesen, Ententeich und zur eigenen Abkühlung Kneippsche Hand- und Fußbecken.

Zweimal wechseln wir noch die örtlichen Zahlenlotsen. Nach dem erfrischenden Naß in einiger Entfernung am Sportplatz von der 5 zur 6 und am linken Rand der Anlage entlang, weiter mit der 6 hinter der Gaststätte, einen Weg höher so lange, bis die 6 auf die weiße 15 trifft, die uns mitten hinein nach Gras-Ellenbach mit seiner gastronomischen Nibelungenwelt zurückbringt.

Jaks und Wisente im Odenwald

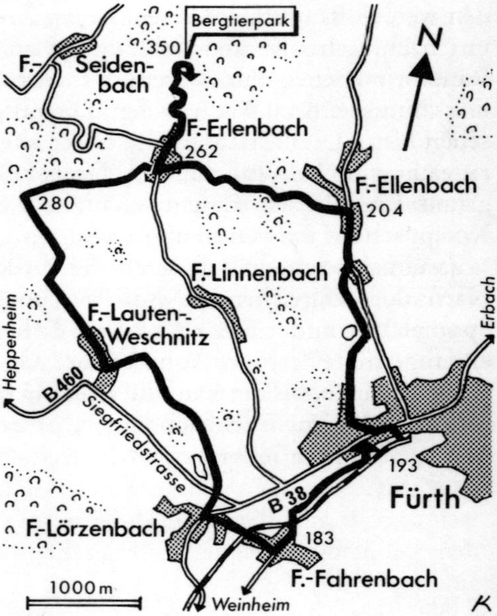

... auch das gibt es im Bergtierpark Erlenbach. Über 200 Tiere, etwa 20 Arten aus Europa, Asien, Südamerika tummeln sich im Freigehege nebeneinander. (Hunde dürfen angeleint mitgenommen werden.) Von Fürth her bringt der Wanderweg dorthin. – Gesamtlänge: dreizehn Kilometer (4 Std., ohne Tierpark). – Der Bergtierpark hat täglich bis 18 Uhr geöffnet. Die Gaststätte „Schorsch" mit der größten Uhrensammlung im Odenwald ist dienstags geschlossen. – Fürth ist von Heppenheim/Bergstraße mit Bus zu erreichen, von Weinheim mit Zug und Bus. Autofahrer nehmen ab der A 5, Anschlußstelle Heppenheim, die B 260 bis Fürth.

Schwungvolle Berglinien kennzeichnen den westlichen Teil des Odenwaldes. Höhen um 500 Meter machen ihn zu einem beliebten Wandergebiet. Daß in dieser Landschaft ein Ort wie Fürth mit einer Lage zwischen 200 und 500 Metern aufwarten kann, ist eine Ausnahme. Er liegt nämlich mit seinem Kern im Weschnitztal, dem einzigen natürlichen Zugang von der Bergstraße her, und die elf ihm angegliederten Dörfer verteilen sich auf die umliegenden Berge. Zu manchem Weiler führt nur ein schmales Sträßchen hinauf, das irgendwo in den Weiden als Sackgasse endet.

Da ist Erlenbach. Diese Gemeinde hat ihre Abgeschiedenheit auf besondere Weise genutzt. Sie unterhält einen Gebirgstiergarten. Arten aus vier Kontinenten sind hier heimisch geworden. Zu Fuß ist Erlenbach von allen Seiten zu erreichen. Wir kommen von Fürth.

Ausgangspunkt ist das Rathaus im Zentrum von Fürth. Angesichts des Gebäudes wendet man sich unmittelbar davor nach links, trifft nach kurzem auf die Inselstraße und wird von ihr zwischen den sich am Hang staffelnden Häuserzeilen ins Freie geführt auf den Verbindungsweg nach Ellenbach. Er folgt dem Lauf des Schlierbaches, zunächst mit Abstand, und kommt schließlich dem Gewässer, wo es durch einen Stausee reguliert wird, ganz nah. Der Weg ist mit der Ziffer 1 ausgewiesen. An der Barriere wechseln wir über den Damm zur anderen Seite und laufen im Tal weiter nach Ellenbach.

Von der Durchgangsstraße biegt man links in den Linnenbacher Weg und findet kurz hinter dem Tennisplatz die Markierung 13. Nah- und Fernsichten, von obstbaumbestandenen Weiden hinüber zu den Bergen um Lindenfels, ergänzen einander zu einem abgerundeten Odenwaldbild. Breitet sich am Ende eines Hohlweges wieder freies Feld vor uns aus, verläuft die Route der 13 an der freistehenden Bank nach rechts weiter. Schon bald tauchen die ersten Dächer Erlenbachs an den Steilhängen der hier dicht an dicht stehenden Bergkegel auf.

Unübersehbar weist von der Hauptstraße der Weg zum Tierpark des sechs Hektar großen Areals. Über 200 Tiere fühlen sich dort heimisch. Keine Gatter und Zäune trennen die europäischen Wisente von den asiatischen Jaks, den Last- und Reitrindern aus dem Himalaja. Südamerika ist mit drei Kamelarten vertreten, dem Lama, dem Guanako und dem Zwergkamel Alpaka, dessen Wolle nicht nur bei den Indios begehrt ist. Ein Rundweg führt um das gesamte Gelände.

Wir müssen wieder hinunter in den Ort, jetzt die Hauptstraße weiter. Sicher wird kein Fremder das Dörfchen verlassen, ohne vorher bei „Schorsch“ hineingeschaut zu haben. Schorsch hat es auf die größte private Uhrensammlung im

Odenwald gebracht. 700 Exemplare aller Größen und Jahrgänge ticken an den Wänden seines „Museums“, das in Wirklichkeit eine Gastwirtschaft ist, in der Hausgemachtes obenan auf der Speisekarte steht.

Wenige Schritte weiter biegen wir in den Mittershäuser Weg. Am Parkplatz vorbei geht es durch zwei Hohlwege aufwärts. Wenn am Ende des zweiten von rechts die Markierung blauer Strich herunterkommt, schließt man sich ihr geradeaus an. Jetzt braucht man nur noch die Aussicht auf den zur Bergstraße hin sich öffnenden Gebirgsrahmen zu genießen und hin und wieder ein Auge auf das Zeichen zu werfen. Diese Markierung ist lückenlos. Durch die Felder kommen wir nach Lauten-Weschnitz und werden nach links wieder hinausgeführt durch das Lörzenbachtal nach Lörzenbach. Hier im Ort treffen wir auf das gelbe Andreaskreuz, das zunächst noch mit dem blauen Strich gemeinsam nach Fahrenbach führt, dann links allein nach Fürth zurückbringt.

In die Dossenheimer Dolomiten

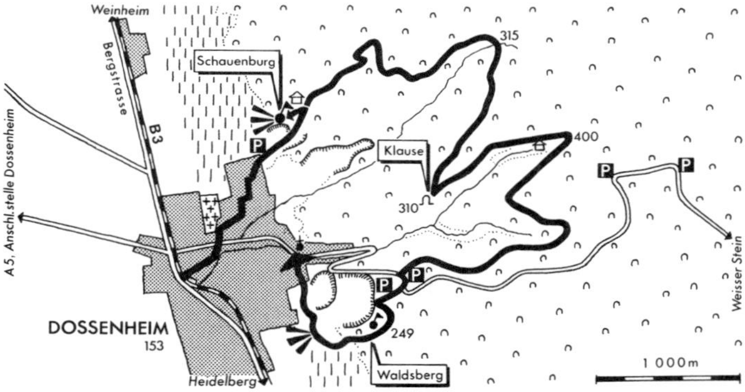

Ein etwas aus dem Rahmen fallendes Landschaftsbild der „blühenden" Bergstraße erwartet den Wanderer am südlichen Zipfel bei Dossenheim, wo die roten Porphyrsteinbrüche die Akzente setzen. Eine dreizehn Kilometer lange Rundtour (4 Std.) von der Schauseite ins gebirgige, waldreiche Hinterland macht den Reiz dieser Route aus. – Anfahrt: Bahn nach Weinheim, OEG Schmalspurbahn bis Dossenheim Ortsmitte; Autofahrer kommen von der A 5, Anschlußstelle Dossenheim, herüber.

Wer B statt A sagt, Bundesstraße statt Autobahn entlang der Bergstraße, ist dem Frühling dichter auf der Spur in Gärten, an Hängen. Nur, wenn die vorgesehene Wanderroute wie hier beinahe am südlichen Ende in Dossenheim liegt, bleibt vorher nicht Zeit, in jeden Winkel der alten Städtchen zu schauen, die aufgereiht an der B 3 liegen. Zugbenutzer müssen sich ohnedies mit einem Blick aus dem Fenster begnügen. Dossenheim fällt aus dem Rahmen im Vergleich zu den anderen Orten, und das gerade wegen seines Rahmens: den steil aufragenden Wänden der Porphyrsteinbrüche, Dossenheimer Dolomiten genannt, die trotz einhundertjährigen

Abbaus noch bis an die Häuser heranreichen. Oben darüber ist unser Wanderrevier. Von der Haltestelle der OEG-Schmalspurbahn in der Ortsmitte gehen wir die Bahnhofstraße aufwärts zum Rathausplatz, von den Felswänden überragt, die durch den warmen Orangeton keineswegs bedrohlich wirken. Über den Platz die Straße Im Reigart weiter, biegen wir rechts in den Gassenweg ab, links in die Schriesheimer Straße, von dort den Unteren und Oberen Burggarten zum Parkplatz neben den letzten Häusern am aufgelassenen Steinbruch.

Weshalb hier aufgehört wurde, den Berg abzutragen, wird klar, wenn man nach oben schaut: Haarscharf am Rand des Felsabgrundes steht die Ruine Schauenburg. Man braucht kein Bergsteiger zu sein, um zu ihr hinaufzugelangen, hintenherum läßt es sich ganz gemächlich an. Dazu nimmt man den rot-weiß beschrankten Weg. Man verbleibt auf dem Geradeauskurs im Wald bis zu einer Baumstammbank und biegt dort links ab auf den nach oben führenden Pfad. Über den Wall des tiefen Burggrabens kommt man zur Schauseite in die Rheinebene und den sanierten Mauerresten der Anlage, die zu Beginn des 12. Jahrhunderts vom Kloster Lorsch erbaut und 1460, während der ständigen Besitzfehden zwischen Kurpfalz und Mainz, zerstört wurde. Mit weitem Blick über die bizarren Bergzacken der seitlichen Steinbrüche kommen wir den Wall zurück und schließen uns jetzt der Markierung weißes R an, zunächst stramm aufwärts, dann fast eben auf dem Hangweg. Das Typische dieses zu Neckar und Rheingraben steil abfallenden Gebirges sind die tief eingeschnittenen Bachtäler, die immer wieder in großen Bogen umrundet werden müssen.

Nach dem ersten langgestreckten Auf und Ab stößt man auf einen Waldlehrpfad. Gegenüber der ersten Tafel kann man unter einem Felsblock die Höhle eines Eremiten schauen, der dort im 18. Jahrhundert hauste. Das R zieht weiter im Hochwald um die nächste Talnase, kommt schließlich zu einem kleinen Wanderparkplatz und, kurz die Waldstraße aufwärts, zu einem zweiten am Dreieichbrunnen, wie die Schauenburg an der Kante eines Porphyrbruchs.

Wir nehmen den Barrierenweg links am Brunnen vorbei,

stoßen auf einen Trimmpfad und tasten uns mit ihm am Rande des Steinbruchs entlang. Kurzes Verweilen am Parcours Nr. 9, die Aufwerfungen und Mauerreste gehören zur Burg Waldsberg und sind, erst 1932 entdeckt, noch näher zu erforschen. Auf dem vorbeiziehenden Forstweg kehren wir den Trimmern den Rücken, wenden uns rechts abwärts, kommen aus dem Wald und über einen Weinbergabgang zum unteren Rand des Steinbruchs Am Neuberg. Vor der gotischen Kirche biegt man in die Hauptstraße. Sie mündet in den Rathausplatz.

Villa eines römischen Ziegelfabrikanten

Relikte römischer Militäranlagen finden sich allenthalben entlang dem Limes vom Rhein bis zur Donau. Selten sind zivile Einrichtungen. Bei Höchst im Odw. wurde man mit der Haselburg, einem römischen Herrensitz, fündig. – Ein Wanderweg durch das hübsche Annelsbachtal führt zur Ausgrabungsstätte. – Gesamtwanderlänge: dreizehn Kilometer (4 Std.), ausgehend vom Bahnhof Höchst im Odw., Zugverbindung: Odenwaldbahn Ffm.–Eberbach (Neckar) bis Höchst. Autofahrer nehmen die B 45 über Dieburg.

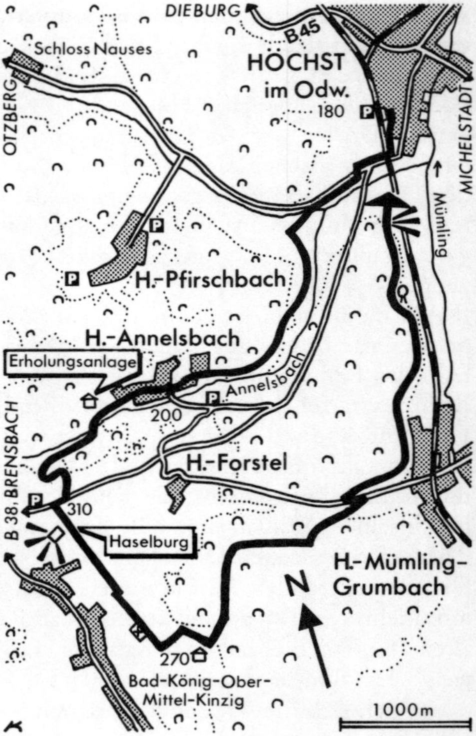

Römischen Spuren in unserem Gebiet nachgehen bedeutet in den meisten Fällen Relikte mit einst militärischer Funktion aufstöbern, Limesabschnitte, Wachtürme, Kastelle. Überreste ziviler Einrichtungen hingegen haben Seltenheitswert. Bei Höchst im Odenwald trat für Archäologen der Glücksfall ein, fündig zu werden. Das Landesamt für Denkmalpflege Wiesbaden ist dabei, die vermutlich größte rechtsrheinische Zivilanlage der Römer auszugraben. Zufällig war sie 1979 auf einem landwirtschaftlich genutzten Gelände beim Verlegen einer Erdgas-Pipeline zwischen der Sowjetunion und Frankreich entdeckt worden. Völlig überrascht, auf Mauerwerk gestoßen zu sein, traf die Nachricht allerdings Fachkreise nicht.

Schon vor 180 Jahren wußte man von Häuserresten römischen Ursprungs. Untersuchungen im Auftrag Graf Franz' I. zu Erbach-Erbach ergaben, daß es sich um ein Kastell handele. Das dabei zutage geförderte Steinmaterial findet sich noch heute in mancher Häuser- und Scheunenwand umliegender Dörfer wieder. Der „Steinbruch" verfiel alsbald in einen Dornröschenschlaf. Die vornehmlich dort wuchernden Haselnußsträucher gaben der wieder zum Leben erwachten Ausgrabungsstätte ihren jetzigen Namen Haselburg. Bei einer Wanderung kann man sich vom Stand der Dinge überzeugen.

Am Bahnhof Höchst nimmt man rechts auf einem Treppenweg die Fährte des blauen Kreuzes und folgt ihm unterhalb des Bahndammes bis zum Viadukt, wo uns das gelbe Kreuz erwartet. Jenseits der Unterführung geht es auf einem Fuß- und Radweg seitlich der Straße weiter, später halblinks weg von ihr ins Annelsbachtal. Der landwirtschaftlich genutzte Einschnitt wird stetig schmäler und löst sich schließlich in einem Waldstreifen auf. Zahlreiche Bänke lassen den Charakter des nahen Dörfchens Annelsbach als geschätzten Urlaubsort erahnen. Wir kommen zunächst an seinem Rand mit mehreren Pensionen vorbei, dann kurz durch seinen alten Teil. Von hier halten wir auf die Haselburg zu. Am Hinweis „Erholungsanlage Annelsbach" – Spielgelände, Grillplatz, Schutzhütte – wendet man sich nach links ohne Zeichen. Kurz nachdem der Wald erreicht ist, heißt es links über den Annelsbach, also die Bachseite wechseln, und rechts leicht bergauf zwischen Wald, Feldern und Weiden zur Straße laufen, dort rechts, wo man bald die Ausschilderung „Römische Villa Haselburg" sichtet.

Das abgesteckte Ausgrabungsgelände mißt vierzig Hektar. Was jetzt schon besichtigt werden kann, ist beachtlich, nämlich die freigelegten und restaurierten Grundmauern eines riesigen Herrenhauses, dessen Räumlichkeiten sich um einen festlichen Speisesaal mit Apsis gruppieren, anschließend ein von Säulen begrenzter Gartenhof. Fußbodenheizung war ebenso selbstverständlich in der herrschaftlichen Villa wie die Badeanlage, deren Abwässer man als Toilettenspülung nutzte. Am Aufgang zum Küchenbau ist der Abguß eines Matronenreliefs in die Mauer eingelassen, dessen Original seinen Platz in der Friedhofskapelle von Mümling-Grumbach hat. Sein ursprünglicher Platz ist nicht sicher. Funde, die hier gemacht werden, kommen ins Heimatmuseum nach Michelstadt. Vor allem sind es Ziegel. Dies läßt den Schluß zu, daß sich hier eine „private“ Ziegelei mit der dazugehörigen Villa befand. Erst ein Zehntel der Anlage ist freigelegt.

Für den Weitermarsch laufen wir an der Haselburg vorbei, bleiben in Wanderrichtung geradeaus ohne Zeichen, jedoch nicht hinunter ins Dorf. Unser Weg führt leicht abwärts zwischen Feldern, noch immer auf der Höhe. Mit einem Rechts-Links-Knick kommt man an einem kleinen Friedhof vorbei und wird im Linksbogen zum Waldrand geführt, von wo man auf eine überdachte Sitzgruppe zuhält und dort die Markierung blaues Kreuz findet. Das Zeichen markiert lückenlos den Rückweg durch Waldungen nach Höchst, allerdings auf teilweise nassen Graswegen, im Gegensatz zur ersten, meist asphaltierten Streckenhälfte.

Zwischen Erholungsort und Kurort

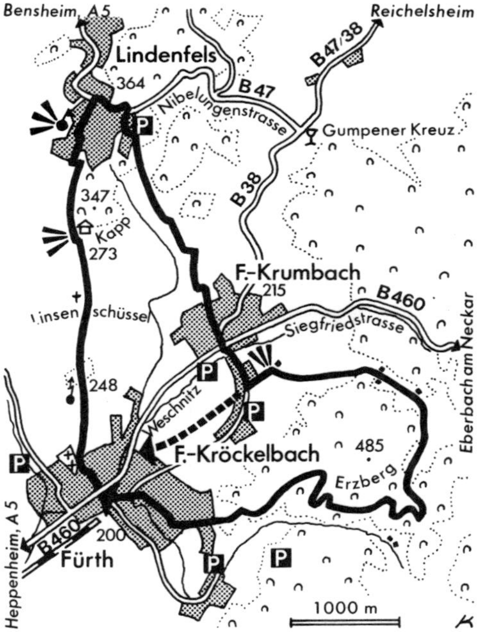

Wer sich einmal in einer lieblichen Landschaft einfach auslaufen möchte, über bewaldete Höhen und durch freies Feld, dem Blick Raum gewähren, der kann das in der vielgestaltigen Landschaft zwischen Fürth und Lindenfels mit dieser vierzehn (neun) Kilometer langen Wanderung (4½ oder 3 Std.), beginnend in Fürth. – Wissenswertes über die Region vermittelt das Lindenfelser Museum, geöffnet April bis Oktober sonntags von 14.30 bis 17 Uhr. – Fürth ist mit dem Bus von Heppenheim erreichbar oder von Weinheim mit Zug oder Bus. Autofahrer kommen über die A 5, Anschlußstelle Heppenheim, und B 460 zum Ausgangsort.

Sie blinzeln sich gegenseitig über die sonnigen Hänge von unten nach oben und aus der Höhe herab zu: der Erholungsort Fürth und der heilklimatische Kurort Lindenfels im Odenwald, und nicht nur sie, auch die Wanderer. Der Wanderlotse rotes Quadrat erwartet uns auf dem zentralen Marktplatz Fürths.

Im Zickzack geht es durch einige Straßen, an der Friedhofsmauer aufwärts und an deren Ende halbrechts mit einem Graspfad auf den Umsetzer und Hochbehälter zu. Hinter dem Wäldchen beginnt sich die Sicht gen Westen über die vielgestaltige Odenwaldlandschaft zu öffnen. Lindenfels klebt wie ein Schwalbennest voraus auf dem Kapp (347 m).

Die Aussicht vom Feldweg über den Kranz der Berge wird mit zunehmender Höhe umfassender. Wir kommen zu einer muldenförmigen Gemarkung, die den Namen Linsenschüssel trägt aus den Tagen, als hier noch Linsen, das Hauptnahrungsmittel der Bevölkerung, angebaut wurden. Der einfache barocke Bildstock zwischen zwei Nußbäumen könnte in Zusammenhang mit jener Notzeit stehen. Er soll zur Erinnerung an einen Bauern gesetzt worden sein, der dreißig Jahre im Burgverlies zu Lindenfels wegen Wildfrevels geschmachtet hatte. Als man ihm nach dem Tod des Schloßherrn die Freiheit wiedergab, trugen die Füße den Unglücklichen nur noch bis hier hin.

Kurzes Bergab, dann heißt es aufwärts nach Lindenfels in luftiger Höhe, denn der Ort entstand hinter dem Bollwerk, das die Staufer auf dem Burgberg begannen und Kurpfalz in den folgenden Jahrhunderten weiter ausbaute. Durch das äußere Fürther Tor unterhalb der Schloßruine treten wir ein und kommen zum Rathaus als Mittelpunkt des historischen Stadtbereiches. In der ehemaligen Zehntscheuer nebenan ist das Museum eingerichtet. Schon wegen der Aussicht sollte man auch zur Ruine hinaufsteigen. Ein Rundgang um die Außenmauer beginnt am Kurgarten.

Dem roten Quadrat folgen wir bis zur Durchgangsstraße (Nibelungenstraße), nehmen das offene rote Dreieck auf, halten uns rechts, um wiederum rechts in die Kappstraße abzubiegen und kräftig abwärts durch Neubauviertel, Wald und freies Feld nach Krumbach zu gelangen. Die B 460 wird gekreuzt, jenseits liegt das Dörfchen Kröckelbach. Wenn hier das rote Dreieck links abbiegt, kann man rechts ohne Zeichen abkürzend nach Fürth zurückkehren.

Wer den Bogen noch um den Erzberg spannen und dabei kräftig Waldluft inhalieren möchte, folgt dem Dreieck aus dem Weschnitztal ansteigend in ein Seitental, vorbei an einzelnen Einödhöfen bis zum kleinen Waldplatz, wo der gelbe offene Rhombus wartet. Von diesem Zeichen werden wir nach rechts, bald nur noch abwärts, aus dem Wald durch die Hammelbacher Straße im Neubaugebiet zum Zentrum Fürths zurückgeleitet.

Blick von der Schloßruine auf Lindenfels

Die Fraa vun Bensem weist den Weg

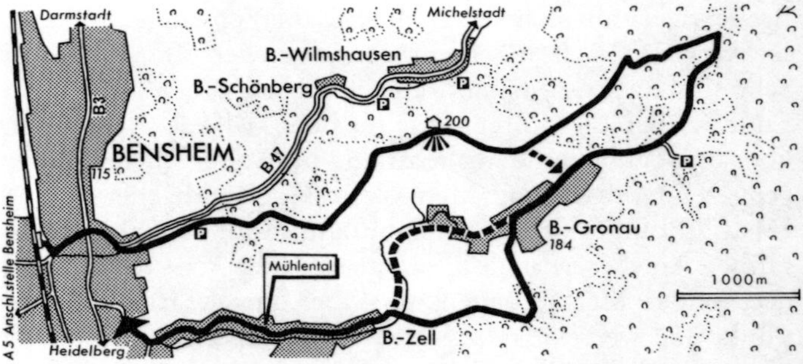

... ihr kann man sich getrost anvertrauen, auch wenn Bensheim selbst, wo sie sich so gut auskannte, durch die Eingemeindung angrenzender Ortschaften viel größer geworden ist. Bis in die Wälder des vorderen Odenwaldes hinein reicht die Gemarkung. Dahin zielt die vierzehn (10) Kilometer lange, aussichtsreiche Wanderung (4 Std.) und durch das Zeller Mühlental zurück. – Der Ausgangsort Bensheim liegt an der Bahnstrecke Frankfurt–Heidelberg, die Autofahrer erreichen ihn über die A 5.

An der Bergstraße gibt es ein geflügeltes Wort, dessen Ursprung wohl jeder dort Ansässige kennt: „Hinnerum wie die Fraa vun Bensem." Über dreihundert Jahre lebte die besagte Frau von Bensheim in der Welt der Sage fort; erst in neuerer Zeit hat man ihr eine konkrete Form gegeben. Sie steht für jeden sichtbar mit Laterne, Stock und Kater zum Denkmal geworden auf einem Brunnensockel ihrer Heimatstadt Bensheim. Es soll im Jahre 1644 gewesen sein, als Schweden und Franzosen in die Stadt eindrangen und so fürchterlich brandschatzten und mordeten, daß das Blut der Erschlagenen den Marktplatz herunterfloß. Die nachrückenden Bayern versuchten vergeblich, den Feind aus den wehrhaften Mauern zu vertreiben. Da zeigte ihnen eine alte Frau aus der Vorstadt einen geheimen unterirdischen Gang, durch den sie die Befreier „hinnerum“ in die Stadt eingeschleust haben soll und damit der grausamen Besatzung ein Ende bereitete.

„Hinnerum“ bewegen auch wir uns durch Bensheim, das sich seit der Eingemeindung einiger Dörfer bis in den vorderen Odenwald erstreckt. Der rote Strich wird uns zunächst vom Bahnhof geleiten. Es geht links in die Rodensteinstraße Richtung Michelstadt–Lindenfels und unmittelbar nach dem Brauereigelände rechts ab in die Elisabethenstraße. Die Häuser verlieren sich in einem parkähnlichen Tal, vom Gut Schönhof an steigt man durch einen Hohlweg aufwärts. Am Ende wieder Licht und Weite, aus der sich die Starkenburg über Heppenheim heraushebt, und im Weitergehen in entgegengesetzter Richtung Melibokus und Auerbacher Schloß. Das Bild rundet sich an der Schutzhütte auf der Schönberger Höhe. An dieser Stelle gesellen sich unserem roten Strich drei weitere Markierungen zu: gelbes umgekehrtes T, blauer Punkt und weißes Andreaskreuz. Mit ihnen gemeinsam laufen wir zwischen Koppeln und Feldern in weit ausholendem Bogen zum Wald. Hier bietet sich die Gelegenheit, die Wanderung abzukürzen und mit dem gelben T nach Bensheim-Gronau hinunterzulaufen.

Doch der erholsamste Teil der Wanderung beginnt erst jetzt mit dem Eintritt in den Hochwald. Wir wandern leicht steigend in Richtung Knoden, doch nur der rote Strich wird dieses Ziel erreichen, die beiden anderen Zeichen schwenken vorher ab. Wir halten uns so lange an die rote Markierung, bis wir nach einer großen Rechtskehre leicht abwärts an eine Wiesenkoppel kommen, wo das weiße F unseren Weg kreuzt. Ihm schließt man sich jetzt rechts an und erreicht weiter abwärts durch ein schmales Waldtal den asphaltierten Zufahrtsweg zum Naturparkplatz im Wiesengrund. Wir wenden uns rechts und laufen nach Gronau hinein. Eingangs des Ortes treffen wir auf den blauen Punkt, der uns aus dem Dorf hinaus wieder zum Wald hinaufführt. Dann Zeichenwechsel: jetzt mit dem gelben Dreieck nach rechts wieder hinunter ins Zeller Tal und durch Zell entlang der Straße (mit rotem Strich) nach Bensheim zurück – oder ohne Zeichen dem Sträßchen nach. Mühle reihte sich einst hier an Mühle, die meisten wurden in Gaststätten umgewandelt. Sie sind Ziel vieler Ausflügler, die eine deftige Hausmannskost und ein Glas Bergsträßer Wein zu schätzen wissen.

Gelbes Dreieck und roter Strich fungieren von Zell für uns als „Fraa vun Bensem" und bringen uns durch das Gewinkel der Altstadt mit ihren stattlichen Fachwerkbauten, Bürgerhäusern und Adelshöfen zum Bahnhof zurück.

Denkmal für die „Fraa von Bensem"

Römerbad und Wildschweinsuhlen

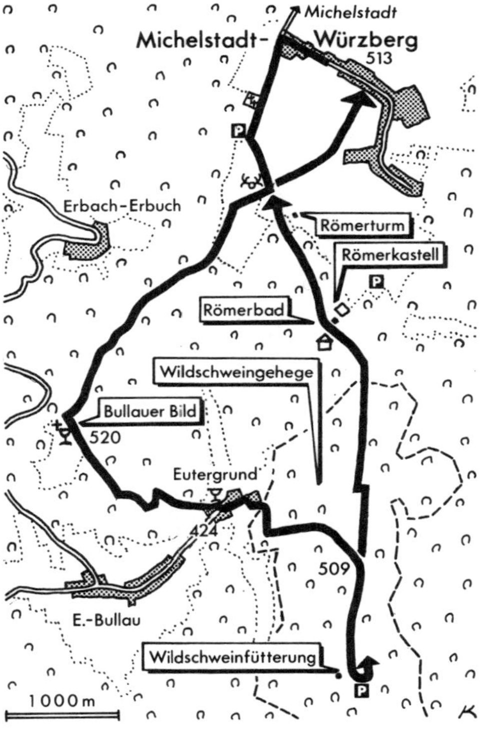

Diesen zeitlich weitgespannten Bogen erlebt man während der vierstündigen Wanderung (14 km). Sie beginnt und endet in Michelstadt-Würzberg und beinhaltet eine überaus abwechslungsreiche, verträumte Spielzeuglandschaft, in der nur das Grunzen der Wildschweine real erscheint, besonders während der täglichen Fütterung von 13 bis 17 Uhr (15. März bis 15. November), sonst 15 bis 17 Uhr. – Einkehr unterwegs am „Bullauer Bild" (montags geschlossen) und „Zum Grünen Baum" im Eutergrund (nur am Wochenende geöffnet). – Würzberg ist mit Bus nur Montag bis Freitag von Michelstadt zu erreichen; Michelstadt liegt an der Bahnstrecke Frankfurt–Eberbach (Neckar). Autofahrer nehmen die B 45 über Dieburg, B 47 Richtung Amorbach bis Abzweigung Würzberg, zum Naturparkplatz Adlerschlag am Ortseingang rechts ab.

Der Odenwaldlimes gehört zu den besterforschten Strekken des römischen Grenzwalles. Dank des leidenschaftlichen archäologischen Interesses von Graf Franz I. zu Erbach-Erbach (1754–1823) wurden bereits im 18. Jahrhundert Ausgrabungen vorgenommen und eine hohe Zahl von Bauresten konserviert. Dazu gehört auch das Römerbad Würzberg, das mitten im Wald neben einem Kastell im Jahre 142 gebaut wurde. Doch nicht nur Relikte aus römischer Vergangenheit haben sich in diesem entlegenen Teil des Odenwaldes gut gehalten, auch die Gegenwart ist hier, abseits der Hauptverkehrsstraßen, in einem öffentlich zugängigen Wildschweingehege quiek-lebendig.

Die Wanderung in dieses Revier beginnt in Michelstadt-Würzberg. Mit dem Zeichen rotes Dreieck geht es außerhalb des Ortes vom Naturparkplatz Adlerschlag am Waldrand los. In Richtung Römerbad-Römerturm tritt man hinaus in die weite Wiesenlandschaft, die sich in weichen Wellenlinien über die Höhe zieht. An den einzeln stehenden Häusern biegt man rechts zur Försterei ein und ist kurz darauf im Wald. Tannen und Lärchen säumen den Forstweg, von dem man bald weg auf einem weichen Grasnarbenpfad in lichte Laubbestände geleitet wird. Hat man nach etwa einstündigem Marsch zwei einsam stehende Häuschen erreicht, ist ein Zeichenwechsel fällig. Die neue Markierung weißer Strich führt zunächst am Waldrand entlang und in der Nähe des Marterlstockes Bullauer Bild in einen völlig anders gearteten Forst als bisher. Dicht und ruppig zieht er sich über die Steilhänge, die den Eutergrund umschließen. In dieses Tälchen steigen wir hinunter. Hier ist alles en miniature, der Bach, die Weiden, kaum groß genug für zwei Kühe, die Handvoll Häuser, von der sich nur die Gastwirtschaft durch einen Anbau zur rustikalen Einkehr unterscheidet.

Den Taleinschnitt, den man diesseits herunterkam, heißt es nun auf der anderen Seite wieder hochklettern. Bevor man über eine Gatterleiter ins Dickicht verschwindet, ein Blick zurück auf die Spielzeuglandschaft, dann sind wir im Schwarzwildgehege Würzberg. Je näher man dem Äsungsplatz kommt, um so häufiger knackt und grunzt es im Unterholz, taucht überraschend ein Borstentier auf. Förmlich erwartet werden die Besucher auf der Zufahrtsstraße zur Futterstelle – markiert mit der Ziffer 4 von der Kreuzung mit dem blauen umgekehrten T an – wo ganze Rotten von Bachen und Ebern mit ihren längsstreifigen Frischlingen sich um Maiskörner balgen. Bei der offiziellen Wildfütterung kann man nachmittags zuschauen.

Zurückgekehrt zum Schnittpunkt der Markierungen, laufen wir jetzt mit dem umgekehrten blauen T die Forststraße geradeaus weiter, von den Wildschweinsuhlen zum Römerbad. Der Grundriß wird auf einer Tafel genau beschrieben. Die Anlage mit ihrer Einteilung in Umkleideraum, lauwarmes und heißes Bad, daneben Kalt- und Schwitzbad, ist in ihrem aufstrebenden Mauerwerk gut zu erkennen. Die Reste des dahinterliegenden Kastells ließ Graf Franz I. in seinem Englischen Garten am Jagdschloß Eulbach bei Michelstadt aufstellen.

Mit dem blauen T geht es auf dem Hauptweg weiter, in der Nähe des Limesturmes Roter Buckel vorbei, bevor sich vor dem Forsthaus der Kreis schließt. Benutzer öffentlicher Verkehrsmittel können von hier die Straße hinunter ins Dorf laufen.

Zur aussichtsreichen Tromm

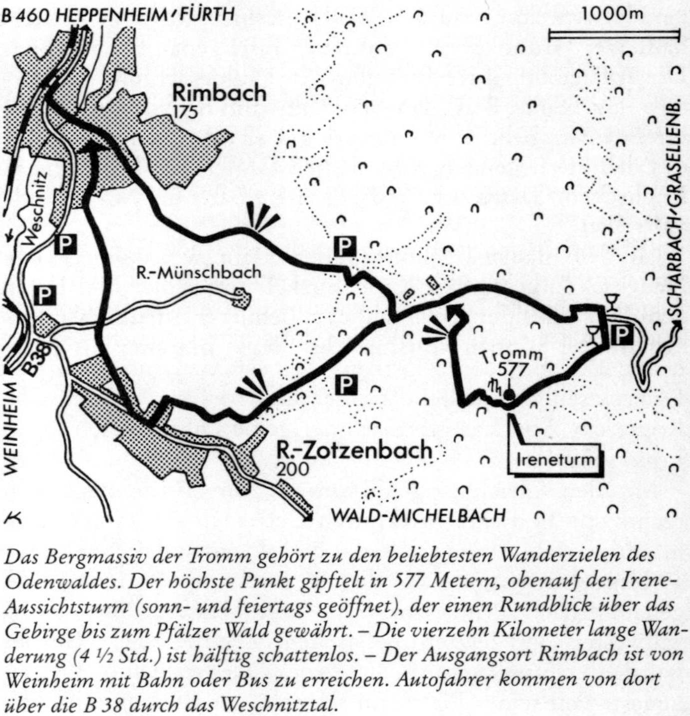

Das Bergmassiv der Tromm gehört zu den beliebtesten Wanderzielen des Odenwaldes. Der höchste Punkt gipftelt in 577 Metern, obenauf der Irene-Aussichtsturm (sonn- und feiertags geöffnet), der einen Rundblick über das Gebirge bis zum Pfälzer Wald gewährt. – Die vierzehn Kilometer lange Wanderung (4 ½ Std.) ist hälftig schattenlos. – Der Ausgangsort Rimbach ist von Weinheim mit Bahn oder Bus zu erreichen. Autofahrer kommen von dort über die B 38 durch das Weschnitztal.

Mit zu den schönsten Wandergebieten des Odenwaldes gehört die Tromm, jenes knapp 600 Meter hohe Bergmassiv, das sich von Fürth bis Wald-Michelbach erstreckt. Es ist eine reizvolle Landschaft am Übergang vom vorderen zum hinteren Odenwald, oder in der Sprache der Geologen ausgedrückt: an der Grenze zwischen westlichem kristallinem und östlichem Bundsandsteinodenwald.

Die Fahrt mit dem Bähnchen von Weinheim durch das Weschnitztal bildet den Auftakt für eine Wanderung zum höchsten Punkt der Tromm mit Aussichtsturm. In Rimbach steigen wir aus. Vom Bahnhof geht man auf der Durchgangsstraße (B 38) kurz rechts, dann links in die Bismarckstraße bis zum Rathhausplatz, wo uns schräg gegenüber die Markierung weißes Dreieck erwartet. Durch ein Neubauviertel und am Schulzentrum vorbei strebt das Zeichen aufwärts, zwischen Feldern und Wiesen der Waldkette entgegen. Etwa eine Stunde dauert es vom Bahnhof aus, bis kühler Schatten erreicht ist.

Auch im Wald geht es noch bergan. Wenn der gelbe Doppelstrich von rechts dazukommt, sollte man diese Stelle für den Rückweg registrieren. Beide Zeichen, weißes Dreieck und Doppelstrich, nehmen kurz den gleichen Weg, trennen sich dann für den Gipfelsturm. Wir verbleiben beim Dreieck, folgen im hohen Laubwald einem Rechtsknick, steigen den Hang zwischen Granitblöcken hinan und stehen vor der ersten Einkehr, dem Gasthaus Zur schönen Aussicht. Das Dreieck schließt auch die zweite, den Trommer Hof, in seine Route ein. Von hier aus wird der gelbe Doppelstrich unser Lotse sein.

Mit dem gleichzeitigen Hinweis zum Turm biegt man rechts um die Ecke, wird durch Getreidefelder und Wiesen in luftiger Höhe zum Fichtenhochwald gewiesen. Nach etwa 15 Minuten steht man vor dem 23 Meter hohen Irene-Turm, genannt nach Prinzessin Irene von Hessen (1866–1953), Schwester des letzten hessischen Großherzogs. Gebaut wurde der Aussichtsturm 1893 vom Odenwaldclub, 1910 erneuert. Von seiner Plattform schweift der Blick über Odenwald und Rheinebene bis zum Pfälzer Wald. Links neben dem Turm beginnt der Abstieg mit dem gelben Doppelstrich. Knapp 400 Meter Höhenunterschied zwischen Tromm und dem Dörfchen Zotzenbach im Weschnitztal zu überwinden. An Felsblöcken vorbei, durch Busch- und niedrigen Fichtenwald schlängelt sich der schwierig zu gehende Pfad hinab, mündet kurz auf einen breiten Weg und knickt alsbald überraschend scharf rechts wieder davon ab. Jetzt eröffnet sich das Weschnitzpanorama mit zahlreichen Orten, darunter auch Fürth. Der holperige Pfad mündet schließlich in den bekannten Weg des weißen Dreiecks. Kurz gemeinsam nach links verbleiben wir weiterhin beim gelben Doppelstrich bis hinunter nach Zotzenbach.

In Zotzenbach, am Friedhof links abwärts, treffen wir an der Durchgangsstraße auf den blauen Querstrich. Ihm und dem Hinweis Münschbach folgen wir nach rechts, werden von der Straße nach einem Rechtsknick am Sportplatz links auf einen Feldweg aus der Talsohle über einen leichten Buckel geführt. Dahinter liegt das Neubaugebiet von Rimbach. Der blaue Strich bringt uns zum Brunnen auf dem Rathausplatz zurück.

Der Ireneturm auf der Tromm

Minneburg ohne Minne

Jedem Ort seine Burg, könnte es beinahe entlang des Neckars heißen, hier auf dem Abschnitt Zwingenberg – Neckargerach, um den sich der vierzehn Kilometer lange Wanderbogen (4½ Std.) zu beiden Seiten des Flusses spannt, dazu die Möglichkeit, in die Wolfsschlucht einzusteigen. – Anfahrt: von Heidelberg mit dem Zug, Autofahrer über die B 37, die Neckartalstraße.

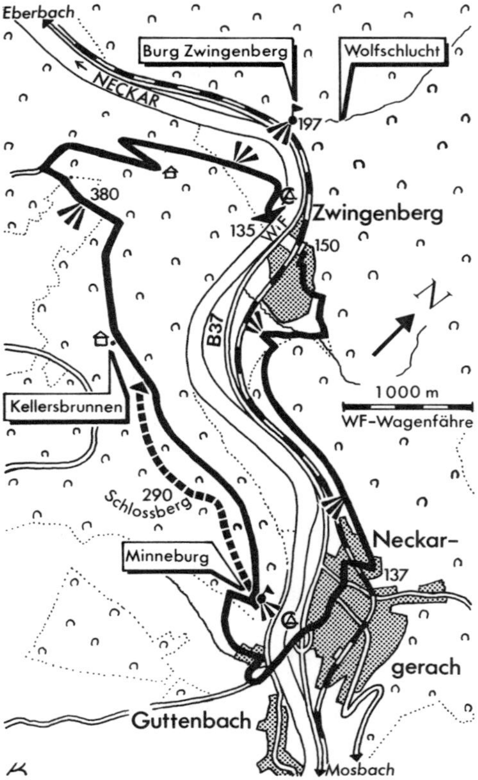

Wer könnte all die Burgen nennen, die sich zu beiden Seiten des Neckars aufreihen, die Namen unzähliger Geschlechter, die sie bewohnten! Viele sind in die Geschichte eingegangen, andere über Mittelmäßigkeit nicht hinausgewachsen oder gänzlich in Vergessenheit geraten. Zu den ungelösten Rätseln früher Bautätigkeit und ihrer späteren Bewohner gehört die Minneburg gegenüber Neckargerach. So eindeutig ihr Name scheint, eine Stätte des Minnegesangs war sie vermutlich nicht. Die Burg wird erst im 13. Jahrhundert genannt und erhielt ihren Hauptausbau 1520, wie eine Inschrift an der eindrucksvollen Ruine besagt.

In Zwingenberg, das ebenfalls eine imposante, aber noch bewohnte Schloßanlage aufweist, beginnen wir unsere Neckarwanderung. Von dem erhöht liegenden Bahnhof über dem engen Durchbruchtal wendet man sich rechts, nimmt die Markierung rotes R auf, mit ihr zwischen Häusern den Treppenaufgang zum Wald und läuft oben nach rechts weiter. Abrupt wendet sich das R am Rande der Siedlung vom Forstweg ab, schwenkt rechts ein und zielt am Ende eines Wiesenhanges links aufwärts in den Wald. Schon nach wenigen Metern geht es spitzwinklig rechts weiter.

Der Steilhangweg über dem Flußtal stellt die direkte Verbindung zu Neckargerach her. Am Ortsrand angekommen, folgen wir der Straße abwärts über die Gleisbrücke, halten auf die Kirche zu und orientieren uns unterhalb am Schild Richtung Guttenbach, was lediglich bedeutet, die Neckarbrücke zu überqueren. Der inzwischen hinzugekommene rote Punkt ist mit von der Partie, das R verbleibt am jenseitigen Ufer. Unmittelbar am Ende der Brücke weist die rote Scheibe von der Straße weg rechts runter auf die Zufahrt zum Campingplatz und vor den wenigen Häusern durch die hier offenere „Almlandschaft“ aufwärts zur Minneburg.

Siebzehn Meter Höhe mißt die Schildmauer mit entsprechend mächtigen Türmen, die einst Vor- und Hauptburg schützten. Der dreigeschossige Palas, verbunden durch drei übereinandergefügte Erker, ist noch gut erhalten. Sie gewähren Sicht nach außen und strahlen fast wohnliche Wärme aus. Der Sage nach erbauten drei Schwestern, die drei Ritter freiten, gemeinsam die Burg, darin für jedes Paar ein Stockwerk im Palas. Zerstört wurde die Anlage zum Teil während des Dreißigjährigen Krieges, später durch Abbruch.

Der weitere Weg gibt keinerlei Probleme auf. Man läuft um die Burganlage herum zur Markierung, wahlweise jetzt

Punkt oder R, die später im hohen Laubwald ihren Weg wieder gemeinsam fortsetzen. Vor dem beginnenden Abstieg zur Neckarfähre schwenkt der Punkt ab, der rote Rhombus tritt an seine Stelle. Wer es zeitlich einrichten kann, sollte vom jenseitigen Ufer über die Burg Zwingenberg noch einen Vorstoß in die schaurig-schöne Wolfsschlucht einplanen (R und Rhombus; rutschfestes Schuhwerk!). Sie gilt als Vorlage zu Carl Maria von Webers Oper „Der Freischütz“.

Schloß Zwingenberg am Neckar

Die Suppenschüssel der Wilden Leute

Natur pur bietet diese anspruchsvolle vierzehn Kilometer (4½ Std.) lange Wanderung in der südwestlichen Odenwaldecke. Der Aufstieg zum 525 Meter hohen Eichelberg wird mit umfassendem Panoramablick belohnt, samstags und sonntags auch mit Einkehrmöglichkeit in der Mannheimer Hütte. Wald, Wiese, Feld bilden den grünen Rahmen. – Anfahrt: ab Heidelberg Hbf. mit Bus 7020 bis Wilhelmsfeld Schriesheimer Hof; Autofahrer: A 5, Anschlußstelle Ladenburg-Schriesheim, weiter Schriesheim–Wilhelmsfeld.

Eine Anzahl Querverbindungen steigt auch im südlichen Odenwald von der Bergstraße her über das Gebirge. Die Straßen vermögen nur in vielen Serpentinen Steigung und Gefälle zu überwinden. Doch der Kombination von Fahren und Wandern in diesen wundervollen Waldrevieren, die die Höhen überziehen, werden fast keine Grenzen gesetzt. Viele Dörfer sind mit ihren Häusern locker und aussichtsreich die Hänge hinaufgewachsen und tragen das Prädikat Erholungs-

oder Luftkurort. Eines unter ihnen ist Wilhelmsfeld, ein verhältnismäßig junger Ort ohne kunsthistorische Vergangenheit. Das ist es auch gar nicht, was wir bei dieser Wanderung suchen, vielmehr das Waldesgrün.

An der Endstation der Buslinie Altenbacher Straße in Wilhelmsfeld geht's los. Dort, am Gasthof Schriesheimer Hof, warten die Wanderzeichen weißer Rhombus, weißes offenes Quadrat und weißes Andreaskreuz. Wir steigen mit ihnen erst einen kurzen Treppenweg, dann die Alte Römerstraße hinauf und treten später, am Beginn der beiden Loipen, mit Rhombus und Kreuz allein in den Mischwald ein. Kurz werden wir an einer Straße entlanggeführt, wobei man nach etwa 300 Metern leicht das Abknicken nach halblinks übersehen kann. An dieser Stelle steckt halb verdeckt im Boden ein altes Sandsteinkreuz, Hirtenstein genannt.

Unser Höhenziel ist der Eichelberg (525 m), von dem Odenwaldkenner sagen, er sei der schönste und aussichtsreichste des Gebirges. Schon beim Aufstieg könnte man das bestätigt finden. Nach dem Rechtsknick eröffnet sich vom Feld-Wald-Randweg ein herrlicher Panoramablick über die langgestreckten Bergketten. Trotzdem müssen wir auch ein Auge auf die Markierung haben, um nicht in die Irre zu laufen. Der Berg ist ungewöhnlich gestaltet. Eigentlich besteht er aus zwei Gipfeln, denn der Wildeleutstein (521 m) gehört auch dazu.

Menschen reagieren in seiner Nähe unterschiedlich, vor allem, wenn sie wissen, daß es mit ihm nicht geheuer gewesen sein soll. Hier, so heißt es, lebten in den Felsspalten die Wilden Leute, ein friedfertiges Völkchen, das nachts den Bauern die Arbeit auf den Feldern verrichtete und am Tage dafür Essen in die „Suppenschüssel" bekam, deren Vertiefung im Felsen noch erkennbar ist. Sie verschwanden, als ein Neugieriger zu ihnen vordrang, und sollen große Schätze hinterlassen haben, die ein Höllenhund bewacht. Also Vorsicht, wer sich allzu nahe daranwagt. Vom Sattel zwischen beiden Bergen steigt ein unmarkierter Pfad zu den Felsen des Wildeleutsteins hinauf.

Doch noch sind wir erst an dem alten Wegweiserstein, wo der blaue Punkt hinzukommt. Aber wichtig für den Stichweg zum Eichelberg ist für uns allein das rote offene Quadrat. Der Hinweis Mannheimer Hütte zeigt in die gleiche Richtung, und die Aussicht erreicht ihren größten Radius von der Plattform der Mannheimer Hütte, einem massiven zweistökkigen Steinbau von 1911.

Wir tasten uns denselben Pfad wieder zurück bis zu dem alten Wegweiserstein und nehmen hier einen Zeichenwechsel vor. Der weiße Rhombus bringt uns auf befestigtem Weg durch Feld und gibt uns kurz darauf an den roten Strich ab, der rechts nach Lampenhain hinuntergeleitet, aus dem kleinen Ort wieder hinaus, durch ein Waldstück, über den Wiesenweg zur Ruine Burg Waldeck. Neben der gleichnamigen Gaststätte geht man die Treppe hinunter und begleitet den Steinbach für eine kurze Weile auf seinem plätschernden Weg nach Heiligkreuzsteinach. Am Ende des Mühlenweges stoßen wir auf das weiße offene Quadrat, das uns an der barokken Kirche hinter alten Mauern an Bauernhöfen vorbei durch Feld zum Wald hinweist. Kurz vor dem Ziel noch einmal bergauf. Doch dann ist es geschafft. Mit Rhombus und Andreaskreuz schließt sich der grüne Aussichtsreigen.

Ein Wanderbogen im Frankensteiner Land

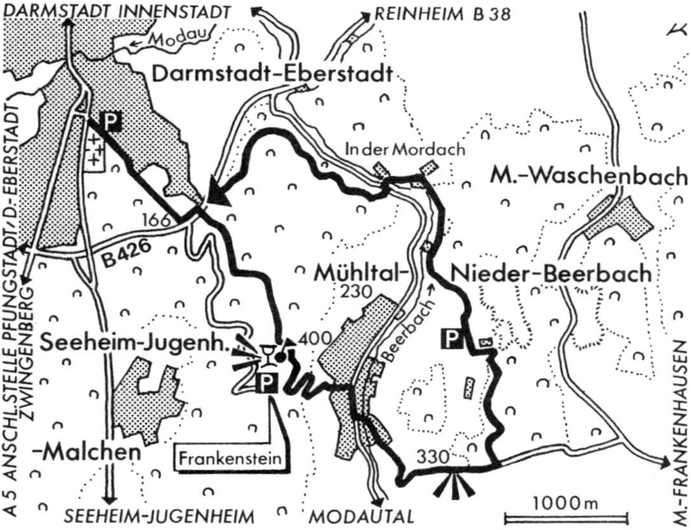

Einen „Hausberg“ mit Burg vor der Türe zu haben, wie die Darmstadt-Eberstädter ihren Frankenstein, ist sicher vorteilhaft. Der Anmarsch ist kurz, der Blick in die Rheinebene gratis, die Restauration allerdings nicht. – Hier wird die Burg Frankenstein in einen vierzehn Kilometer langen Wanderkurs (4½ Std.) mit kräftigen Anstiegen eingebunden. – Beginn in Da-Eberstadt am Friedhof. Bahnbenutzer nehmen ab Darmstadt Hbf. die Straßenbahnlinie 1 bis Eberstadt Friedhof; Autofahrer die A 5, Anschlußstelle Pfungstadt/Da-Eberstadt, B 426. – Das Burgrestaurant Frankenstein ist montags geschlossen.

Wie die Frankfurter den Feldberg im Taunus als ihren „Hausberg“ bezeichnen, so halten es die Darmstadt-Eberstädter mit dem Schloßberg in ihrer unmittelbaren Nachbarschaft. Doch wer nennt ihn schon Schloßberg? Frankenstein ist gebräuchlich nach der gleichnamigen Burg auf dem

Kamm des Berges. Natürlich kann man hinauffahren und die Aussicht von oben ins Rheintal genießen, dem Bewegungsdrang allerdings sind auf dem Plateau selbst enge Grenzen gesetzt. Burg Frankenstein steht auf einer dem Odenwaldmassiv vorgelagerten, extrem schmalen Bergzunge, an nördlichster Stelle der Bergstraßenhöhenburgen. Selbst vom Bau eines strategisch notwendigen Bergfrieds sahen die Herren von Frankenstein auf ihren Stammsitz aus Platzgründen ab.

Unser Wanderbogen schließt die Burg mit ein und führt durch einen Teil des kleinen Ländchens der Frankensteiner, in dem sie an die 400 Jahre geherrscht haben. Ausgangspunkt ist die Straßenbahnhaltestelle Friedhof am südlichen Rand von Eberstadt. Auch Autofahrer finden in diesem Bereich eine Parkmöglichkeit. Am Kiosk links vorbei nimmt man die Markierung weißer Strich auf, die Palisadenstraße leicht bergan, ist man sogleich im Wald. Durch den Kiefernforst pirscht man sich bis zur B 426 vor, läuft kurz an der Lärmschutzmauer links lang und nimmt die Fußgängerbrücke über die Straße. Drüben heißt es jetzt tief Luft holen, in fast direkter Linie geht es mit dem Strich weiter im Steilstich zur Burg hinan, wobei auf knapp zwei Kilometer etwa 200 Meter Höhenunterschied zu überwinden sind. Quasi durch die Hintertür, ein Mauertor, finden wir Einlaß auf den Burghof, zur Aussichtsterrasse und zum Restaurant.

Von der 1252 begonnenen, im 15. und 16. Jahrhundert weiter ausgebauten, mit Ringmauer und Halsgraben befestigten Burganlage ist im Kern wenig erhalten. Obgleich sie nie durch kriegerische Einflüsse zerstört wurde, verfiel sie, nachdem die Frankensteiner das begehrte Objekt 1662 den Landgrafen von Hessen-Darmstadt verkauft hatten und nach Franken übergesiedelt waren, wo noch heute Nachfahren ansässig sind. Erst im 19. Jahrhundert begannen Sanierungs- und Restaurierungsarbeiten. Die Anlage wurde unter Denkmalschutz gestellt.

Wir verlassen den Burghof durch dasselbe Tor, durch das wir hereinkamen, wenden uns vom weißen Strich ab, dem gelben Kreuz rechts abwärts zu und lassen uns, anfänglich auf einem Pfad, dann Forstweg, in weitausholenden Bogen hinunter nach Nieder-Beerbach leiten. Hier, unterhalb der

Frankenstein, soll eine Vorgängerburg gestanden haben. In der Kirche mit gotischem Torturm am gleichen Hang sind noch Grabmäler der Frankensteiner, einige haben ihren Platz oben in der Kapelle der einstigen Vorburg. In der Nähe der Kirche, an der Durchgangsstraße, steht die Dorflinde. Hier tagte 1581 bis 1815 das Haingericht. Unter der Linde im Erdreich war das Gefängnis, die sogenannte Betzenkammer, die später zugeschüttet wurde.

Wir laufen die Obergasse von der Linde weiter nach rechts, biegen mit dem gelben Kreuz links ab in die Quergasse und rechts Am Viehtrieb Richtung Ortsteil Frankenhausen. Wieder beginnt es zu steigen, der Name Himmelsberg spricht für sich. Die Häuser bleiben zurück, frei schweift der Blick über die hügelig gestaffelte Landschaft bis hin zum Melibokus. Fast auf der Höhe, bei Waldbeginn, wird ein Zeichenwechsel notwendig. Unmittelbar nach der Bank wechseln wir von dem Sträßchen, auf dem wir heraufkamen, vom gelben Kreuz zum weißen Doppelring und folgen ihm nach links auf den gesplitteten Waldweg, leicht abwärts in ein offenes Wiesental. Der Doppelring verbleibt zunächst auf dem Hangweg, nähert sich dem Steinbruch, in dem das Tiefengestein Gabbro gebrochen und verarbeitert wird, schwenkt an den Obstkulturen rechts ein, quert die Parkplätze am Fuße des Steinbruchs und zieht durch das liebliche Tälchen weiter.

Der letzte Wanderabschnitt beginnt in dem kleinen Weiler am Rande des Mühlentals, von dem sich der Verbandsname Mühltal herleitet. Weg vom Doppelkreis, nehmen wir den weißen Punkt auf, kommen zur Straße, queren sie an der Bushaltestelle und setzen drüben rechts aufwärts den Weg fort. Auch im Anstieg bleibt man im Abstand parallel zur Straße. Ist nach einigen Serpentinen der Prömsterweg erreicht, verlassen wir den Punkt, folgen dem Forstweg links hinauf und fädeln uns damit in die Route der gelben Ziffer 3 ein, die uns bis zur Fußgängerbrücke über die B 426 leitet, wo uns der weiße Strich wieder in Empfang nimmt.

An der Osterquelle

Ob der Osterhase über Ober-Ostern kommt oder über Unter-Ostern, das sollte jeder selbst erkunden, wenn er diesen Osterspaziergang in die Tat umsetzt. – Auf die Fährte der vierzehn Kilometer (4½ Std.) begibt man sich in Reichelsheim ab der Bushaltestelle Volksbank. – Verbindung: Frankfurt–Darmstadt Zug. Darmstadt–Reichelsheim Bus. Autofahrer wählen die B 45 bis Dieburg, B 26 Richtung Darmstadt, B 38 bis Reichelsheim.

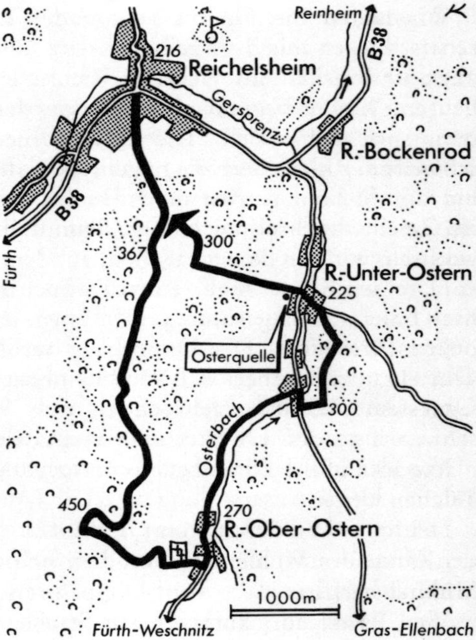

„Ob er aber über Ober-Ostern kommt, oder ob er aber über Unter-Ostern kommt, des is net gwiß“ – der Osterhase nämlich, der seinen Durst an der Osterquelle stillt und entlang dem Osterbach hoppelt. Was läge näher, als ihm in sein österliches Revier im Odenwald zu folgen und dort Ostereier zu suchen? Die Namen stehen für Ortschaften und Gewässer in einer zauberhaft stimmungsvollen Landschaft, wenn sie auch, wie so oft, einen ganz prosaischen Ursprung haben und sich wie in diesem Fall von Osterenaha, dem nach Osten gerichteten Flüßchen, herleiten, also in keinem Zusammenhang mit dem eigentlichen Osterfeste stehen. Trotzdem gehen wir im Osterbachtal auf Suche nach dem Osterhasen.

Wir fahren bis Reichelsheim an der Bundesstraße 47/38, der Nibelungenstraße, auf der die Nibelungenkönige von Worms in den Odenwald zur Jagd gezogen sein sollen. Bis vor wenigen Jahren der Autoverkehr überhand nahm, stellte das „Lieschen“, mit seinen Schienen mehrmals die Straße kreuzend, dampfend und keuchend die Verbindung zwischen Reichelsheim und Reinheim her. Ein Bus hat die Bahn abgelöst. Er entläßt uns an der Haltestelle Volksbank. Man geht zur Bundesstraße, links weiter, biegt kurz darauf in den Krautweg ein und übernimmt da die Markierung gelber Rhombus. Rasch an Höhe gewinnend, leitet sie aus dem Ort hinaus, wo bei jedem verweilenden Blick zurück die Zahl der im Gesichtskreis auftauchenden Bergkuppen und fernen Ziegeldächer sich vergrößert.

Dann nimmt der Wald uns auf. Hat man den Klößbuckel hinter sich, schieben sich Felderzungen bis zur Höhe, mit neuen Perspektiven. Weiter geht es am Wegekreuz Unter-Ober-Ostern, der gelbe Rhombus bringt uns in Richtung Ober-Ostern. Bald erreichen wir eine Waldwiese, auf der sich ein lustiges Eierwerfen vollführen läßt.

Von der Höhe bietet sich ein ungewohnter Anblick: Bis auf eine kleine Ansammlung unten im Ostertal verteilen sich die bäuerlichen Betriebe von Ober-Ostern auf den umliegenden Almen. Nicht alle sind zu sehen. Sie ziehen sich bis in die Seitentäler hinein.

Vom Waldrand gehen wir geradeaus, jetzt ohne Zeichen und abwärts am Bergfriedhof vorbei zur Verbindungsstraße mit Unter-Ostern. Es ist die einzige. Sie läuft gemeinsam mit dem Osterbach durch den Wiesengrund. An den ersten Häusern von Unter-Ostern mündet sie auf die Verbindungsstraße nach Reichelsheim, die stärker befahren ist. Um sie zu meiden, laufen wir nach rechts hinüber zum Waldrand und verfolgen, leicht ansteigend, den Lauf des Osterbaches von der halben Höhe des Stickelbergwaldes. Hat man ihn durchmessen, heißt es abwärts kraxeln. Über den Stickelbergweg und die Hauptstraße schließlich kommt man zum Osterbrunnen am Gasthaus Kreuzstraße. Schweigend, vor Sonnenaufgang am Ostermorgen geschöpft, soll das Wasser Gesundheit spenden.

Am Brunnen finden wir die Markierung weißer Strich. Sie leitet uns aus dem Ort hinaus noch einmal auf eine Höhe, den Leimberg, wo weithin sichtbar eine Friedhofskapelle steht. Es war der erste Gottesacker in dieser Gegend, auf dem alle umliegenden Gemeinden ihre Toten bestatteten. Wenig oberhalb treffen wir wieder auf den bekannten Wegweiser und gelben Rhombus. Mit Blick auf das gegenüberliegende Schloß Reichenberg kommen wir nach Reichelsheim hinunter.

Das Schloß in Ernsthofen

Mit der Armbrust ins Herz

Am Nordrand des Gebirges bewegt sich die vierzehn Kilometer lange Wanderung (4½ Std.) durch Wald und Feld. Viel landschaftliche Abwechslung und Aussicht nach allen Richtungen, aber auch längere Strecken ohne Schatten. – Anfahrt zum Ausgangsort Modautal-Ernsthofen: Bahn bis Darmstadt, von dort Bus nach Ernsthofen. Autofahrer nehmen die A 5 oder B 3 bis Darmstadt, B 449 Mühltal-Nieder-Ramstadt, weiter Ober-Ramstadt nach Ernsthofen.

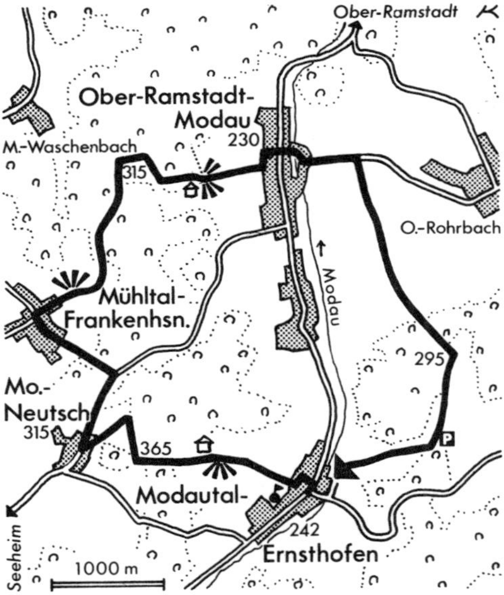

Der Odenwald wird von zahllosen Bächen durchzogen. Ob sie nun dem Main, Neckar oder Rhein zustreben, mit jedem der Namen ist eine eigene, reizvolle Tallandschaft verbunden, darin haben Menschen ihre Akzente gesetzt. Nehmen wir das Tal der Modau am Nordrand des Gebirges, ihm drückten die Herren von Wallbrunn über Jahrhunderte ihren Stempel auf, einen wenig rühmlichen. In dem Versuch, hier eine Herrschaft zu gründen, erwarb ein Hans von Wallbrunn schon früh Burg Ernsthofen und baute sie zur Wassertalsperre aus. Sie haben weder Geschichte gemacht noch kunsthistorisch Bedeutendes erstellt, vielmehr durch makabre Familienfehden über Generationen die Umgebung in Atem gehalten. Siebzehn Kinder des ersten Wallbrunners stritten sich um das väterliche Erbe, bis der jüngste Sohn seinem ältesten Bruder 1498 mit einer Armbrust das Herz durchbohrte. Das Geschlecht verfolgt, verfemt, legte der Urenkel des Mörders – gleichfalls mit einer Armbrust – Hand an sich, als man seine Burg belagerte. Erst 1772 endete die blutige Familientragödie, nachdem Ernsthofen in den Besitz der Landgrafen von Hessen-Darmstadt übergegangen war. Die neuen Herren gestalteten die Anlage in ein Jagdschloß um. Seit 1923 Privatbesitz, zeigt sich die Fassade dem Besucher heute kühl und verschlossen.

Die Wanderung beginnt in Ernsthofen am südlichsten Punkt des Anfahrtsweges und Rundkurses. Damit bringt man den einzigen Anstieg auf dieser Tour gleich zu Anfang hinter sich. In der Darmstädter Straße Richtung Modau findet man die Markierung gelbes Kreuz und biegt mit ihr links in die Schloßstraße. Um zum Schloß zu gelangen, setzt man sich kurz vom Kreuz ab und läuft geradeaus weiter bis vor das Renaissance-Portal. Der Wassergraben ist von einem Rinnsal durchzogen, ein Rundturm wacht über die Anlage, die nicht von innen besichtigt werden kann.

Wieder in die Hauptlinie eingefädelt, geht es auf dem Neutscher Weg hinaus in die Felder zur großen Schau auf die Höhenrücken des Odenwaldes bis hin zur Neunkircher Höhe mit dem rotierenden Radarschirm auf dem Scheitel. Hat das Kreuz am Holztempelchen den Waldrand erreicht, weist es noch ein Stück an Buchenhochstämmen entlang und verschwindet dann im Niemandsland. Wir gehen deshalb ohne Zeichen den befestigten Weg hinunter nach Neutsch, dort die Straße hinaus Richtung Ober-Ramstadt-Modau und an der Straßengabelung links bis Mühltal-Frankenhausen. Fast am Ende des Dorfes, rechts am Römerweg, findet man die neuen Lotsen, blauer Punkt und weißes Andreaskreuz. Sie führen auf der Feldhöhe zu einem Bildausschnitt von Darmstadt vor dem Hintergrund grüner Berge.

Wieder im Buchenwald, muß man sich erneut auf einen Zeichenwechsel einstellen, an einem Platz, der leicht übersehen werden kann. Jetzt ist es der weiße Punkt, der nach rechts zu einem Aussichtstempel am Waldende geleitet. Hier setzt sich der Otzberg mit den blauen Zügen des Spessarts dahinter in Szene. In Modau schließlich treffen wir auf den roten Strich. Zunächst gemeinsam mit dem Punkt gehen wir durch den Ort zur anderen Seite der Modau, überqueren einen großen, freien Platz, schlüpfen zwischen engen Häusermauern hindurch und verlassen das Dorf mit der Jägergasse. Wenn die Straße vor Rohrbach den höchsten Punkt erreicht hat, biegen wir rechts in den asphaltierten Wirtschaftsweg ein. Weil hier die Markung in den Feldern häufig fehlt, nimmt man als Richtungspunkt die Neunkircher Höhe, hält auf den Wald zu, durchmißt den Streifen und fragt sich, ob die Schlängelführung der wiederaufgetauchten Markierung ein Scherz sein soll. Am Naturparkplatz Hohe Straße schütteln wir sie ab und vertrauen uns dem gelben Kreuz hinunter nach Ernsthofen an. Über den Feldern zeichnet sich unverkennbar das Runddach des Schloßturmes ab und das steile Schieferdach der kleinen gotischen Kirche, in der einige frühe Grabmäler der aufsässigen Wallbrunner verwahrt werden.

Sandsteinrote Fassaden hinterm früheren Wassergraben

„Alt Heidelberg, du feine, du Stadt an Ehren reich . . ." wer vermutet schon, daß ihre Urzellen in den Burgen und Klöstern mancher heute eingemeindeten Randbezirke liegen? Beispielsweise die Tiefburg in Handschuhsheim ist eine. Sie ist Ausgangspunkt dieser Wanderung, die mit vierzehn Kilometern Länge (4 Std.) in einer Höhe von 548 Metern auf dem Weißen Stein gipfelt. – Das Höhenlokal dort ist täglich ab 11 Uhr bei adäquatem Wetter geöffnet und hält den Schlüssel zum Aussichtsturm bereit. – Anfahrt: mit Zug bis Weinheim, OEG Schmalspurbahn Heidelberg-Handschuhsheim. Autofahrer A 5, Anschlußstelle Dossenheim, B 3 Richtung Heidelberg, Handschuhsheim Zentrum.

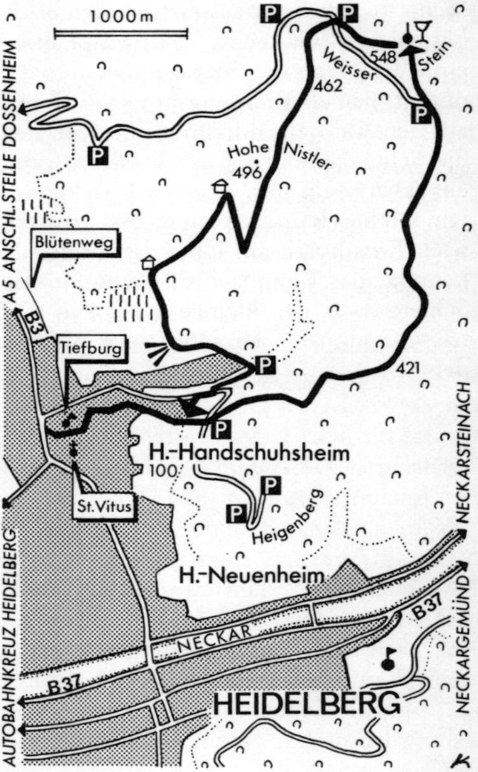

Tiefburg – der Name deutet schon an, daß zu ihrer Besichtigung nicht erst mühsam ein Berg erklommen werden muß. Sie liegt inmitten des Heidelberger Stadtteils Handschuhsheim. Seit 1950 in kommunalem Besitz, ist sie im örtlichen Veranstaltungskalender und als Sehenswürdigkeit zu einer festen Größe geworden. Ihre sandsteinroten Fassaden mit Renaissance-Elementen bilden eine heitere Kulisse zum pittoresken Markttreiben jeden Samstag auf dem vorgelagerten Platz. Quert man die Brücke über den früheren Wassergraben, steht man im laubenumgebenen Innenhof und vor einem schmucken Gebäude, dessen romantisierender Wiederaufbau 1911–13 mehr über den Zeitgeist der Jahrhundertwende verrät als über den des Mittelalters. Die Anfänge und das frühere Aussehen der Burg liegen nach mehreren Zerstörungen ohnehin völlig im dunkeln.

Das Wanderzeichen gelbe Raute, das wir an der OEG-Haltestelle Hans-Thoma-Platz in der Dossenheimer Landstraße aufgenommen haben, führt unmittelbar an der Tiefburg vorbei. Einige Namen ihrer früheren Bewohner aus dem Geschlecht derer von Handschuhsheim lernt kennen, wer gegenüber durch die Steubenstraße zur St.-Vitus-Kirche läuft und dort die ausgezeichnet gearbeiteten Grabdenkmäler aus der Zeit zwischen Gotik und Renaissance betrachtet, darunter das für den letzten Sproß der Dynastie, den in der Silvesternacht 1600 bei einem Zweikampf ums Leben gekommenen Johann V., noch nicht 17 Jahre alt.

Von der Dossenheimer Landstraße geht es links in die Mühltalstraße und kurz darauf rechts in die Amselgasse. Man quert die Zufahrtsstraße zum Heiligenberg und setzt den Anstieg fort, nun umgeben von dichtem Mischwald. Erst nach einer Wegekreuzung, wo wir die gelbe gegen die weiße Raute tauschen, verflacht langsam der Steigungswinkel. Nur die letzten Schritte bis zum Weißen Stein erinnern daran, daß man nach gut 400 überwundenen Höhenmetern nun genau 548 Meter über Normalnull steht. Seit dem Bau des Aussichtsturms vor 80 Jahren sind die umgebenden Bäume mächtig in die Höhe geschossen – noch reicht es für einen weiten Blick ins Zweistromland von Rhein und Neckar. Auch wenn die Sicht versperrt werden sollte, die Ausflugsgaststätte zu Füßen des Turmes bleibt.

Am Weißen Stein beginnen wir den Rückweg, zunächst mit weißer Raute leicht abwärts bis zu einem Sträßchen. Dort kurz rechts und dann nach links mit dem roten Quadrat wieder auf einen Waldweg schwenkend. Während des gesamten moderaten Abstiegs gibt es keine Schwierigkeiten mit der Wegfindung, außer nach abruptem Rechtsknick an einem Rastplatz und anschließendem Durchschreiten einer großen Rodefläche. Mit den Bäumen scheint auch das Zeichen verschwunden. Erst nach einem scharfen Linksknick am Ende des Kahlschlags findet es sich wieder ein und führt zur Freizeitanlage Turnerbrunnen weiter. An deren Ende läuft man mit dem schon zuvor hinzugekommenen weißen R bis zur bekannten gelben Raute und mit ihr zurück zum Ausgangspunkt.

„Seidene Buchen“ für die Glashütte

Der Weg zu den „seidenen“ Buchen im hohen Laubforst des zentralen Odenwaldes setzt ein gewisses Maß an Wanderkondition voraus: Auf vierzehn Kilometern Gesamtlänge (4½ Std.) werden bei mehreren Anstiegen insgesamt 500 Meter Höhenunterschiede erreicht. – Anfahrt von Bensheim (Bergstraße) mit dem Bus bis Lautertal-Reichenbach, Haltestelle Am Markt; Autofahrer kommen von Bensheim auf der B 47 herein.

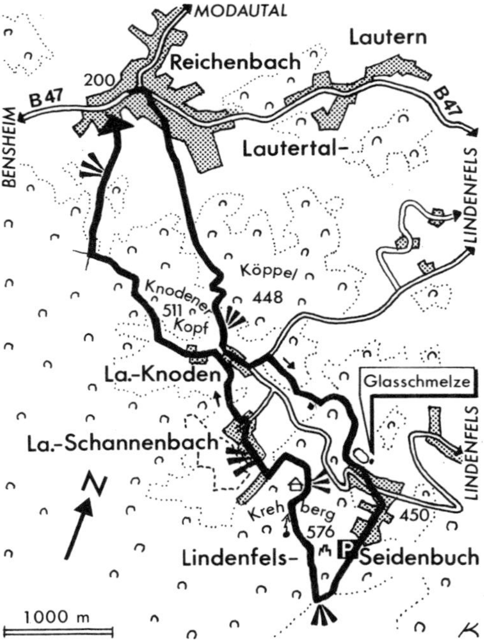

Reichenbach, einer der neun Ortsteile von Lautertal, verkehrsgünstig gelegen zwischen Bensheim und Lindenfels an der B 47 (Nibelungenstraße), ist meist Ausgangsort für die „klassische“ Odenwaldtour zum Felsenmeer, der gigantischen einstigen Steinmetzwerkstatt der Römer. Felsenmeere setzen sich aber auch südlich Reichenbachs fort, in einer Höhe, die fast an die höchste Erhebung des Odenwalds, den Katzenbuckel (626 m), heranreicht. Eine lohnende Herausforderung für Wanderer ist der Krehberg (576 m), zu dessen

Besonderheit außerdem die ungewöhnlich hohen Buchenwälder gehören, die auf dem fruchtbaren Dirorituntergrund des Blockmeeres seit Jahrhunderten heranwachsen.

Der Bus hält zentral Am Markt in Reichenbach. Man läuft die Durchgangsstraße in Fahrtrichtung weiter bis zur Knodener Straße, biegt hier mit der Markierung umgekehrtes weißes T rechts ab, am Kindergarten halbrechts ins freie Feld, damit beginnt der Anstieg, im anschließenden Wald stellenweise über Stufen. Vom Wiesensattel zwischen Köppel (448 m) und Knodener Kopf (511 m) macht ein Blick zurück ins Lautertal mit dem Felsberg darüber den schon gewonnenen Höhenunterschied deutlich.

Knoden zählt zu den höchstgelegenen Orten des Odenwalds, hier mündet die Zubringerstraße als Sackgasse beziehungsweise als Wanderweg. Unser Zeichenlotse T nimmt ausgangs des Dörfchens den linken Straßenstrang, folgt ihm kurz, um dann rechts wieder in den Wald abzuschwenken und im Bogen oberhalb eines großen Steinlagers abwärts. Am „Jägerhaus“ vorbei halten wir auf Seidenbuch zu, auch Glashütte oder „Glashitt“ genannt, eine verhältnismäßig junge Siedlung, hervorgegangen aus einer 1782 gegründeten pfälzischen Glashütte wegen der riesigen „seidigen Buchen“ im Krehberggebiet, die das Brennholz zur Herstellung der notwendigen Pottasche und zum Befeuern des Glasschmelzofens in überreichem Maße lieferten. Heute wie damals erreichen diese Buchen die in Hessen einmalige Höhe von etwa 50 Metern.

Zurück zum T, am Gasthaus Glashütte vorbei, die Starkenburger Straße hinauf, durch die Neubausiedlung kommen wir zum Naturparkplatz Hohe Buchen. Wir folgen dem Fahrweg bis Waldende, wechseln dort rechts aufwärts zum blauen Strich. Ist die Höhe erklommen, geht es rechts am rot-weißen Richtfunkmast vorbei leicht abwärts zur Mathildenruhe, einer Schutzhütte auf Felsen, davor ein die markanten Punkte erklärender Aussichtsfächer. Sind die ersten Häuser von Schannenbach erreicht, biegt der blaue Strich bald überraschend halbrechts ab, umrundet ein großes Gehöft, peilt ausgangs nach leichtem Anstieg ein Bachtälchen an, um von da hinauf nach Knoden zu klettern, die gleiche Stelle wie beim Herweg berührend. Nur wenden wir uns jetzt nicht dem T, sondern dem roten Strich zu, folgen ihm links die Straße hinunter und laufen unterhalb des Knodener Kopfes abwärts weiter. Am Ende einer kleinen Wiese wird ein letzter Zeichenwechsel auf der Kreuzung fällig. Mit dem weißen F nach rechts nochmals leicht bergauf und mit Seitenblick zu Melibokus und Felsberg kommen wir nach Reichenbach zurück.

Nachgebaute Glashütte in Seidenbuch

Im Land der Rodensteiner

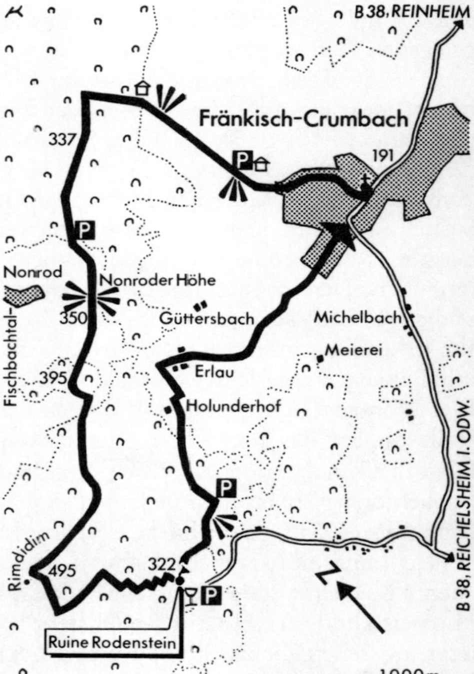

Dies ist die Odenwaldlandschaft, wie man sie sich schlechthin vorstellt. Mittlere Höhenlage, anmutige Wald- und Wiesentäler, eine efeuüberzogene Burgruine voller Romantik. Geheimnisvoll die Rodenstein, das Ziel dieser Vierzehn-Kilometer-Wanderung (4½ Std.). – In Fränkisch-Crumbach, aufs engste mit der Burg verbunden, geht es los. Sein Museum, Darmstädter Straße 3, gibt Einblick in die Geschichte der Rodensteiner und ihrer Sagenwelt (geöffnet sonntags von 14 bis 16 Uhr). – Die Gaststätte am Rodenstein ist Mittwoch nachmittag und Donnerstag geschlossen. Der Ausgangsort ist zu erreichen mit Bus von Darmstadt oder Rödermark-Oberroden. Autofahrer kommen über Darmstadt, B 38 und Reinheim.

Anmutiger als die in mittlerer Höhe hingetupfte Wald-Wiesenlandschaft des oberen Gersprenztales im Odenwald läßt sich wohl kaum eine im Umkreis finden. Wenn dazu noch der Anblick einer Burgruine kommt, wird das Vorstellungsbild ländlicher Romantik komplett. Gemeint ist Burg Rodenstein, einstiger Stammsitz jenes Geschlechts gleichen Namens, das wie kein anderes durch die Odenwald-Sagenwelt geistert, aber auch mit vielen seiner Gestalten, in Stein gemeißelt, beispielsweise auf den Grabdenkmälern in der Kirche zu Fränkisch-Crumbach, gegenwärtig ist.

Von diesem, Jahrhunderte zur Burg gehörenden Ort, in dem um 1575 ein erstes neues Schloß entstand, 1645 nach seiner Zerstörung ein zweites, das noch heute bewohnt ist, wollen wir einen Wanderbogen zur Rodenstein spannen. An der zentral gelegenen kleinen, trutzigen Kirche geht es los. Die Markierung weißer Doppelstrich hält sich an der Umfassungsmauer bereit, biegt um die Ecke vis-à-vis behäbiger Gasthöfe, zieht am Schloß vorbei die Darmstädter Straße hinauf und in die Felder hinaus. Der asphaltierte Feldweg ist gleichzeitig Zufahrt zum vorbildichen Grillplatz mit großer Grillhütte. Vom Weg besticht der Blick über das breite Gersprenztal bis zum Otzberg im Norden und Schloß Reichenberg über Reichelsheim im Süden. Der weiße Doppelstrich hält auf den Waldrand zu und strebt nach scharfem Linksknick die Nonroder Höhe an. Ihr Erkennungsmerkmal ist im freien Feld eine Baumgruppe mit Bänken, ausgerichtet auf Schloß Lichtenberg, das, einer Fata Morgana gleich, über den Bergen auftaucht. Von dieser Stelle an hat das inzwischen hinzugekommene offene rote Dreieck allein das Sagen. Der Weg steigt und fällt im prächtigen Buchenforst; Granitfelsen beginnen sich zu häufen. Auf dem Rimdidim (495 m) ist die höchste Stelle erreicht.

Nach einer abrupten Linkskurve stoßen wir auf das Zeichen einfacher weißer Querstrich, das, unterstützt von den Hinweisschildern „Hofgut Rodenstein“, abwärts lenkt, zuletzt im steilen Zickzack zur Ruine Rodenstein und der unterhalb liegenden Einkehr. Die Geschichte der Burg, die Mitte des 13. Jahrhunderts begann, ist in Abrissen auf einer Infotafel wiedergegeben. Zur Zeit werden weitere bauliche Sicherheitsmaßnahmen durchgeführt.

Den kürzeren Rückweg bestimmt ab der Ruine ein gelber Querstrich. Nach links leicht bergauf, bleibt der Wald bald zurück. Mit Sicht über die malerischen Wiesen- und Felderhänge, vorbei an eingestreuten offenen und geschlossenen alten Höfen, nähern wir uns Fränkisch-Crumbach.

Die Strahlenburg über Weinbergen

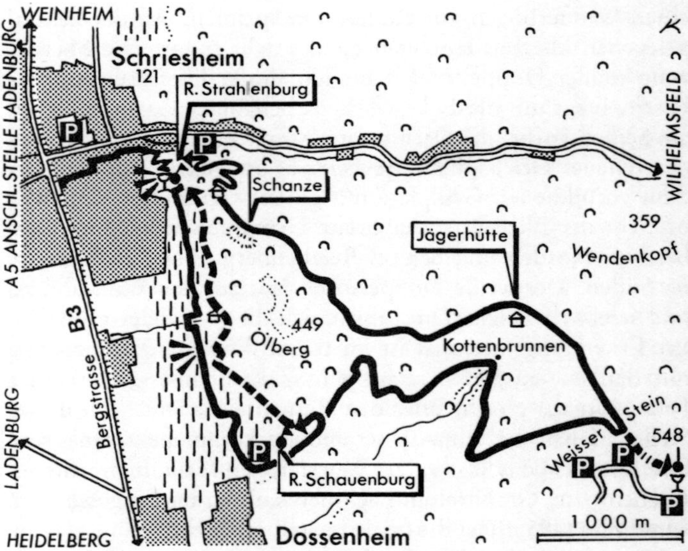

Fünfzehn, acht oder achtzehn Kilometer (5, 2½ oder 6 Std.) wandern, das ist hier die Frage. Für welche Länge man sich entscheidet, den etwas beschwerlichen Aufstieg zur Strahlenburg beinhaltet jede Tour, aber auch die grandiose Aussicht über die Rebenhänge zwischen Schriesheim und Dossenheim weit in die Rheinebene, noch übertroffen vom Aussichtsturm auf dem 548 m hohen Weißen Stein. Das Höhenlokal ist täglich bei gutem Wetter ab 11 Uhr geöffnet. – Wanderbeginn in Schriesheim bei Heidelberg, zu erreichen mit öffentlichen Verkehrsmitteln: Zug Weinheim, von dort OEG Schmalspurbahn bis Schriesheim; Autofahrer A 5 Anschlußstelle Ladenburg-Schriesheim, eingangs Schriesheim B 3, dann links ab Richtung Wilhelmsfeld.

Wo anders als an der Bergstraße könnte die Strahlenburg stehen? Der Blick von der Burgterrasse auf dem Schloßberg hoch über Schriesheim macht es deutlich: gleißende Sonne über Rebenhängen, eine fast südliche Vegetation, die Rheinebene bis zu den blauen Bergen des Pfälzer Waldes vor Augen. Daß ein Conrad von Strahlenberg die Burg im 13. Jahrhundert erbaute, sei nur am Rande erwähnt. Die Sicht nach vorne genügte ihm zur Verteidigung natürlich nicht, vom überragenden Bergfried ging der Späherblick auch nach hinten, zum Odenwald. Der besteigbare Turm ist noch heute, ummantelt von einigen Mauerresten, das Wahrzeichen Schriesheims.

Landschaftlich zweigeteilt sind alle Orte der Bergstraße, hier Rheinebene, da Odenwald, Sonne und Schatten zugleich. Auf dieser Wanderung wollen wir beides genießen. Am Bahnhof Schriesheim der OEG-Schmalspurbahn geht es los, hinauf zur Strahlenburg. Autofahrer können auch gleich dort oben beginnen, nur versäumen sie dann den Gang durch die malerische Oberstadt. Lotse ist der gelbe Rhombus. Er weist die Bahnhofstraße aufwärts, am Deutschen Hof links zum Zentrum um das alte Fachwerk-Rathaus, dort rechts, dann links durch das Schulzentrum, über verwinkelte Treppen, die Gasse steil hinauf, schließlich kurz vor dem Häuserende rechts ab, „Fußweg zur Burg“ heißt es da, noch immer in Begleitung des Rhombus. Ihn lassen wir am Eingang zum Burgrestaurant zurück und wechseln geradeaus zum gelben B über den Weinbergweg hoch über Schriesheim.

Welch ein Panorama diesseits und jenseits des Rheines! Es wird kurz durch ein Wäldchen verstellt, hier gilt die Aufmerksamkeit ohnedies einem Rechtsabwärtsknick auf einen rutschigen Quellweg, um von ihm wiederum links zunächst aufwärts, dann jedoch eine Etage tiefer als bisher, weiterzuziehen. Zunehmend naturbelassen, reben-, hecken- und baumgesäumt, strebt das B nun Dossenheim zu. Am großen Parkplatz oberhalb der letzten Häuserzeile trennen wir uns von ihm und wenden uns links, an der Barriere der Forststraße, zum Weißen R. Aufwärts im Wald schwenkt es bald links ab der nahen Ruine Schauenburg zu, über dem Abgrund der „Dossenheimer Dolomiten“, den riesigen Porphyrsteinbrüchen, deren Bagger mit dem Erreichen der Ruine an dieser Stelle abdrehen mußten.

Wer nur die kurze Acht-Kilometer-Wanderung unternehmen möchte, folgt dem R. weiter zur Strahlenburg, von dort wie gehabt hinunter in die Stadt. Die große Wanderroute nimmt auf der anfänglichen Forststraße nach dem Abbiegen des R, jetzt ohne Markierung, stramm bergauf ihren Fortgang. Ist der große Rechtsbogen überwunden, muß die örtliche Ziffer 3 als Nothelfer gelten bis zum Erreichen des Platzes Am Kottenbrunnen.

Ab da übernimmt die Ziffer 2 diese Rolle. Es geht weiterhin leicht bergan in bisheriger Wanderrichtung. Schließlich kommt man zu einem Wegeabschnitt, wo links auf einem Parallelpfad die Zeichen rotes Viereck und der bereits bekannte Rhombus auftauchen. Letzerer ist für uns allein maßgeblich, sowohl wenn von hier der Rückweg spitzwinklig links angetreten werden soll als auch geradeaus weiter ein Abstecher zum Aussichtsturm und Höhenrestaurant auf dem Weißen Stein (548 m) eingeplant ist.

Wie anfangs, ist der neu angelegte gelbe Rhombus auch hier ein zuverlässiger Begleiter in dieser wundervollen, wenn auch stellenweise geschädigten Hochwaldregion. Hat man die steinplattengedeckte Jägerhütte aus dem vorigen Jahrhundert passiert, überraschen immer andere Wegeführungen vom bequemen zum Felsenpfad im Bereich der Schwedenschanze, einer vermutlich frühkeltischen Fliehburg. Der Weg windet sich in zahllosen Bogen hinunter zur Strahlenburg, Schauplatz Heinrich von Kleists Drama „Käthchen von Heilbronn“. Heute sitzt man hier auf einer Sonnenterrasse unter Kastanienbäumen und trinkt den in dieser Gegend besonders feurigen Bergsträßer Wein.

Theaterkulisse Heppenheim und Juhöhe

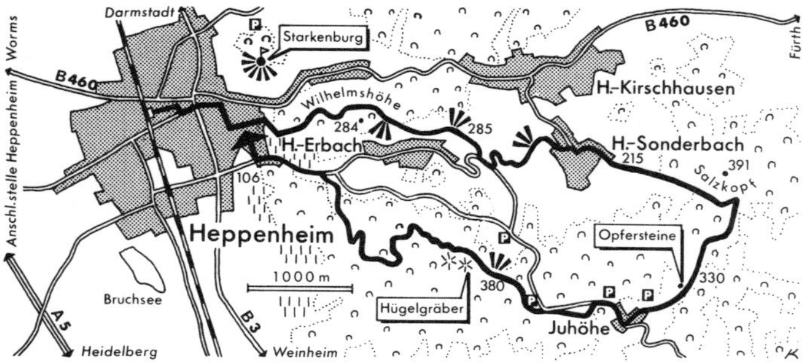

Heppenheim, das zauberhafte Städtchen an der Bergstraße, feiert seinen Höhepunkt alljährlich zur Sommer-Festspielzeit. Für den Besucher bedeutet es unabhängig davon zu jeder Jahreszeit einen Höhepunkt, die Fachwerkparade am Marktplatz und in den anschließenden Gassen abzunehmen. Dazu kommt das aussichtsreiche Hinterland. – Hier wird ein fünfzehn Kilometer langer Wanderbogen gespannt (5 Std.) zur Juhöhe. – Heppenheim als Ausgangsort liegt an der Bahnstrecke Frankfurt–Heidelberg und an der A 5.

Für Besucher festlich gerichtet wirkt Heppenheim an der Bergstraße nicht nur in den alljährlich im August stattfindenden Festspielwochen. Dafür sorgen schon die unverrückbaren Kulissen des Altstadtkerns mit seinen Fachwerkhäusern, die sich in engen Gassen und um den Marktplatz scharen, im hochsommerlich bunten Blumenschmuck natürlich am wirkungsvollsten in Szene gesetzt. Lassen wir sie Revue passieren und darüber hinaus, von dieser Bühne weg, einen Blick ins Hinterland werfen.

Vom Heppenheimer Bahnhof folgt man der Bahnhofstraße bis zu ihrem Ende und findet nach einem Rechts-Links-Knick in der Ernst-Schneider-Straße die Markierung des weißen vollen Dreiecks. Das Zeichen lotst über die B 3 in die

Fußgängerzone, durch den Bogen des Wormser Tores in die Marktstraße und zum Marktplatz. Wer könnte hier vorübergehen, ohne das Auge bewundernd in die Runde schweifen zu lassen, auf die Fachwerkparade, die sich um den Marktbrunnen gruppiert? Darunter das Rathaus von 1551, dessen Fassade in verkleinerter Form an der ehemaligen Apotheke wiederkehrt und nochmals als Lorscher Rathaus.

Unser Dreieck drängt am Rathaus links vorbei und mit Blick auf den neugotischen Bergsträßer Dom die Merianstraße hinauf zum Rebenhang und zu kurzer Rast im Aussichtspavillon. Noch ein Anstieg, dann geht es eben durch Buchenhochwald. Zwischen den Bäumen leuchtet von einem Bergkegel die Starkenburg herüber, Amtssitz der Mainzer Burggrafen bis zu ihrer Übersiedlung während des Dreißigjährigen Krieges in den Heppenheimer Amtshof, heute stimmungsvoller Hintergrund der Festspiele.

Wir kommen zum Waldrand und schauen über Reben auf Erbach im engen Tal. Unser Zeichen berührt den Ort nur an seinem oberen Ende und hält sich auf asphaltiertem Weg über dem Kirschhäuser Tal zwischen den Feldern und Rebenstreifen. Man trifft auf eine Straße und läßt sich nach links wieder in die Felder leiten. Es ist eine hügelige, überaus abwechslungsreiche Obstbaumlandschaft. Zwischen grasenden Kühen und Pferden kurvt der Weg abwärts nach Sonderbach. Der Ort bleibt zurück, im Rechts-Links-Knick steuert man aufwärts dem Wald und einem riesigen Granitsteinbruch zu, heute wie früher Erwerbsquelle mancher Einheimischer. Granitblöcke auch entlang des Weges, der sich zum Salzkopf hinaufwindet. Bis zur Höhe bringt uns das Dreieck, dann ist Zeichenwechsel: mit dem blauen Punkt und weißem Andreaskreuz nach rechts an den Opfersteinen vorbei („Die schalenartige Auswitterung ergab den kultischen Namen Opfersteine“) durch Felder zur Juhöhe, wo es Aussicht, Ausflügler und Ausflugslokale in jeder Menge gibt.

Wir denken an den Rückweg und nehmen in der Heppenheimer Straße den roten Querstrich auf, folgen ihm nach rechts und kommen am Ende der großen Kurve jenseits der Straße links in den Wald und zum Naturparkplatz An der Lee. Nochmals ein leichter Anstieg bis zu den Hügelgräbern, dann geht es endgültig talwärts, mal auf Wegen, mal auf Schlängelpfaden, bis die neuangelegte Straße erreicht ist. Auf ihrem Gehsteig läuft man jetzt ohne Zeichen zur Adolf-Kolping-Straße vor dem Friedhof. Von hier bringt das weiße R nach rechts in die Betriebsamkeit des Marktplatzes mitten hinein.

Das Rathaus am Heppenheimer Marktplatz

Relikte klösterlicher Herrschaft

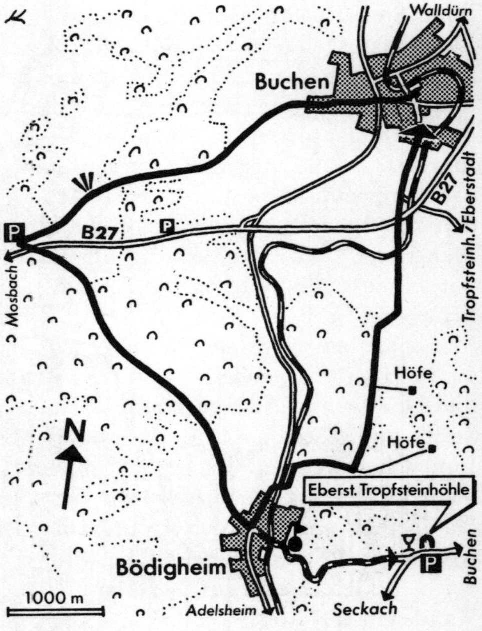

Ein Tag ist viel zu kurz, um die Schönheit des fränkischen Städtchens Buchen und seiner Umgebung kennenzulernen. An der Grenze zwischen östlichem Odenwald und fruchtbarem Bauland gibt es viel Bodenständiges zu entdekken. – Eine Sehenswürdigkeit außergewöhnlicher Art ist die nur 5 km entfernte Eberstadter Tropfsteinhöhle mit ihrer bizarren Unterwelt (geöffnet 1. 3. bis 31. 10. täglich von 10 bis 16 Uhr; 1. 11. bis 28. 2. samstags, sonn- und feiertags von 13 bis 16 Uhr). Sie kann in die vorgesehene Fünfzehn-Kilometer-Wanderung (plus drei), etwa fünf Stunden, eingebunden oder separat von Buchen aus angegangen werden. – Das Buchener Bezirksmuseum ist ohne Umschweife erreichbar Pfingsten bis Ende September Dienstag, Donnerstag und Sonntag von 14 bis 16.30 Uhr, ganzjährig Mittwoch von 19.30 bis 21 Uhr. – Buchen ist mit öffentlichen Verkehrsmitteln von Frankfurt über Aschaffenburg–Miltenberg zu erreichen; mit dem Auto A 3, Anschlußstelle Stockstadt, B 469 Miltenberg, B 47 Buchen.

Sooft man auch nach Buchen fährt, in dem liebenswerten fränkischen Odenwaldstädtchen gibt es immer wieder Neues zu entdecken; in den Spitzweggassen der Altstadt, zwischen den volkskundlichen Sammlungen des Bezirksmuseums, aber auch in den dörflichen Ortsteilen der Umgebung. Zwölfhundertjähriges Bestehen, davon 700 Jahre Stadtrechte, hat die Chronik aufzuweisen. Die frühe Abtei Amorbach, später Kurmainz, werden als Besitzer genannt. Sie haben dem Ort ihren Stempel aufgedrückt, wenn auch durch Bauernkrieg, Dreißigjährigen und Pfälzer Erbfolgekrieg arg lädiert.

Die meisten der Hauptwanderrouten führen vom Bahnhof durch die stimmungsvollen Winkel der Altstadt und laufen dann strahlenförmig auseinander. Wir kreuzen die abwärts führende Straße, den großen freien Platz und spüren schon das Kopfsteinpflaster unter den Füßen. Zwischen den Arkaden des barocken Rathauses hindurch gelangen wir zum Markt und können an dem mächtigen Turm, aus dessen Tor wir hinausschlüpfen, die Begrenzung der einstigen Stadtmauer ausmachen. „Am Bild" vorbei, einer der zahllosen Marienstatuen in dieser Gegend, trifft man auf die Amtsstraße (Hinweis zur B 27, Richtung Mosbach), rechts ab in die Dr.-Konrad-Adenauer-Straße, links die Hollerbacher Straße und später, am Ende des Neubaugebietes, links in den Limbacher Weg. Inzwischen hat man sich in die Route des blauen Dreiecks eingefädelt. In der Buchener Feld- und Waldgemarkung läßt sich kräftig voranschreiten. Die Sicht wird frei auf den östlichen Odenwald; wir haben eine Höhe von 440 Metern erreicht und damit einen Scheitelpunkt der Wanderung.

Am Parkplatz mit Marterl kommt uns die Markierung blaues Kreuz entgegen. Ihr schließen wir uns jetzt an. Die B 27, die im weiten Bogen umgangen worden ist, wird jetzt überschritten und der Weg zunächst am Waldrand, später inmitten des Forstes fortgesetzt. Ausgedehnte Felderbreiten kündigen das Dörfchen Bödigheim an, unverkennbar an der Silhouette seines aus dem engen Tal herausragenden Bergfrieds.

Der alte Ort gehörte wie Buchen einst der Abtei Amorbach. Das Kloster gestattete 1286 Weprecht Rüdt von Collenberg hier den Bau einer Burg. Bis zum großen Brand 1634, nach dem nur der Bergfried blieb, hatte sie Bestand. Knapp hundert Jahre später erbauten Nachfahren ein barockes Schloß, das von Angehörigen der Familie noch heute bewohnt wird. Die Bödigheimer Schloßanlage vor dem Hintergrund pittoresken Gemäuers ist wenig bekannt. Der ausgedehnte Hof mit mächtigen Kastanienbäumen steht jedem Besucher offen. Grabmäler des alten Adelsgeschlechtes reihen sich in der Kirche von 1686 und auf dem Dorffriedhof. Für den Rückweg nach Buchen gehen wir vom Schloß zurück zur Durchgangsstraße und verlassen an der Kirche vorbei das Dorf. Kurz hinter den letzten Häusern zweigt rechts ein befestigter Weg ab. Sechelsee- und Griechelternhöfe heißt es da. Man überschreitet die Gleise und nimmt bald darauf das links abzweigende, mit einem Sperrschild versehene schmale Asphaltband. Es strebt zunächst aufwärts in östlicher Richtung und stellt dann als wunderschöner Höhenweg, am Hinweis zum zweiten der beiden Höfe, dem Griecheltern, sich orientierend, die direkte Verbindung mit Buchen her.

Wer zu Fuß, noch weiter ausholend, die Eberstadter Tropfsteinhöhle einbeziehen möchte, diese Wunderwelt der Stalagmiten und Stalaktiten, gelangt vom Bahnhof Bödigheim auf dem Zufahrtssträßchen dorthin (Höhlenrundweg). Weiter geht es nach Buchen vom Parkplatz mit der Markierung weißer Strich = Strang des Höhlenrundweges.

In Buchen sollte der Abschluß eine Wanderung in die Vergangenheit dieser Landschaft sein. Sie breitet sich im Heimatmuseum der ehemaligen Kurmainzischen Amtskellerei aus, in unmittelbarer Nähe des Bahnhofs.

Rätsel um ein Erdkastell

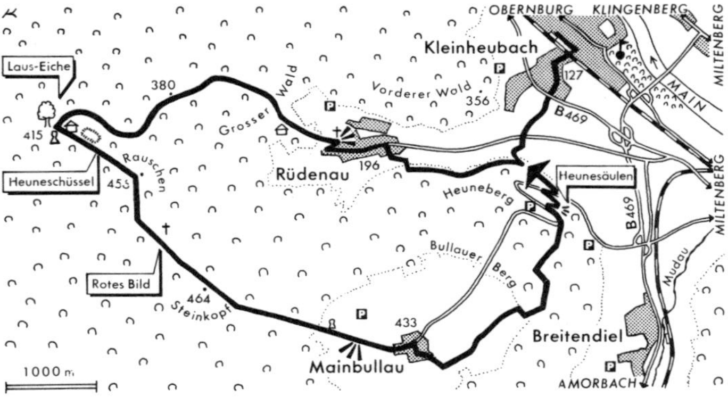

Wer Kleinheubach sagt, meint selbst nach einer fünfstündigen Wanderung (15 km) meist auch noch Großheubach am gegenüberliegenden Mainufer und macht einen „Seitensprung" in den Spessart, zum Kloster Engelberg, wo das nach alten mönchischen Rezepten gebraute Klosterbier ausgeschenkt wird. – Kleinheubach liegt an der Bahnstrecke Aschaffenburg–Wertheim. Autofahrer nehmen die A 3, Anschlußstelle Stockstadt, B 469 bis Kleinheubach (nach Großheubach und zum Kloster Engelberg über die Brücke, Klosterschenke montags geschlossen).

Unsere Gegend ist reich an vor- und frühgeschichtlichen Relikten. Vieles ist erforscht, anderes muß bezüglich Alter und einstiger Bestimmung von Archäologen noch immer mit einem Fragezeichen versehen werden. Als Beispiel sei die Heuneschüssel oder auch Ohrenbacher Schanze genannt, ein ausgezeichnet erhaltenes Erdkastell im Miltenberger Forst. Dreimal schon wurden Ausgrabungen vorgenommen, 1843, 1890 und 1913, doch zeitlich einzuordnen vermag man die Schanze bis zum heutigen Tage nicht; lediglich steht fest, daß eine vorgeschichtliche Datierung ausscheidet. Schauen wir uns das Erdwerk einmal an.

In Kleinheubach am Bahnhof marschieren wir los, nach rechts zum blauen Rhombus. Busfahrer fädeln sich von der Raiffeisenbank oder dem entfernteren Schloß her ein. Über die Gleise kommen wir in die Rüdenauer Straße, hinaus ins Freie, und auf befestigtem Fahrweg aufwärts zum Wald, wo uns das gelbe Quadrat erwartet. Ein scharfer Rechtsknick mit dem neuen Zeichen nach etwa hundert Metern, und weiter geht es fast am Waldrand, was uneingeschränkte Sicht auf das von Bergen umschlossene Rüdenau voraus im Tal des gleichnamigen Baches ermöglicht. Bald knickt unser Weg rechts ab und hält durch Wiesen auf die roten Ziegeldächer des Dörfchens zu. Schließlich steht man vor der kleinen Kirche. In ihren Umfassungsmauern sind hier gefundene Votivsteine eines Quellen- und Mithrasheiligtums eingemauert, die eine beredte Sprache vom historischen Hintergrund der Siedlung sprechen.

Wir gehen an der Kirche vorbei, das Schild Schützenhaus ist auch für uns zunächst richtungweisend. Der gelbe Lotse steigt wieder aus dem Tal und biegt am letzten linksseitigen Wochenendhaus scharf rechts ein in Obstbaumwiesen, die die Sicht über Rüdenau hinweg bis ins Maintal freigeben. Dann nimmt Kiefernwald den Wanderer auf, der Anstieg zum Berg Großer Wald beginnt, den wir in einem weiten Linksbogen halb umrunden. Der Weg zieht sich in die Länge, bis das Naturdenkmal Lauseiche mit einem Stammumfang von etwa dreieinhalb Metern erreicht wird. Es steht an einem markanten Punkt mit einer Schutzhütte und einem Grenzstein der Stadt Miltenberg, ebenso einem Wegweiser zu verschiedenen Ortschaften. Wir orientieren uns an Mainbullau und nehmen gleichfalls als neue Markierung das blaue Andreaskreuz auf.

Ohne jegliche Vorankündigung taucht nach etwa 150 Metern links nahe des Weges das kleine Erdkastell Heuneschüssel auf. Es mißt etwa 30 auf 90 Meter, bestehend aus Graben und Wall, der bis zu drei Meter aufsteigt und nur von einem einzigen, nach Osten weisenden Tor unterbrochen wird. Ein hufeisenförmig angelegter Graben im Inneren teilt den Raum in zwei Abschnitte. Daß die Schanze so gut erhalten ist, kann nur durch ihre abgeschiedene Lage erklärt werden. Dabei führte über diesen Bergrücken früher ein alter Höhenweg in Richtung Miltenberg. So wird denn auch vermutet, daß es die Aufgabe der Schanze war, diesen Weg zu schützen, zumal nur vier Kilometer westlich der Limes verlief.

Im Gegensatz zum „gelben“ Weg verläuft der „blaue“ schnurgerade, von einigen richtungsändernden Knicken abgesehen. Er steigt leicht über den Rauschen (456 Meter), nahe vorbei am Roten Bild, einem hölzernen Bildstock mit geschnitztem Madonnenkopf. Der höchste Punkt der Wanderung ist auf dem Steinkopf (464 Meter) erreicht. Wir kommen zum Waldende in die Gemarkung und das Dorf Mainbullau. Hier stoßen wir auf den blauen Rhombus und setzen den Weg mit beiden Zeichen fort. Am Löschwasserteich rechts geht es hinaus, abermals durch Felder zum Wald hinunter. Bullauer und Heunenberg sind übersät mit großen und kleinen Sandsteinblöcken, die schließlich in den Heunesäulen gipfeln, den eindrucksvollen Zeugen einer Steinmetzwerkstatt unter freiem Himmel. Von dem eingefriedeten Platz an orientieren wir uns nur noch am Rhombus und lassen uns anfänglich noch auf einem Zickzackpfad nach Kleinheubach geleiten.

Zur Obstbaumblüte ins Madonnenländchen

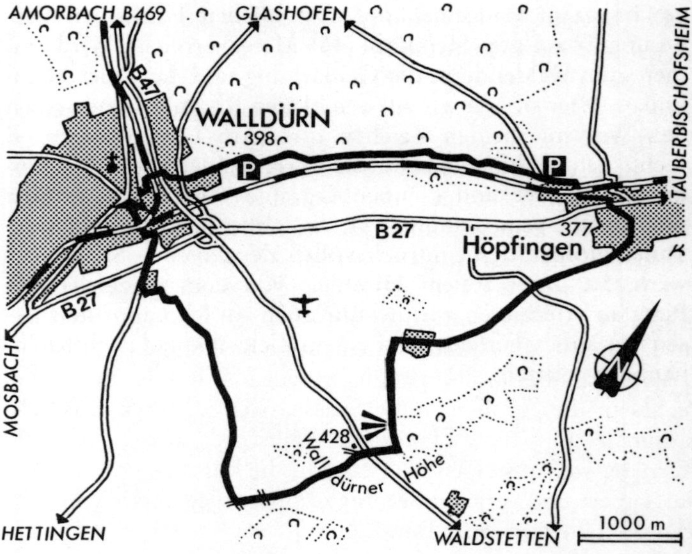

Diese Wanderung am östlichen Odenwaldrand, an der Grenze zu den unübersehbaren Felderbreiten des Baulandes, sollte man sich im Frühjahr zur Zeit der Obstbaumblüte vornehmen, wenn Abertausende vornehmlich Zwetschenbäume die Hänge in weiße Schleier hüllen. Dann ist es auch in Walldürn noch still, die großen Wallfahrten beginnen erst nach Pfingsten. – Fünfzehn Kilometer von Walldürn nach Höpfingen und zurück (5 Std.) sind für diese Wanderung geplant. Walldürn ist nach zweimaligem Umsteigen, in Aschaffenburg und Miltenberg, mit dem Zug zu erreichen. Autofahrer kommen von der A 3, Anschlußstelle Stockstadt, B 469 Miltenberg/Amorbach, B 47 nach Walldürn.

Das Madonnenländchen, der südöstliche Teil des Odenwaldes, ist eine in sich ruhende Landschaft, heiter und anmutig wie die unzähligen Marienstatuen, die ihr den Namen gaben. Sie stehen an Feldwegen, auf Marktplätzen, über Hausportalen. Des weiteren begegnet man den Wappen geistlicher und weltlicher Territorialherren, die sich hier so häufig wie kaum anderswo durch Kirchen- und Profanbauten verewigt haben.

Ein Beispiel unter vielen ist Walldürn. Es gehört zu den Orten, die ihre Bedeutung über Jahrhunderte durch die Wallfahrt bewahrt haben. Seit Beginn des 15. Jahrhunderts strömen die Pilgerscharen jährlich vier Wochen lang, beginnend mit dem ersten Sonntag nach Pfingsten, zum Blutaltar. Dort wird das Leinentüchlein bewahrt, auf dem der Legende nach sich ein Kruzifixus, umgeben von elf Dornenhäuptern, bildete, als ein Priester anno 1330 während der Messe konsekrierten Wein verschüttet hatte. Im Altar verborgen, wurde das Tuch nach dem Tode des Geistlichen zum Ursprung der Wallfahrt. Aus dem anfäglichen St.-Georgs-Kirchlein erwuchs im 17. und 18. Jahrhundert die heutige Basilika.

Vom Bahnhof Walldürn kurz geradeaus, wendet man sich rechts in die Adolf-Kolping-Straße. Wer mit dem Bus ankommt, kann auch Haltestelle Volksbank aussteigen. Im Kern der steil ansteigenden Altstadt, die kürzlich von Grund auf saniert und verkehrsberuhigt wurde, biegen wir von der Hauptstraße vor dem Hotel „Zum Riesen“ rechts abwärts in die Seestraße ein. Autofahrer können dort unten ihren Wagen abstellen. Unübersehbar ist hier das für uns maßgebliche Wanderzeichen, ein umgedrehtes gelbes T, angebracht. Es weist über die Straßen- und Eisenbahnbrücke, jenseits rechts weiter in Verbindung mit „Limespfad“. In der langen Siedlungsgeschichte Walldürns haben auch die Römer nach dem Bau des zweiten Limessabschnittes hier ihre Spuren hinterlassen.

Nach einem Neubau- und Industriegebiet beginnt Wald. Wenn ein Pfad mit dem T abbiegt, sollten wir dennoch rechts am Rande bleiben. Erst nach einem breiten Querweg ist die Forststraße, der das T dann folgt, komplett bis zum Ende vor Höpfingen frei begehbar. Der Ort liegt erhöht auf einem kleinen Bergsattel, das T zieht unterhalb vorbei. Wir folgen der Straße im Bogen aufwärts.

Höpfingen, eingeschlossen in eine leicht hügelige Landschaft, ist bekannt wegen seines Obstanbaus, vornehmlich Zwetschen, die an Ort und Stelle zu hochprozentigem „Wässerle“ destilliert werden. Gleich eingangs im Gasthaus „Zur Rose“ kann man es erstehen. An gleicher Stelle biegen wir von der Durchgangsstraße nach halbrechts ab, hinunter in den alten Ortskern mit seinen windschiefen, aneinandergeklebten Häuschen, laufen die Hauptstraße weiter und auf der anschließenden Waldstetter Straße, die im Rechtsbogen leicht steigt, aus dem Dorf hinaus. Ringsum die Hänge sind mit Tausenden von Streuobstbäumen bestanden. Es gibt nur wenige geschlossene Obstbaumflächen. Ist man an der großen Linkskehre angelangt, biegt man geradeaus in die Felder ein, Hinweis Hohle Eiche.

Der Horizont weitet sich, Bauernland, soweit das Auge reicht, darin eingebettet voraus einige Aussiedlerhöfe. Dahinter schwenken wir links ab auf die Waldspitze zu, laufen am Rand entlang, queren am Ende rechts die Straße und verbleiben weiterhin auf dem asphaltierten Weg bis zu einer Kreuzung vor einem Waldstück. Hier geht es rechts ab. Es ist die Route des roten Striches, der aber erst am nächsten Apfelbaum sichtbar wird. Wir halten auf Walldürn zu. Von welcher Seite man sich auch nähert, unübersehbar ragen die beiden Türme der Basilika empor. So einfach und wuchtig das Äußere wirkt, so reich und verschwenderisch präsentiert sich die Innenarchitektur in ihrem barocken Überschwang dem Auge des Betrachters.

An den ersten Häusern hält man sich links an den roten Strich und folgt dann rechts der neu angelegten Straße bis zur B 27. Nun links, kommt man ohne Zeichen in die Untere Vorstadtstraße und ins Zentrum (links ab die Eisenbahnstraße zum Bahnhof).

Die Quellkirche am Hesseneck

Mit einem Fuß in Hessen, dem anderen in Baden-Württemberg steht man an der Quellkirche in Hesseneck-Schöllenbach im tiefsten Odenwald; bequemer Abstieg vom Parkplatz Reisenkreuz auf dem Krähberg, dem Ausgangspunkt. Der Aufstieg zurück wird belohnt mit Einkehrmöglichkeit in der Waldgaststätte Reisenkreuz; täglich geöffnet, freitags ab 14 Uhr. – Gesamtlänge: fünfzehn Kilometer (5 Std.). – Nur für Autofahrer erreichbar: B 45 über Dieburg, Michelstadt, Erbach bis Hetzbach, dort links ab die kurvenreiche Siegfriedstraße zum Reisenkreuz.

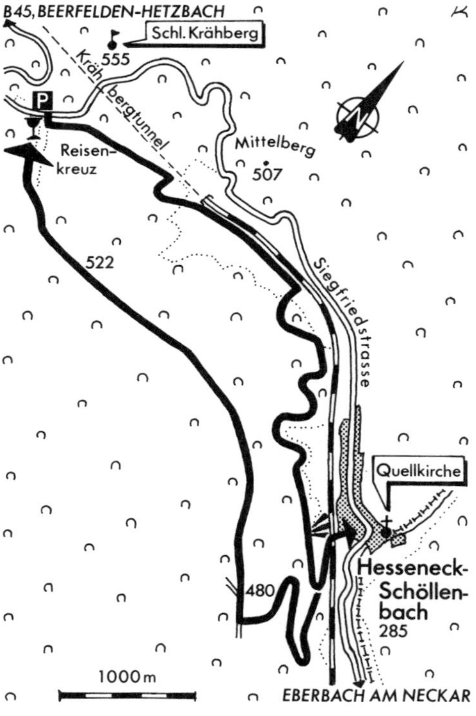

Wer in den mittleren Odenwald fährt, wird allenthalben auf den Namen der Grafen von Erbach stoßen. Der lange Arm dieses Geschlechts, das im 13. Jahrhundert begann, seine Herrschaft auszubauen, reichte bis in die entlegenen Täler und Wälder im weiten Umkreis der Residenz und ist noch immer spürbar in Kirchen, Klöstern und Museen.

Auch im romantischen Itterbachtal, das zum Neckar hin ausgerichtet ist, hat es seine Spuren hinterlassen. Schon auf dem Reisenkreuz, dem 555 Meter hohen Paß am Schnittpunkt alter Höhenstraßen, steht ein früheres Forsthaus der Erbach-Fürstenauer Grafen, heute ein Gasthaus in tiefer Waldeinsamkeit, unweit davon das Jagdschloß auf dem Krähberg. Am Reisenkreuz beginnen wir unsere Wanderung, Autofahrer finden genügend Parkraum auf dem Naturparkplatz unter schattigen Buchen. An einer Eiche vor dem Gasthaus informiert eine Tafel über die Wanderrouten. Wir picken das weiße Dreieck heraus und laufen mit ihm von dieser Stelle sofort auf einem anfangs grasigen Weg zwischen hohen Buchen, Fichten und Lärchen abwärts.

Sobald der Weg endet, geht es ein Stück durch Weidewiesen. Leitplanken sichern die tief eingeschnittene Trasse zum Eingang in den Krähbergtunnel der Odenwaldlinie nach Eberbach am Neckar. Vor 100 Jahren für die entlegenen Dörfer unter größten Schwierigkeiten gebaut, fährt die Eisenbahn heute nur noch die größeren Orte an. Ein Rechtsknick von der Bahn weg führt wieder zum Wald hinauf. In großem Bogen ist der Weg dem Hang angepaßt mit immer wieder neuen Ausblicken. Kurz nach Sichtbarwerden Schöllenbachs unten im Itterbachtal beschreibt der feste Weg, noch immer vom Dreieck flankiert, einen scharfen Linksknick. Mit ihm kommen wir in den Erholungsort.

Daß Schöllenbach einmal ein bekannter Wallfahrtsort war, sieht man ihm nicht mehr an. Die kleine Kirche hinter dem Fachwerk-Rathaus besteht nur noch aus dem Chor des einst dreischiffigen Gotteshauses, von Schenk Philipp von Erbach 1465 über einer von alters her als heilkräftig bekannten Quelle bei Augenleiden erbaut. Das Interesse des Hauses Erbach an dieser Stätte erlahmte nach der Reformation. Der kostbare, von ihm gestiftete spätgotische Flügelaltar wurde nach Schließung der Quellkirche in die Kapelle des Erbacher Schlosses gebracht. Das Kloster Amorbach soll einstmals für das Prunkstück so viele Taler geboten haben, die notwendig gewesen wären, eine ununterbrochene Reihe zwischen Erbach und Amorbach zu bilden. Doch die Erbacher trennten sich selbst um diesen Preis nicht von dem

Kunstwerk. Es kann bei einem Museumsbesuch dort besichtigt werden.

Wo die Quelle noch in kräftigem Strahl sprudelt – unmittelbar an der Kirchenmauer –, kann man mit einem Fuß in Hessen, mit dem anderen in Baden-Württemberg stehen. Ein politisches Kuriosum im 20. Jahrhundert: das Dorf ist zweigeteilt. Diese „Grenze“ hat sich bisher nicht überwinden lassen. Die hessischen Bewohner haben den Bürgermeister im Dorf, die Badisch-Schöllenbacher müssen für Formalitäten nach Eberbach fahren. Wir verbleiben in Hessen, laufen mit dem weißen Dreieck wieder zurück bis zu dem scharfen Linksknick, dann geradeaus weiter auf der festen Waldstraße ohne Zeichen. Nach zwei Haarnadelkurven sind wir auf der Höhe. Die starken Sturmschäden im Nadelhochwald sind zwar beseitigt, aber an der Einmündung nach rechts fehlt noch das gelbe Andreaskreuz, das wir ab hier bis zum Reisenkreuz benötigen. Es erscheint schon kurz darauf an der folgenden Gabelung, hier halten wir uns rechts auf einem fast ebenen Höhenweg in überwiegend Fichtenhochwald. Gemeinsam mit dem roten Rhombus über eine Ginsterhöhe hat man kurz darauf den Platz des ehemaligen Reisenkreuzes, des Kreuzes im dunklen Gehölz, erreicht.

Die „Quellkirche“ in Hesseneck-Schöllenbach

Menhir-Anlage am Rutzenbach

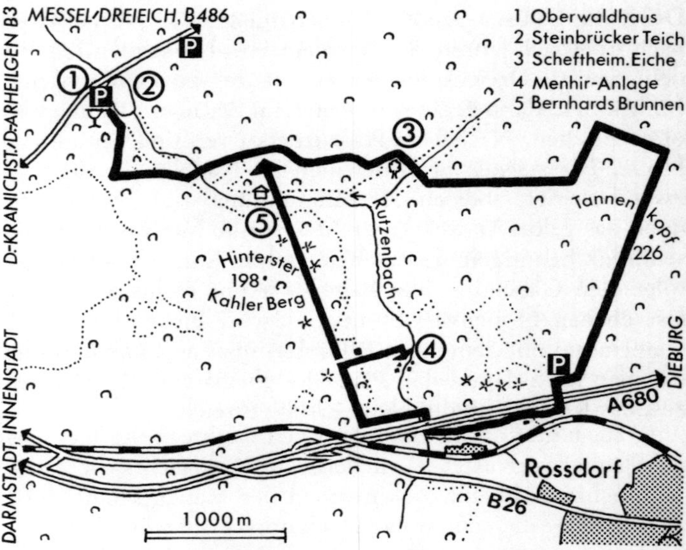

Den Bauern waren beim Mähen der Wiesen am Rutzenbach die Menhir- oder Hünensteine hinderlich, und sie sprengten sie zum Teil, ohne zu ahnen, daß damit prähistorische Kult- oder Grabsteine zerstört wurden. In mühevoller Arbeit konnten die Menhire wieder aufgebaut werden und stehen als stumme Zeugen früher Besiedlung. – Die vierstündige Wanderung (15 km) beginnt am Darmstädter Oberwaldhaus (täglich Einkehrmöglichkeit) und schließt die Menhir-Anlage ein. – Zum Oberwald fährt die Buslinie F ab Darmstadt Hbf. Autofahrer halten sich Richtung Kranichstein/Messel.

Einem Zufall ist es zu verdanken, daß die Menhir-Anlage an der östlichen Gemarkungsgrenze von Darmstadt nicht gänzlich vom Erdboden verschwunden ist. In mühevoller Arbeit konnte sie wieder aufgerichtet werden. Landwirte, die in den fünfziger und sechziger Jahren die „Hirtenwiesen“

am Rutzenbach bewirtschafteten, empfanden mit zunehmender Mechanisierung die großen herumstehenden oder kaum aus dem Gelände herausragenden Steine beim Mähen so hinderlich, daß sie begannen, sie zu sprengen. Die Teile versanken in nahen Bombentrichtern. Ein Heimatforscher, der beim Stammtisch davon hörte, stellte die Vermutung auf, daß es sich um Menhire handeln könnte, und leitete die entsprechenden Untersuchungen mit positiven Ergebnissen ein.

Die wiederhergestellte Menhir-Anlage liegt an unserem Wanderkurs. Er beginnt am Darmstädter Erholungsgebiet Oberwaldhaus. Zwischen Steinbrücker Teich und Restaurant orientiert man sich an dem blauen Strich, achtet auf das Rechtsabbiegen kurz danach und tauscht nach leichtem Bergauf, noch vor dem Waldrand, den Strich gegen das weiße Z ein. Es ist unser Lotse für die erste Wanderhälfte. Nach links werden ein Wiesenstreifen und der Rutzenbach überquert. Gegenüber der Schutzhütte am Rand der Scheftheimer Wiesen steht die Scheftheimer Eiche als letzter Zeuge des ausgegangenen Dorfes Scheftheim.

Kurz nach dem Baumveteranen vollzieht der Z-Weg einen Linksschwenk, zielt leicht bergauf und hält sich an der Eschhofschneise abermals links. Wir steuern auf eine Wegekreuzung zu, hinter der in einem riesigen Rechteck der Fichtenwald völlig verwüstet darniederliegt. Hier rechts die Karl-Roth-Schneise hinauf trifft man auf den blauen Punkt. Ihm nach geht es die schnurgerade Hauptschneise durch Laubwald leicht bergab zur Böschung über der A 680 und rechts zum Naturparkplatz Kubigbrücke. Eine Tafel informiert, daß in diesem Gebiet zahlreiche prähistorische Fundstätten liegen, die bis in die Eisen-, Bronze-, sogar Steinzeit zurückreichen, womit eine Besiedlung dieses Raumes von mehr als 7000 Jahren nachgewiesen ist. Von der Menhir-Anlage in der Nähe ist an dieser Stelle keine Rede.

Hinter der Autobahnbrücke biegen wir, immer noch mit dem blauen Punkt, sogleich rechts in die Straße Am Hasenböhl ein, halten damit etwas Abstand zum lebhaften Autoverkehr. Dem Rutzenbach nach geht es unter der Straßenbrücke, drüben sofort links über den Bachsteg, jetzt auf der anderen Seite der Autobahn entlang, der neuen Markierung rotes Quadrat zu, die aus der nächsten Unterführung auftaucht. Dieses Zeichen weist nach rechts in den Hochwald. Aber schon an der nächsten Kreuzung biegt man ohne Zeichen rechts ab und kommt durch die Wiese bis kurz vor den Rutzenbach. Von dort sind es nur wenige Meter am Ufer rechts zur Menhir-Anlage.

Das ungeübte Auge kann nur sieben unterschiedlich große Granitblöcke zählen, tatsächlich sind es 14, auch die gesprengten sind wieder darunter. Die beiden größten messen etwa zwei Meter. Die kleinsten lagern aus Sicherheitsgründen im Museum Ober-Ramstadt. Die zeitliche Einordnung wird durch die zahlreichen Ausgrabungsfunde der Hallstattzeit (800 bis 500 v. Chr.) in diesem Abschnitt vermutet. Diese Steine könnten als Kult- oder Grabsteine aufgestellt worden sein.

Zurück beim roten Quadrat, folgt man der langen Schneise bis zur nächsten Steinbrücke über den Rutzenbach. Bernhardsbrunnen und Schutzhütte bleiben links, das Zeichen zieht nach rechts, wir laufen mit Ziffer 2 geradeaus leicht bergauf, treffen alsbald auf den Z-Weg, biegen links ein und erreichen auf dem bekannten Herweg wieder das Oberwaldhaus.

Guttenberg, eine Burg voller Leben

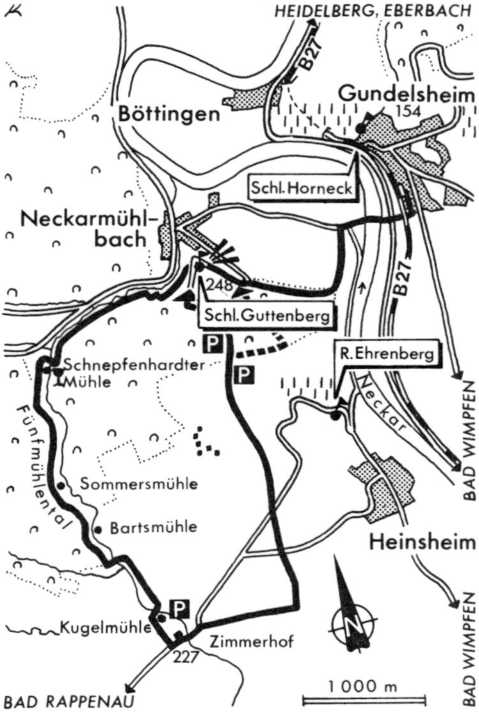

Wie Perlen aufgereiht an einer Schnur säumt eine Vielzahl von Burgen die Ufer des Neckars auf seinem Weg zum Rhein. Nur wenige haben die Jahrhunderte unbeschadet überdauert. Die Guttenberg bei Neckarmühlbach ist eine davon. Sie wird nicht nur bewohnt, stellt sich vielmehr auch im eigenen Museum selbst dar, daneben ist sie Standort einer Greifenwarte. – Vom Bahnhof Gundelsheim her kann sie erklommen werden, und durch das romantische Fünfmühlental erfolgt der Abstieg – fünfzehn Kilometer (5 Std.). – Burg Guttenberg ist täglich von Anfang April bis Ende Oktober geöffnet, das Burgmuseum mit Aufstieg zum Bergfried täglich von 9.30 bis 17 Uhr, die Greifenwarte von 9.00 bis 18 Uhr; Flugvorführungen mit Adlern und Geiern täglich um 11 und 15 Uhr. – Einkehrmöglichkeit. – Gundelsheim ist mit der Bahn über Heidelberg oder Eberbach (Neckar) zu erreichen. Autofahrer: A 5, Heidelberg, B 37, B 27 entlang dem Neckar, oder A 5 Kreuz Walldorf, A 6, Anschlußstelle Bad Rappenau, B 27 Gundelsheim.

Wer könnte all die Burgen nennen, die sich an den Ufern des Neckars auf seinem 370 Kilometer langen, verschlungenen Lauf zum Rhein erheben? Sie beleben nicht nur in romantischer Weise das Landschaftsbild, sie stehen auch als beredte Zeugen mittelalterlicher Wehrhaftigkeit und späterer Wohnkultur mit dem, was Kriege, Eroberungen und der Zahn der Zeit von ihnen übrigließen. Zu den wenigen Anlagen, die seit ihrer Erbauung in der Stauferzeit nie zerstört wurden, gehört Burg Guttenberg im Mittelabschnitt des Flusses bei Neckarmühlbach. Gundelsheim, die Bahnstation, liegt gegenüber. Von hier aus wollen wir uns die Burg Guttenberg „erobern".
Vor dem Bahnhofsgebäude in Gundelsheim wendet man sich nach rechts – Autofahrer finden in diesem Bereich ausreichend Parkplätze –, geht bis zum beschrankten Bahnübergang, quert in der Folge eine Straße, die Staustufe des Nekkars und eine weitere Straße. An ihr geht's kurz links, dann wieder rechts, man folgt dem Hinweis „Wanderweg Burg Guttenberg" – schon ist man auf der richtigen Fährte, unterstützt durch die Markierung rotes Andreaskreuz. Unser Weg führt durch Felder aufwärts zum Waldrand, „Zur Burg Guttenberg" heißt es da auf einem Schild, und aufwärts geht es im Buchenwald, eher am Rand, damit immer wieder Blicke auf den Neckar und zum Schloß Horneck in Gundelsheim möglich sind. Wir treffen auf die Haarnadelkurve der Zufahrtsstraße von Neckarmühlbach, folgen dem Asphaltband entlang der Burgmauer und treten vom äußeren in den inneren Bezirk ein.

Der Zugang erfolgt durch insgesamt fünf Tore. Die Baulichkeiten der inneren Burg fügen sich an die gewaltige Schildmauer. Diese Steinmasse wird überragt vom 46 Meter hohen Bergfried. Während die Wehranlagen aus dem 12. Jahrhundert stammen, wurden die Wohnbauten, den jeweiligen Bedürfnissen angepaßt, zwischen dem 15. und dem 18. Jahrhundert erstellt, nachdem die Freiherren von Gemmingen die Anlage 1446 erworben hatten. Seitdem ist sie ununterbrochen im Besitz dieses Geschlechtes. Ein Teil der Räumlichkeiten wird als Museum genutzt, das die Geschichte der Burg in Form von Schriften, Rüstungen, Kunstgegenständen vermittelt. Außergewöhnlich ist die Holzbibliothek, die Darstellung aller in diesem Gebiet heimischen Baum- und Straucharten. Vermutlich ein Mönch fertigte um 1770 aus den verschiedenen Hölzern buchförmige Kästchen und legte konservierte Pflanzenteile wie Blätter, Blüten, Früchte, Pollen nebst genauer Beschreibung hinein. Anschaulicher kann Biologieunterricht wohl kaum sein. Ein weiterer Höhepunkt ist die in den Zwingeranlagen heimische Deutsche Greifenwarte des Ornithologen Claus Fentzloff. Und natürlich fehlt die Burgschenke nicht.

Natur pur erwartet uns nach dem Museumsbesuch im Fünfmühlental. Gegenüber dem Eingangstor schlüpfen wir neben dem Fachwerkhaus aus dem Mauerdurchlaß hinaus in den hohen Buchenwald. Von hier kann gleich anfangs ein Abstecher zur gotischen Burgkapelle gemacht werden. Zurück zum Hauptweg geht es den Schloßweg steil abwärts ins Mühlbachtal. Weiterhin mit dem Lotsen rotes Andreaskreuz, dazu die blaue Ziffer 5. Bei Erreichen des Talgrundes weisen die Zeichen links, gleich rechts und folgen nun dem Bachlauf leicht aufwärts im tief eingeschnittenen Waldtal. Von fünf Mühlen, die das Wasser einst in Schwung gehalten hat, kommen wir an vieren vorbei. Nur die erste, die Schnepfenhardter, idyllisch im Wiesengrund eingebettert, hat auf Gastronomie umgestellt. Die letzte, die Kugelmühle, liegt schon außerhalb des Waldes inmitten von Feldern. Vom Parkplatz wird sie nach rechts umrundet, und weiter geht es zum Zimmerhof, Gutskomplex und Weiler. Beim Einmünden in die Durchgangsstraße hält man sich nach links, biegt rechts in die Sonnenstraße, überquert links den Spielplatz, wo sich das rote Andreaskreuz postiert hat, und zieht mit ihm rechts durch die Felder weiter. Auf der Höhe treffen wir auf die Route des Burgenzeichens, ihm schließen wir uns nach links an. Es ist der direkte Zugang zur Burg Guttenberg. Am Waldrand kann man sich entscheiden, ob man mit einem kleinen Rechtsschlenker der Ziffer 5 auf dem Fußweg zur Burg folgt oder weiter dem Burgenzeichen auf dem Fahrweg. Von oben ist der Rückweg nach Gundelsheim der gleiche wie der Aufstieg.

Am Ort der klaren Quellen

Das Prädikat Luftkurort zu bekommen, ist nicht einfach, viele Komponenten müssen zusammenklingen: Landschaft, Luft, Wasser, Gastronomie. – Vielbrunn bei Michelstadt erfüllt die Auflagen. Bei dieser fünfzehn Kilometer langen Wanderung (5 Std.) können sie überprüft werden. – Vielbrunn ist mit dem Bus nur Montag bis Freitag von Michelstadt aus zu erreichen; Michelstadt liegt an der Bahnstrecke Frankfurt–Eberbach (Neckar). Autofahrer wählen die B 45 über Dieburg bis Abzweigung Bad König, weiter zum Ausgangsort Vielbrunn.

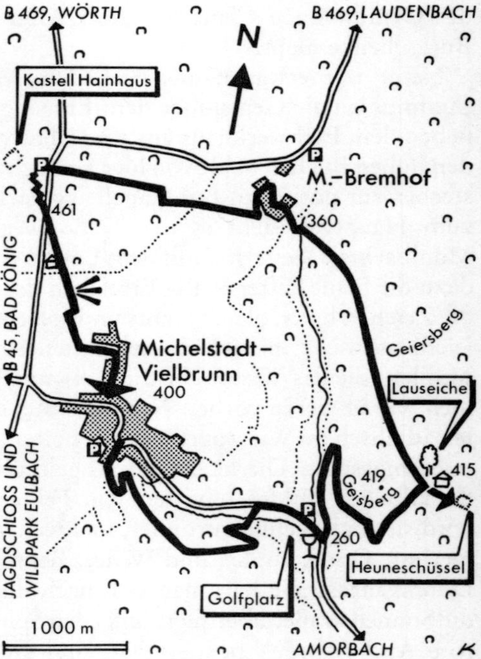

Kristallklares Wasser sprudelt aus dem Fünfröhrenbunnen, dem Wahrzeichen Vielbrunns; aber nicht nur an dieser Stelle, viele Quellen innerhalb und außerhalb des Ortes brachten ihm schon früh seinen Namen ein, und im Ferienzeitalter sicher auch die Gäste. Nicht, daß die Wässer heilkräftig wären im Kurbadesinn, sie sind schlicht rein, gefiltert vom Buntsandstein des hinteren Odenwaldes, ansonsten einfach ein Teil dieser wundervollen Landschaft. Vielbrunn ist ein staatlich anerkannter Luftkurort. Diese Vorzüge, gleichermaßen für einen kürzeren oder längeren Erholungsaufenthalt geeignet, wollen wir genießen. Daß dazu ein vorbildlich markiertes Wandernetz gehört, ist selbstverständlich. Schauen wir uns ein wenig die nähere Waldumgebung an, die den Höhenort, jetzt Stadtteil von Michelstadt, abschirmt.

Von der Bushaltestelle Hauptstraße in Vielbrunn biegt man in die Waldstraße, wir nehmen die Wandermarkierung gelbes Quadrat auf und sind damit auch schon am Waldanfang. Auf einem Pfad geht es kurz halblinks, und wenn am folgenden festen Weg der kräftige Weizenwiesenbrunnen gesichtet wurde, im Buchenhochwald weiter abwärts. Mit einem Sprung über den Bach nach einer Serpentine kommt man zur Straße und rechts an ihrem Rand entlang ins Ohrenbachtal, das die Verbindung zwischen den Höhenzügen zum Main herstellt. An sanften Wiesenhängen erstreckt sich im Bereich der Geiersmühle ein Golfplatz zum Wald hinauf.

Gegenüber dem Restaurant mit dekorativem, großem Mühlrad knickt das Zeichen links von der Straße ab und zieht zunächst leicht, dann zunehmend steigend in einer Vorwärts- und Rückwärtsbewegung am Hang des Geisberges aufwärts bis zur Schutzhütte an der Lauseiche. Von dort läßt sich unter Führung des blauen Andreaskreuzes ein kleiner Abstecher zur Heuneschüssel unternehmen, einem gut erhaltenen Erdkastell unbekannten Datums, von dem vermutet wird, es sei zur frühen Sicherung eines Höhenweges errichtet worden.

Wieder zurück zum Ausgangsplatz, verbleiben wir bei dem blauen Andreaskreuz und laufen mit ihm auf fast schnurgeradem, über einen Höhenrücken sich lang hinziehenden Weg, bis es überraschend unter hohen Fichten halblinks abwärts geht. Wenn der gelbe Querstrich hinzukommt, heißt es unmittelbar an dieser Stelle mit beiden Zeichen abermals halblinks auf kaum sichtbarem Pfad, dabei über einen Knüppelsteg klettern, den Seitenarm des Baches überspringen, und man steht schließlich vor einem völlig anderen Landschaftsbild: dem von Feldern und Wiesen eingerahmten

Weiler Bremhof, historisch gesehen einst zum Odenwald-Limes gehörend.

Noch immer gelten die beiden Zeichen blaues Kreuz und gelber Strich. Sie bringen zum Naturparkplatz Kastell Hainhaus an der Straße Lützelbach–Eulbach. Die Lage eines kleinen Kastells ist dort noch erkennbar. Was beim Betreten des Geländes zunächst ins Auge fällt, sind sechs unförmige barocke Steinsessel, als Freisitze erstellt, vermutlich zur Rechtsprechung. Zwei von ihnen tragen die Initialen des Fürsten Constantin zu Löwenstein-Wertheim. Die in Kleinheubach residierenden Fürsten errichteten auf diesem Terrain ihr Jagdhaus und kultivierten die Umgebung mit seltenen Gewächsen.

Am Hainhaus lassen wir die bisherigen Zeichen zurück und nehmen statt dessen das rote Dreieck an den Steinsesseln auf. Es schwenkt nach links auf einen von Fichten flankierten Schlängelpfad, nähert sich allmählich der Straße, kreuzt sie an einer Bank und zieht drüben als Grasweg weiter zum Waldrand. Über einen Wiesenweg treffen wir wieder in Vielbrunn ein. Wer Lust verspürt, kann die gesamte Route bei einem Rundflug noch einmal von oben herab überblicken oder gemächlicher in einigen Teilabschnitten mit der Pferdekutsche abklappern.

Wo einst Minnelieder erklangen

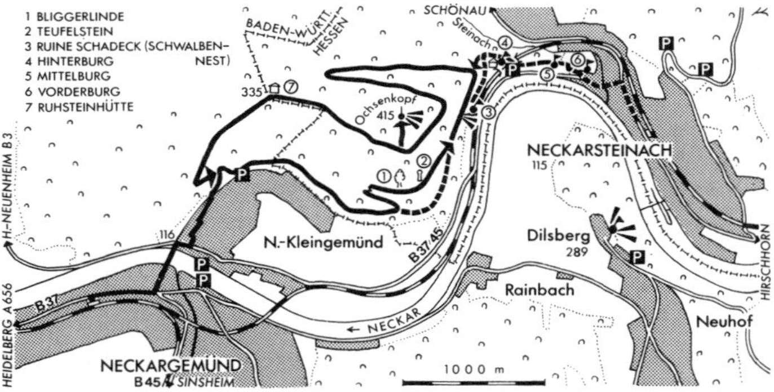

. . ., das war an der großen Neckarschleife zwischen Neckargemünd und Neckarsteinach, da reihen sich die vier Burgen der Ritter von Steinach aneinander. – Auf einer fünfzehn Kilometer langen Wanderung, mit Abstecher Neckarsteinach achtzehn Kilometer (4 bis 5 Std.), können zwei Burgen erklommen werden. Die beiden anderen sind bewohnt. – Ausgangsort ist Neckargemünd, von Heidelberg mit Zug, Bus oder Schiff zu erreichen, für Autofahrer über die B 37 am Neckar entlang.

Der südlichste Zipfel Hessens reicht in eine der anmutigsten Landschaften, das Neckartal. Wenn der Fluß kurz zur „fließenden" hessischen Grenze zwischen Neckargemünd und Neckarsteinach wird, hat er seinen 370 Kilometer langen windungsreichen Lauf vom Ostrand des Schwarzwaldes durch die Schwäbische Alb und den Odenwald bis zur Mündung bei Mannheim in den Rhein schon fast beendet. Reizvoll ist sein Weg auf der gesamten Strecke, aber erst am Unterlauf vermag sich der Fluß in seiner ganzen vielgestalteten Schönheit zu entfalten. Hier ist er flankiert von Burgen, mittelalterlichen Städtchen an steil abfallenden Hängen und schmalen Uferzonen. Ein unerschöpfliches Wandergebiet voller Entdeckerfreuden, für uns auf dem Höhenzug zwischen Neckargemünd und Neckarsteinach.

Wie die Straßen zu beiden Seiten folgt auch die Schiene von Heidelberg her dem verschnörkelten Lauf des Flusses durch das enge Tal. In Neckargemünd kommt sie am südlichen Ufer an. Hier am Bahnhof beginnt die Wanderung. Wir halten uns an der Straße kurz nach rechts. Links über die Neckarbrücke sind wir schon auf der Route des blauen Striches. Drüben, jetzt in Kleingemünd, klettert der Weg mit dem Zeichen zwischen den schmalen Häuserzeilen hinauf zum Wald, dort folgen wir einem kurzen Steilstich auf einem Jägerpfad bis zum Einmünden in einen breiten Fahrweg, markiert mit dem roten R. Diesem neuen Zeichen, das direkt auf dem Hangweg durch dichten Buchenhochwald nach Neckarsteinach führt, schließen wir uns über einen Parkplatz hinaus so lange an, bis vor der großen Kehre der Neckargemünder Weg angezeigt steht. Hier wechseln wir, den Linksbogen aufwärts nachvollziehend, zur gelben Ziffer 1 über, gleichfalls auf breitem Holzabfuhrweg. Von ihm geht es nach einer Weile rechts abzweigend über einen Treppenpfad zur nächsthöheren Abteilung im Laubhochwald.

In diesem Abschnitt steht das Naturdenkmal Bligger-Linde. Zur Zeit der Reformationseinführung in Neckarsteinach 1522 gepflanzt, erinnert sie an den erstbekannten Ritter von Steinach, Bligger I., den Erbauer der ältesten (um 1100) von vier zusammengehörenden Burgen der späteren Landschade von Steinach. Der Vorname Bligger, germanisch = Blitzspeer, war von diesem Geschlecht bevorzugt, er erscheint zweiundzwanzigmal innerhalb der fünfhundertjährigen Geschichte. Sein bekanntester Sproß war Bligger II., Minnesänger und großer Meister mittelalterlicher Dichtkunst. Lieder von ihm sind in der Manessischen Handschrift (Heidelberg) überliefert. Die Bligger-Linde ist leicht zu übersehen. Sie steht mehrstämmig etwa 500 Meter nach Einmünden des Pfades in den Forstweg auf der linken Seite. Etwas weiter kommt man zum Teufelstein, einer glatten großen Felsplatte, auf der sich der Odenwaldclub aus Anlaß seines hundertjährigen Bestehens 1987 in Lettern verewigt hat. Es ist eine eindrucksvolle Stelle. Über Hügel, Tal und Wälder hinweg erlaubt sie freien Blick hinüber zu Feste und Ort Dilsberg, deren beide nadelspitze Kirchtürme in den Himmel zu wachsen scheinen. Wir ziehen mit der Ziffer 1 weiter und sind, jetzt schon kurz vor der Burg Schadeck, wieder mit dem roten R vereint. Schwalbennest wird sie im Volksmund genannt, und so klebt sie auch am Steilhang. Sie ist die jüngste der vier Burgen (1230).

Unser Weg zieht fast auf der Höhe des Bergfrieds vorbei. Hier auf der Bank kann man sich entscheiden, ob man an Hinter-, Mittel- und Vorderburg vorbei nach Neckarsteinach absteigen möchte. Dazu schließt man sich dem roten R, auch der gelben Ziffer 3 an und kommt mit diesem Zeichen wieder herauf (3 Kilometer). Ohne diesen Abstecher läuft man, von R und 1 sich lösend, geradeaus weiter, trifft auf die gelbe 3 und folgt ihr links aufwärts, jetzt parallel zum Steinachtal. Es sind langgezogene Steigungen durch herrlichen Buchenhochwald, die uns auf die Höhe des Ochsenkopfes (415 Meter) bringen. Oben steht eine Aussichtsplattform (kleiner Abstecher vom Hauptweg) mit weiter Sicht über Dilsberg und den südöstlichen Odenwald. Wieder zurück zur Ziffer 3, geht es jetzt nur noch bergab. Zunächst bis zur Ruhsteinhütte am Hechler-Platz. Hier wechseln wir zu den Ziffern 4, 5 und 6 über, die uns an der Peripherie von Kleingemünd wieder dem blauen Strich zuführen, womit sich der Neckarwanderkreis schließt.

Das Dorf der Sonnenuhren

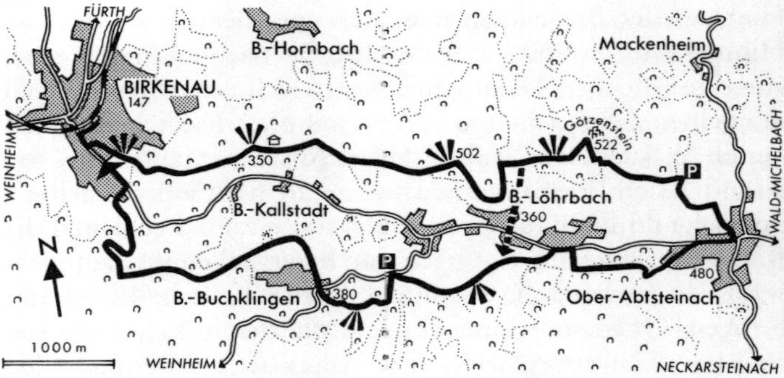

Eine Sonnenuhr sieht man hin und wieder an einem Haus, in einer Anlage. Aber ein ganzes Dorf, dessen Häuser vielfach gespickt mit Schattenstäben sind? So ist es in Birkenau, dort scheint man nur die heiteren Stunden zählen zu wollen. Was wunder, in dieser heiteren Wald-Wiesen-Landschaft! – Sechzehn, abkürzend zwölf Kilometer (5 oder 4 Std.) kann man sich bei dieser Wanderung darin ergehen. – Der Ausgangsort Birkenau ist verkehrsmäßig Weinheim angeschlossen: Bahn Frankfurt–Weinheim, Bahn oder Bus Weinheim–Birkenau. Autofahrer kommen von der A 5, Anschlußstelle Weinheim auf der B 38 nach Birkenau.

„Mach' es wie die Sonnenuhr, zähl' die heit'ren Stunden nur ..." Daß es die Birkenauer im westlichen Odenwald ernst damit meinen, dafür gibt es annähernd hundertfache Beweise: die lautlosen Zeitmesser an Häusern, in Gärten und Anlagen in dieser Zahl. Wie kommt ein Dorf dazu, sich auf diese Schattenspiele höherer Mathematik einzulassen? Wollte man dem Wettkampf um Bruchteile von Sekunden trotzen, dokumentieren, daß es unwichtig ist, ob der Uhrzeiger in einem Quartal um einige Minuten nachgeht oder vor, denn am Ende eines Jahres ist doch alles wieder ausgeglichen? Fest steht, daß die zündende Idee von einem Mann ausging, dem

Regierungsbaumeister a. D. Otto Seile, der sich in den fünfziger Jahren in Birkenau niederließ, an seinem Haus eine Sonnenuhr anbrachte und es verstand, Einheimische dafür zu begeistern, mit entsprechendem Nachhilfeunterricht im Ausloten der Wandrichtung und Anbringen des Schattenstabes. Längst sind die Birkenauer selbst Sonnenuhrexperten geworden, ob es sich um Horizontal-, Vertikal- oder Äquatorialformen handelt. Bei einem Rundgang kann der Besucher sich von der Vielfalt beeindrucken lassen.

Auch im Umfeld des Bahnhofs, wo wir zu einer Wanderung aufbrechen, sichtet man einige Uhren. An Ort und Stelle nehmen wir die Markierung rotes Dreieck auf, werfen einen Blick auf das jenseits der Bahnschranken prangende alte Fachwerk-Rathaus von 1552, an dem noch das Halseisen zur Schau gestellter Verurteilter baumelt, und schlagen die Richtung Abtsteinach ein. Nach wenigen Metern aufwärts biegt das Zeichen links in die Sandbuckelgasse ein und nimmt im Anstieg den Weg hinauf zum Wald, der Anfang mehrerer kräftiger bis erheblicher Bergaufs, zumal in der ersten Wanderhälfte. Doch das will nicht heißen, daß man nur von Wald umschlossen wäre. Typisch für den Odenwald in diesem Bereich ein sehr schöner, lichter Laubforst, der sich immer wieder über den Weidekoppeln öffnet und schließt, dabei Ausblicke über die Täler aller Himmelsrichtungen gewährt.

Die Markierung des roten Dreiecks ist lückenlos zuverlässig. Wer die Route abkürzen möchte, verläßt sie vorzeitig nach Erklimmen einer „Himmelsleiter“ und dem folgenden Abgang am Waldrand angesichts der roten Dächer von Löhrbach. Am Sportplatz vorbei schwenkt er rechts ein ins Dorf, kreuzt sowohl die Durchgangsstraße als auch den Hof des gegenüberliegenden Bauerngehöftes und trifft oberhalb auf den asphaltierten Weg mit der Markierung weißes Viereck.

Das Dreieck zieht geradeaus weiter. Es hat noch einige aussichtsreiche Anstiege in petto. Auf heimeligem Pfad führt es zum Naturdenkmal Götzenstein, Felsen, die als keltische Kultstätte gedeutet werden. Weiter schlängelt es sich zu einer blauen Bank und dahinter zwischen Bäumen hindurch zum Waldende. Über den Parkplatz Steinbachquelle, dem ein großes, gepflegtes Kinderspiel- und Grillgelände angeschlossen ist, kommt man hinunter nach Ober-Abtsteinach, wo es sich zur Halbzeit gut jausen läßt.

Die zweite Wanderhälfte ist die bequemere und landschaftlich lieblichere. Gegenüber der Gaststätte Zum Goldenen Bock biegt man in die Löhrbacher Straße ein und folgt ihr, vorbei an Kirche und Rathaus, bis zum Ortsende. Auf der Höhe des Steinwerks zweigt links die Waldskopfstraße ab, sie und ihre Feldwegverlängerung bringen uns zum Waldrand, wo wir nach wenigen Metern auf die Markierung weißes Viereck treffen. Nach rechts wird sie uns bis kurz vor Birkenau geleiten. Lediglich an zwei Stellen auf diesen herrlichen Wald-Wiesen-Wegen ist vermehrte Aufmerksamkeit geboten. Gleich anfangs auf dem Jugendzeltplatz, wo die Quelle in den Holztrog plätschert, weist das Zeichen rechts quer über die Weide, das zweite Mal ist gegen Ende. Wenn längst Buchklingen hinter uns liegt, der Blick von dort ins Gorxheimer und Weschnitztal wieder verschlossen ist, treffen Viereck und Andreaskreuz zusammen und ziehen gemeinsam weiter. Kurz vor Birkenau löst sich das Kreuz vom Hauptweg ab, um durch ein kleines Seitental nach Birkenau zurückzukehren, und bleibt unser Lotse ins Dorf der Sonnenuhren.

Ein Dorf aus zwei Menschen

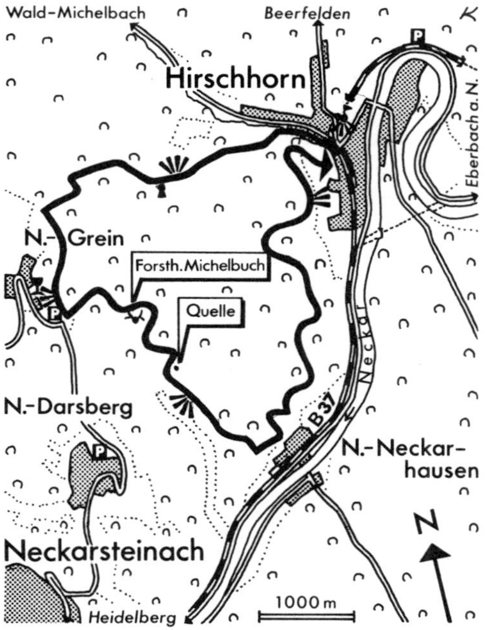

Auch das gibt es im tiefsten Odenwald: ein Dorf, bestehend aus nur einem Haus und zwei Einwohnern. In dieser Waldeinsamkeit bleiben auch Wanderer unter sich. – Ausgangsort der fünfstündigen Wanderung (16 km) ist Hirschhorn am Neckar, zu erreichen von Heidelberg mit der Bahn oder für Autofahrer entlang der B 37.

Im Guinness-Lexikon der Superlative sucht man ihren Namen vergebens, obgleich man annehmen könnte, sie dort erwähnt zu finden: die kleinste selbständige Gemeinde Deutschlands, bestehend aus einem Gebäude mit zwei Bewohnern. Das „Dorf“ gibt es im südlichen Odenwald zwischen Neckarsteinach und Hirschhorn. Es ist das Forsthaus Michelbuch; ein kleines Paradies für zwei Leute, den Forstoberinspektor Alfred Daub und seine Frau Ruth. Sicher wären die beiden über ihre Umgebung hinaus längst bekannt geworden, würden sie ihren einmaligen Status beispielsweise gastronomisch nutzen. Doch dann wäre es wohl vorbei mit der Stille. Gegen Wanderer in der 480 Hektar großen Gemarkung haben sie natürlich nichts einzuwenden.

Auf der Suche nach der Idylle setzen wir uns von Hirschhorn her in Marsch. Am Bahnhof wendet man sich nach links durch die Bahnunterführung und läuft sofort ansteigend mit dem Zeichen umgekehrtes rotes T rechts weiter. Die Häuser bleiben zurück, ein Blick hinüber zur Burg Hirschhorn hoch über dem Neckar, und schon nimmt schattiger Wald uns auf. Es geht bergan zwischen aufgelockerten Waldpartien; Birken und ungewöhnlich hohe Heidelbeersträucher säumen den Weg. Zwei Hinweisschilder zeigen in Richtung Grein, ein grünes und kurz darauf ein gelbes. Letzteres bedeutet für uns Signal zum Zeichenwechsel: Mit dem roten Quadrat nach links. Es bringt uns zum Naturparkplatz Kreuzschlag, wobei anfänglich darauf zu achten ist, daß an einem Waldwiesenhang das Abknicken halblinks aufwärts nicht übersehen wird. Jetzt öffnet sich das Blickfeld in westlicher Richtung bis hin zum Königstuhl bei Heidelberg.

Neben einem Abstecher zum Café Berghof werden am Parkplatz drei numerierte Rundwanderwege angeboten. Wir wählen die gelbe Ziffer 3 und nehmen damit das zweite Wegdrittel unter die Füße. Michelbuchweg, zum ehemaligen Walddorf Michelbuch, steht als Lokalisierung des Abschnittes zu lesen. Und damit kommen wir zu des Pudels Kern in Sachen kleinste Gemeinde. Das Forsthaus ist der Rest eines ausgegangenen Dorfes, in dem zu Beginn des 19. Jahrhunderts noch 60 Bauern lebten. Wegen Wassermangels und fehlender Verdienstmöglichkeiten wanderten sie allmählich ab. Daß das Forsthaus trotz mehrerer Gebietsreformen eigenständig geblieben ist, steht auf einem anderen Blatt. Der Anlaß reicht zurück auf Vereinbarungen in Kaiser Wilhelms II. Zeiten. Bei einem Flächenaustausch zwischen Baden und Hessen wurde 1909 festgelegt, daß Michelbuch niemals einer anderen Gemeinde angegliedert werden dürfe. Daran hat man sich gehalten. Während der Besitz der hessischen Landeskirche gehört, gilt Forsthaus Michelbuch als kommunalpolitisches Niemandsland, wo demzufolge die Einwohner steuerfrei leben können, was allerdings bedingt, daß Förster Daub als Bürgermeister, Dorfpolizei und Müllkutscher nebenberuflich zu fungieren hat.

Das Gackern der Hühner noch im Ohr, entfernen wir uns auf dem Fahrweg vom Gebäudekomplex mit seinen tief heruntergezogenen Dächern. Wir kommen zu einem Wiesenstück, wo das dunkelrote Laub einer jungen Blutbuche auffällt. Ist man an ihr vorbei und wieder im Wald, gibt ein alter Wegweisersteinblock die Leitlinie an: Auch wenn wir letztlich nach Hirschhorn zurückwollen, schlagen wir hier die Richtung Neckarhausen ein. Der Weg selbst ist nicht gekennzeichnet, aber an allen Kreuzungen findet man Hinweisschilder, gelegentlich auch ein inoffizielles weißes K auf grünem Feld. Es geht ständig bergab. Wenn allmählich die Sicht zu den fernen Bergen des südlichen Odenwaldes und über das Neckartal frei wird und der Verkehrslärm sich dazu vernehmen läßt, stoßen wir bald auf die Markierung rotes R. Ihr schließen wir uns geradeaus an. Bis auf zwei unklare Stellen, wo das Zeichen an Gabelungen Versteck spielt, aber doch wieder auffindbar ist, führt es uns im nochmaligen Anstieg nach Hirschhorn zurück.

Hirschhorn am Neckar

Philosophische Wanderung

In Heidelberg-Neuenheim beginnt der acht Kilometer lange, allmähliche Aufstieg zum Aussichtsberg Weißer Stein (Einkehr, geöffnet täglich ab 11 Uhr, Aussichtsturm-Schlüssel im Restaurant). Der ebenso lange Abstieg führt über den Heiligenberg mit seinen bedeutenden historischen Stätten. Das ergibt eine Gesamtwanderung von viereinhalb Stunden (16 km). – Fahrverbindungen: von Heidelberg Hauptbahnhof mit Straßenbahnlinie 1 oder 3 bis Ladenburger Straße; Autofahrer: Frankfurt A 5 – A 656 – B 37/B 3 – Neckarbrücke. – Öffnungszeiten für Besichtigungen in Heidelberg, Kurpfälzisches Museum: täglich außer Montag 10 bis 17 Uhr; Reichspräsident-Friedrich-Ebert-Gedenkstätte: Dienstag bis Sonntag 10 bis 18 Uhr; Studentenkarzer Alte Universität: Montag bis Samstag 9 bis 17 Uhr u. a. Museen.

Mit dem Heiligenberg bei Heidelberg ist es wie mit der Philosophie: Man sucht und hofft, aufschlußreiche Erkenntnisse zu finden. Von der St.-Michaels-Basilika war bekannt, als sie 1503 einstürzte, daß ihre Anfänge und die des dazugehörigen Klosters ins 9. Jahrhundert auf eine königlich-karolingische Domäne unter dem Kloster Lorsch zurückreichten und daß die Abtei ihre letzte Gestalt 1023 erhalten hatte. Was im dunkel lag, war die Frühgeschichte des Berges, von der man hoffte, sie durch römische Inschriften, die beim Einsturz der Klostermauern zutage getreten waren, zu erhellen. Philipp Melanchthon, zu der Zeit Student an der Heidelberger Universität, bemühte sich zusammen mit anderen Humanisten um die Deutung, ohne nennenswerten Erfolg. Bis ins 19. Jahrhundert reichten die Spekulationen von einer heidnischen Kultstätte zum heiligen Tempel. Doch wandern wir hinauf.

An der Haltestelle Ladenburger Straße in Heidelberg-Neuenheim beginnt die Wanderung. Man hält nach dem Schild „Philosophenweg“ Ausschau und wirft an der Ecke von Bergstraße und Philosophenweg einen Blick auf die Tafel des Odenwaldklubs: rotes offenes Quadrat, gelber und weißer Rhombus werden uns leiten. Das rote Quadrat übernimmt als erstes die Führung. Zunächst erübrigt es sich, nach ihm zu schauen, man braucht nur den Schwärmen von Studenten zu folgen. Wir sind auf „ihrem“, dem weltberühmten Philosophenweg. Es geht ziemlich steil bergan, vorbei an Universitätsinstituten, zum Philosophen-Häusl, womit ein Erfrischungsstand mit einigen Tischen und Bänken gemeint ist. Und von hier der klassische Heidelbergblick: die Altstadt und das Schloß, der Neckar mit der Alten Brücke.

In einem scharfen Knick schwenkt das rote Quadrat in den Wald, vorbei am Bismarckturm, auf asphaltierten Wegen weiter aufwärts durch ausgedehnte Kastanienwälder. Mühelos lassen sich im Herbst innerhalb kürzester Zeit Taschen mit diesen braunglänzenden, süßmehligen Früchten füllen. „Törggelen und Kästenessen“ – Junger Wein und Röstkastanien – diese Südtiroler herbstliche Köstlichkeit könnte zu Hause der Abschluß des Ausflugs sein mit der philosophischen Folgerung: „In vino veritas!“

Wir werden nach etwa der Hälfte der Wanderung bis auf 550 Meter am Weißen Stein gestiegen sein und immer wieder von wechselnden Aussichten überrascht werden: auf die Rheinebene über Mannheim von der Handschuhsheimer

Hütte, die drei Türme des Königstuhls und Heidelberg. An der Hellenbach-Hütte biegt man mit dem roten Quadrat scharf nach rechts ab, beim letzten Rechtsknick auf eine asphaltierte Waldstraße wechselt man zum gelben Rhombus über, der zum Aussichtsturm auf dem Weißen Stein führt. Jetzt ist es der weiße Rhombus, dem wir uns von hier, über den Heiligenberg, bis Heidelberg anvertrauen.

Über einen äußeren und einen inneren Wall gelangt man zur Ruine des Michaelsklosters. Diese Wälle sind der Schlüssel zur Frühgeschichte. Sie wurden erst Mitte des 19. Jahrhunderts entdeckt, systematische Ausgrabungen begannen 1907. Hier und bei der Anlage einer amphitheatrischen Feierstätte 1934 kamen Funde der verschiedensten Kulturen zum Vorschein, überwiegend sind sie jedoch der frühen Latènezeit zuzuordnen.

Von der Thingstätte gelangt man über den Parkplatz mit Waldschenke zur Südkuppe des Berges. Oberhalb des Aussichtsturmes befand sich noch ein zweites, kleineres Kloster, das 1090 gegründet wurde. Ausführliche Hinweistafeln informieren jeweils an Ort und Stelle.

Ruine des Michaelsklosters auf dem Heiligenberg

Dem Schnellertsgeist auf der Spur

Sie sind nicht voneinander zu trennen, die Burgen Rodenstein und Schnellerts, zumindest nicht in Sagen und Mythen, wo der Ritter Rodenstein zwischen den beiden durch die Lüfte saust. – Diese sechzehn Kilometer (5 Std.) lange Wanderroute führt durch die Ruine Schnellerts. – Den Ausgangsort Brensbach–Nieder-Kainsbach erreicht man von Darmstadt Hbf. mit dem Bus. Autofahrer kommen von Darmstadt und Dieburg über die B 38.

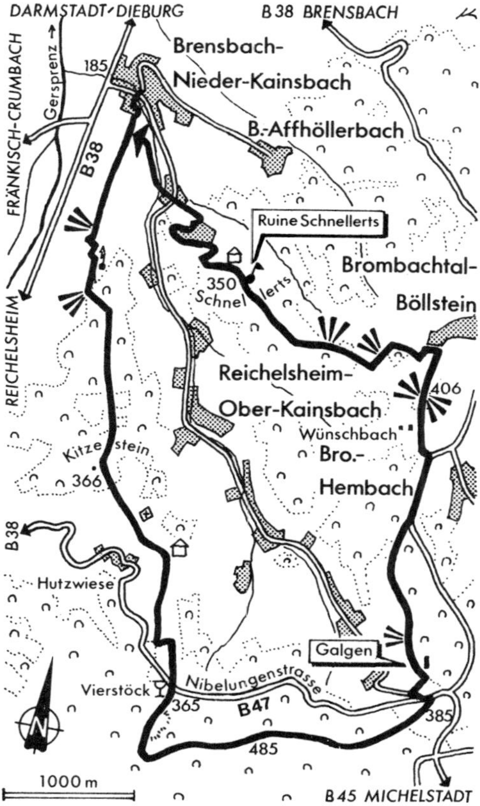

Der nördliche Odenwald hat seinen ganz besonderen landschaftlichen Reiz. Zahlreiche Bachtäler und aussichtsreiche Höhen gewähren dem Blick Weite, dichte, ausgedehnte Wälder hüllen den Wanderer in Stille ein. Der Raum Brensbach/Reichelsheim im Schnittpunkt der B 38 und B 47 ist geradezu typisch dafür. Zudem, die Namen Nibelungenstraße (B 47), Burg Rodenstein und Schnellerts zeigen es an: eine geheimnisumwitterte Gegend. Steigen wir ein in den großen Wald. In Nieder-Kainsbach geht es los.

Bei der Einfahrt von der B 38 in den Ort folgt man am besten dem Hinweis Parkplatz 50 Meter (links aufwärts). Dort nimmt man an der Ecke das blaue Viereck auf, folgt dem Zeichen nach links wieder hinunter und gegenüber durch die Bachgasse aus dem Dorf hinaus ins Feld. Hier heißt es hin und wieder das Auge vom Gersprenztal auf den Weg zu lenken, das Blau ist mangels vertikaler Anbringungsmöglichkeiten auf den Boden gemalt. Rechts rückt Fränkisch-Crumbach ins Blickfeld, Stammsitz jener gleichnamigen Ritter, die um 1250 westlich des Ortes eine Hangburg im Wald erbauten, sie und sich auch nach dem verwendeten Sandstein Rodenstein nannten. Wohl kein Name ist mit der Geschichte des Odenwaldes so eng verknüpft wie dieser. Doch nicht außergewöhnliche Heldentaten haben den Ruhm des Rodensteins begründet, vielmehr hat der Volksglaube einen Kranz von Mythen und Sagen um ihn gewoben. Sie fanden Eingang in Balladen, Erzählungen und Dramen, vornehmlich die Gestalt des Wilden Jägers, der zwischen den Burgen Rodenstein und Schnellerts mit einem Heer durch die Lüfte saust, Krieg und Frieden verkündend.

Wir nähern uns dem Wald, zuvor an der Feldwegegabelung rechts, sofort links, wobei der Umsetzer voraus Richtungsmerkmal ist, an dem es rechts vorbeigeht. Wie bisher steigt es weiter, auch auf dem „Kreuzweg“ im Wald. Die Höhe des Kitzesteins (366 Meter) wird knapp unterhalb umgangen, dann ist man wieder im freien Feld. Der Friedhof auf der Anhöhe mit barocker Kapelle unter hohen alten Bäumen liegt weitab vom Dorf Ober-Kainsbach, zu dem er gehört. Wir halten bergan auf die Waldgaststätte Vierstöck zu. Die B 47, an der die Gaststätte steht, wird überquert, kurz nach der

Tongrube kommt von rechts das gelbe Viereck, ihm schließen wir uns im Linksbogen an, bald im Fichtenhochwald steigend. Ist der für uns höchste Punkt dieser Wanderung an einem Holzlagerplatz erreicht, nehmen wir das rote Kreuz mit auf, halten halblinks abwärts mit beiden Zeichen auf die B 47 zu und orientieren uns ab da nur am roten Kreuz. Das heißt kurz links der Straße nach, dann der Abzweigung Ober-Kainsbach, von ihr wieder weg durch die Felder hinauf zum Wald.

An der ehemaligen Richtstätte der Zent Ober-Kainsbach vorbei, am Waldrand entlang mit ständig schöner Sicht mündet das Zeichen in die Straße ein, verbleibt, bis aus der Rechtskurve links das Kreuz auf einen Weg abzweigt. Von der aussichtsreichen Höhe (406 Meter) hält das Kreuz abwärts auf Böllstein zu und gibt seine Führung kurz vor Erreichen des Dorfes an den gelben Strich ab, dem wir uns nun im Linksbogen anschließen, jetzt mit Blick in nördliche Richtung, bei klarem Wetter bis zum Taunus. Im Wald wird der erste Hinweis Schnellerts sichtbar. Nach einigem Bergauf und Bergab ist es soweit, man steht vor der Ruine der Burg Schnellerts, die möglicherweise auch dem Rodensteiner zugeschrieben wird, der gleichermaßen als Schnellertsherr durch die Sagenwelt geistert. Ab der Ruine geht es mit dem gelben Strich bergab, am Waldwiesensaum entlang, auf der Zufahrt zum Wochenendhausgebiet der Straße hinunter folgend. Zum Schluß noch ein Stück am Bach entlang, eingangs Nieder-Kainsbach schließt sich der Wanderkreis.

Zwei Burgen hoch über Weinheim

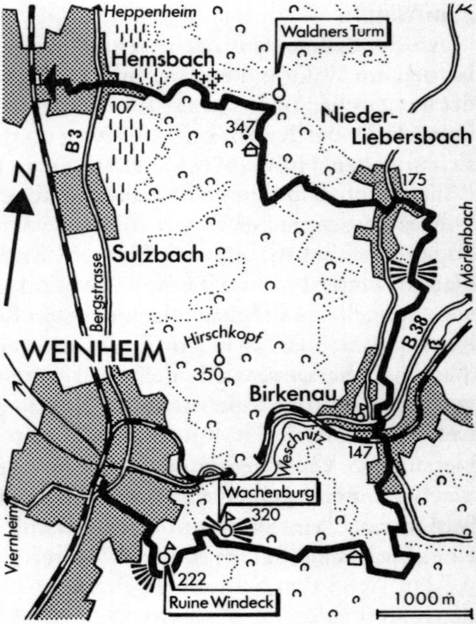

„Weinheim aus der Sicht seiner Burgen", so könnte das Motto dieser Streckenwanderung heißen, würde sie sich nur auf die beiden Burgen Windeck und Wachenburg allein beschränken. Die Tour endet jedoch in Hemsbach und bringt es damit auf sechzehn Kilometer Länge (5½ Std.). – Weinheim als Ausgangsort und Hemsbach liegen an der Bahnstrecke Frankfurt–Heidelberg, haben Anschlußstellen an der A 5. – Die Gaststätte Burgruine Windeck hat montags Ruhetag, im Winter erst ab 14 Uhr geöffnet, im Sommer ab 10 Uhr, November geschlossen. Die Burgschenke Wachenburg ist dienstags geschlossen, im Januar ganz. (Museen siehe S. 29)

Zwei Burgen schauen auf Weinheim an der Bergstraße herab, die Ruine Windeck vom 222 Meter hohen Schloßberg und die Wachenburg auf der Vorkuppe des Wachenberges von 328 Meter Höhe. Die Windeck gilt als das älteste Baudenkmal Weinheims. Ihre Geschichte ist auf das engste mit der des Klosters Lorsch verbunden. 773 hatte Karl der Große dem jungen Kloster die gesamte Mark Heppenheim bis Weinheim geschenkt. Als die Fronhöfe zu klein wurden, den Pachtzins der Hübner in Form von Wein, Getreide und Früchten aufzunehmen, entschlossen sich die Äbte, um 1100 auf dem Berg über der Weschnitz eine größere, befestigte Kellerei zu bauen, besonders für die Lagerung des Weines. Festungscharakter hatte die Anlage zunächst nicht. Erst nachdem auf Befehl Kaiser Heinrichs V. 1114 die Burg geschleift worden war, wurde sie in ihrer heutigen Ausdehnung errichtet.

Ein Fußpfad führt aus der Altstadt heraus zur Windeck hinauf. Das Zeichen offenes weißes Viereck lotst vom Bahnhof nach rechts zunächst durch die Neustadt und schließlich über einen Treppenabgang durch das Gewinkel der Gassen zum Schloßberg. Man blickt hinunter auf Weinheim, das im Frühling in einen weißrosa Blütenschleier gehüllt ist, der sich erst allmählich im fernen Dunst der Rheinebene verflüchtigt.

Es ist erstaunlich, wieviel Mauerwerk noch von der Burg erhalten ist. Immerhin diente sie den Weinheimern Ende des 17. Jahrhunderts über Jahre als Steinbruch für die Wiedererstellung ihrer Häuser, die Generalfeldmarschall Turenne bei der Pfalzverwüstung 1674 zerstört hatte, ebenso wie die Windeck. Achtundzwanzig Meter ragt der Bergfried empor, von dem die große Heerstraße des Mittelalters, die Bergstraße, beobachtet werden konnte. Im Südosten der Anlage ist der vierstöckige ehemalige Palas zu erkennen, unter dem sich das mächtige Kellergewölbe befindet. Von den Wirtschaftsräumen auf der Westseite ist nur noch der Grundriß vorhanden, eine Burgschänke steht an dieser Stelle.

Man steigt den Schloßberg hinunter bis zu der Stelle, an der man wieder auf das zurückgelassene Viereck stößt, und „erobert" mit ihm die nächste Burg, die Wachenburg auf dem der Windeck gegenüberliegenden Bergkegel. Durch Obsthaine und Schrebergärten geht es hinan. Man könnte die Burg für die besterhaltene mittelalterliche Anlage halten, mit ihrem Bergfried, Palas, Ehrenhof, Toren und der Burgschänke, wüßte man nicht, daß sie erst kurz vor und nach dem Ersten Weltkrieg entstanden ist. Erbaut vom Weinheimer Seniorenkonvent der Vereinigung studentischer Korps an den deutschen Technischen Hochschulen und Bergakademien, steht sie als Mahnmal für die Gefallenen des Korps.

Über dem Wappentor sind die Embleme der 62 angeschlossenen Korporationen eingelassen. Der Panoramaradius von der „Studentenburg", wie der Volksmund sie nennt, ist noch umfassender, weitreichender als der von der Windeck.

Wieder kehren wir zu unserem Zeichen unterhalb der Burg zurück und ziehen mit ihm auf einem bequemen Hochwaldweg weiter bis kurz vor eine hallenartige Schutzhütte. Hier wird eine Kursänderung vorgenommen. Man schließt sich jetzt links der Ziffer 6 an, die talwärts nach Birkenau bringt und dort an der Linde die Führung an den blauen Punkt abgibt. Es geht auf der engen Straße hinaus zum Schloß mit seinem kleinen exotischen Park an der Weschnitz und neben dem Gebäudekomplex über einen Treppenaufgang zwischen Häusern und Gärten ins Freie. Und wieder wechselt die Szenerie – eine lichtgrüne Dünenlandschaft, über Wiesenhügel bis Nieder-Liebersbach. Eingangs dieses Ortes noch einmal ein Zeichentausch: blauer Punkt gegen gelben. Durch den sich bis an den Waldrand hinziehenden Ort geht es ins Schelmental, ein letzter Aufstieg im Hochwald zum Waldners Turm, und mit mühelosem Bergab endet die Tour in Hemsbach.

Hirschhorn
zu beiden Seiten des Neckars

Mit dem Burgenstädtchen Hirschhorn reicht Hessen bis an den Neckar. Wir beginnen hier, wandern jedoch durch die Wälder auf der baden-württembergischen Seite des Flusses, insgesamt fünf Stunden lang (16 km). – Einkehr nach der Hälfte im „Grünen Baum" nahe der Fähre. – Wer alles von oben sehen möchte, steigt in Hirschhorn zur Burgruine und Einkehr hinauf. – Anfahrt: von Heidelberg mit Zug, Autofahrer auf der B 37 am Neckar entlang.

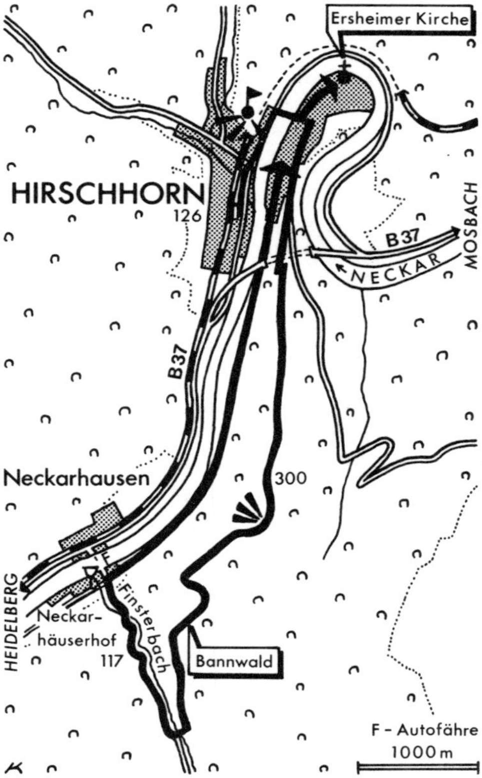

Wo der Neckar nicht weit von Heidelberg eine seiner bizarrsten Schleifen zieht, schmiegt sich zwischen die Ufer das zweigesichtige alte Städtchen Hirschhorn. Der augenfälligere Teil, mauerumwehrt, mit Burg auf engstem Raum an die steil abfallende Südflanke eines Odenwaldgebirgsstocks gedrückt, der andere, behäbig sich ausbreitend, liegt gegenüber in der Talaue. Es ist das halbinselförmig vom Fluß umschlossene Ersheim; eine neuere Siedlung, die eine Verwaltungsehe mit seinem Gegenüber einging, möchte man meinen. Doch Ersheim ist der ältere Teil, darüber hinaus die Ausgangszelle für die Burg der Herren von Hirschhorn, die vom 12. bis ins 17. Jahrhundert über dem Neckar residierten und von dort aus ihre Macht spielen ließen.

Schauen wir hinüber und herüber. Am Bahnhof Hirschhorn, diesseits des Neckars, setzen wir uns in Bewegung. Die Neckarsteinacher Straße nach links kommen wir in die Altstadt, das sogenannte Hinterstädtel, ein vollkommenes Bild gotischer Stadtplanung, das in dieser rechtwinkligen Gassenführung bereits im 14. Jahrhundert bestand. Zusammen mit dem etwas jüngeren Vorderstädtel klettern die Häuser den Berg hinan zur Burg, durch die Wehrmauer wie zum Schutz vor dem Absturz zusammengehalten.

Ausgangs der Stadt überqueren wir den Neckar auf der Staustufen- und Schleusenmauer. Drüben weist die Ausschilderung „Ersheimer Kapelle“ den Weg. Es geht zur äußersten Spitze der flachen Halbinsel, wo das kleine Gotteshaus inmitten des Friedhofs steht. Sein bereits 773 beurkundetes Bestehen zu Ehren der Heiligen Nazarius und Celsus veranlaßte die Ritter von Hirschhorn, auf dem gegenüberliegenden Bergvorsprung, dem „Horn“, ihre Burg zu bauen. Sie wählten die Kirche zu ihrer Grablege. Unter den zahlreichen Grabmälern findet sich auch das Engelhards I. von Hirschhorn, Stifter der Kirche des 14. Jahrhunderts, einer der bedeutendsten seines Geschlechtes. Mit der hohen Totenleuchte im Freien setzte sich der Wormser Domherr Konrad von Hirschhorn 1412 ein Denkmal. Bedeutende Reste gotischer Wandmalerei wurden 1964 freigelegt.

Wir laufen den gleichen Weg zurück zur Schleuse, Burg und Stadt im mehrfach variierenden Blickwinkel. Von der Staustufe geht es kurz links und gleich rechts in die Schönbrunner Straße hinauf zum Wald. Etwa 50 Meter nach seinem Anfang zweigt halbrechts die Markierung Nr. 5 ab. Kurz danach kommen wir mit einem Links-Rechts-Knick auf den eine Etage höher ziehenden Weg Nr. 28 und 6. Es steigt weiter sacht an zwischen Lärchen, Fichten und Laubbäumen. Später befinden wir uns in einem Bannwald oder Reservat, in dem jegliche forstwirtschaftliche Nutzung ruht.

Die Markierung nähert sich dem Finsterbachtal, schwenkt rechts ein auf das schmale, kurvenreiche Sträßchen, das entlang dem munter springenden Bach zwischen Steilhängen hinunter zum Neckar führt. Kurz vorm Gasthaus Zum grünen Baum biegt man rechts in den Uferweg Nr. 24 und 5, das bequemste Stück der Wanderung, völlig eben, im Waldschatten entlang dem Neckar, Hirschhorn mit der Burg voraus. Unter der elegant geschwungenen neuen Neckarbrücke, durch die mit anschließendem Tunnel die Bundesstraße 37 den jährlich wiederkehrenden Überschwemmungen aus dem Wege geht, gelangen wir nach Ersheim zurück. Nach Passieren der Staustufe empfiehlt es sich, links hinunter zur Uferstraße und entlang der Stadtmauer zu laufen. Die Hochwassermarken am Zugang zum Marktplatz sprechen für sich.

Die Totenleuchte auf dem Ersheimer Friedhof gegenüber Hirschhorn

Schutzburg des Klosters Lorsch

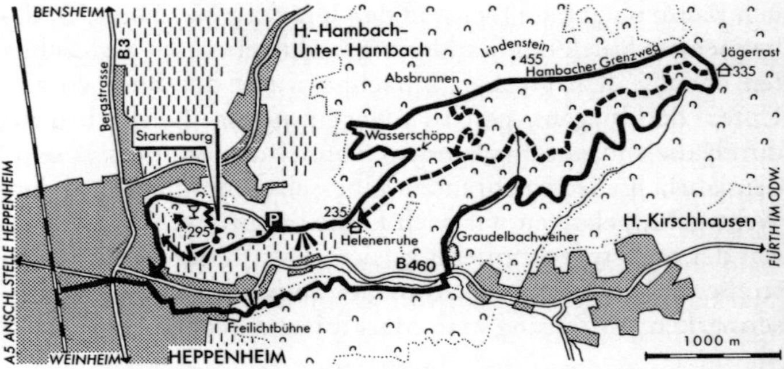

Heppenheim und die darüber thronende Starkenburg, die einem ganzen Landstrich seinen Namen gab, gehören als Gesamtbild untrennbar zusammen. Sie bildet den krönenden Abschluß einer ausdauernden siebzehn Kilometer langen Wanderung (5 Std.) ins Hinterland. Möglichkeiten zur Abkürzung sind gegeben. – Heppenheim als Ausgangs- und Endpunkt liegt an der Bahnstrecke Frankfurt–Heidelberg und an der A 5.

Der Name Starkenburg spricht für sich. Sie wäre wohl nie hoch über Heppenheim entstanden, hätte nicht Erzbischof Adalbert von Bremen, Berater des vierzehnjährigen Königs Heinrich IV., das Reichskloster Lorsch als Schenkung in seinen Besitz gebracht. Doch er hatte die Rechnung ohne den Wirt gemacht, nämlich ohne Abt Udalrich und seine Mönche, die keineswegs gewillt waren, ihre Selbständigkeit aufzugeben. Sie errichteten 1065 in aller Eile auf dem Berg „Burcheldon" in der Nähe des Klosters eine Schutzburg. Erzbischof Adalbert rannte mit seinen Truppen vergebens dagegen an. Als er kurz darauf in Ungnade fiel, hatte sich die Angelegenheit von selbst erledigt. Die Starkenburg aber erstarkte weiter. Zwar häufiges Angriffsziel, besiegt wurde sie nie. Erst nachdem sie militärisch bedeutungslos geworden war, gab Mainz die Anlage 1765 zur Versteigerung frei. Viel zu spät wurde dem Abbruch Einhalt geboten.

Das Verbliebene der Starkenburg ist noch immer imposant genug, um sowohl von unten, aus der Rheinebene, zu faszinieren, wie von oben aus der Nähe. Steigen wir in einem großen Wanderbogen von Heppenheim aus zu ihr hinauf. Der Gang durch die Altstadt ist immer wieder ein Genuß, wie hier vom Bahnhof durch die Bahnhofstraße, die Fußgängerzone, das Wormser Tor, die Marktkirche zum großen Marktplatz, auf dem sich die Fachwerkparade um den Marienbrunnen gruppiert. Zum eigentlichen Wanderbeginn geht es am eindrucksvollen Rathaus von 1551 links vorbei, kurz durch die Straße Laudenbacher Thor, an der Ecke Merianstraße trifft man die weiße 2, für die erste Wanderhälfte unser Lotse. Er führt aus der Stadt hinaus, über die Freilichtbühne und bald in den Wald. Zuvor bietet sich ein schöner Blick zur Starkenburg, die auf dem von Reben und Goldruten bedeckten Schloßberg thront. Der Weg schlängelt sich, immer dem Berghang angepaßt, teils durchs Freie, teils durch Laubwald.

Eingangs Kirschhausen knicken wir links ab, überqueren die B 460 (Siegfriedstraße) und wenden uns auf dem Gehsteig nach rechts. Nach gut 100 Metern heißt es links hinauf in das enge Waldtal des Graudelbaches, der zur „Erhaltung von Amphibien“ zu einem Teich gestaut ist. Der breite, feste Weg steigt stetig, wechselt aus diesem Tal auf die Höhe über einem anderen und vollzieht in mehreren Bogen die Bergformen nach. Je näher wir der Jägerrast kommen, desto mehr läßt die Steigung nach. Ab einer Wegkreuzung gibt es mit dem Zeichenwechsel zur 11 noch einen kurzen Stich, und wenn die neue Jägerrast-Schutzhütte zu sehen ist, steuern wir ohne die 11 darauf zu.

Für den zweiten Wanderabschnitt, den Rückweg, orientiert man sich an der ausführlichen Tafel. Wer den kürzeren und ebenen Weg zur Starkenburg wünscht, benutzt das rote umgedrehte T. Wir nehmen dagegen das gelbe T, das alsbald den fast geraden, aber etwas steigenden „Hambacher Grenzweg“ südlich des Lindensteins (455 Meter) entlang führt. Sobald es wieder bergab geht, kommt von rechts die 1 und zweigt kurz darauf nach links ab. Sie könnte als abkürzende

Verbindung zwischen dem gelben und dem roten T benutzt werden. Wer den bisherigen Kurs beibehält, soll sich durch die veränderte Wegbeschaffenheit nicht irritieren lassen: Grasweg, Graspfad, überraschend links abknickender Hangpfad, hinunter wieder auf einen breiten, festen Weg. Einmal wird die Starkenburg schon recht nahe sichtbar, aber wir bewegen uns vorläufig noch von ihr weg, erst ab einer Wegekrümmung (mit Quelle) wieder auf sie zu. Der Wald endet an der Helenenruhe, wo auch das rote T ankommt, das unter Auslassen der Starkenburg am sonnigen Schloßberghang nach Heppenheim hinunterzieht, ebenso wie das hinter der Burg entlang führende gelbe Zeichen. Um aber die Starkenburg aufzusuchen, biegen wir am Naturparkplatz links in die Zufahrt ab und kommen an der Sternwarte vorbei weiter ansteigend in den Burghof. Nach unten bringen mehrere Wege.

Relief am Bergfried der Starkenburg – Fabelwesen, die nie versiegendes Wasser verkörpern

Mit Schlawitzer durch den Odenwald

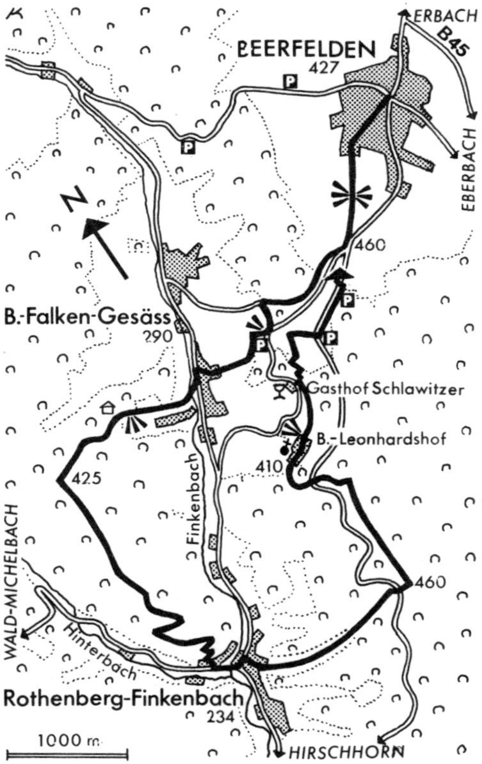

Wanderungen werden aus den verschiedensten Gründen unternommen, vorrangig, um sich zu erholen und in sauerstoffreicher Luft zu bewegen. In der schier endlos scheinenden Waldregion des südlichen Odenwaldes ist beides in hohem Maße möglich. – Mit dieser siebzehn Kilometer langen Vorschlagsroute (5½ Std.) folgt man zudem den Spuren Schlawitzers, eines Frankfurter (damals noch Rödelheimer) Originals aus dem vorigen Jahrhundert. Der nach ihm benannte Gasthof im Grünen ist nur Samstag und Sonntag geöffnet. – Ausgangsort ist Beerfelden, zu erreichen mit Bahn bis Erbach oder Hetzbach an der Strecke Frankfurt–Eberbach (Neckar), weiter mit Bus bis Beerfelden, Marktplatz (Wanderbeginn). Autofahrer kommen auf der B 45 (Dieburg) herein.

Sich dem „Schlawitzer“ auf einer Odenwaldwanderung anschließen zu wollen, klingt recht abenteuerlich, zumal es sich um die Fußstapfen eines in der mittleren Region des Gebirges hinlänglich bekannten Originals handelt. Allerdings in der Erinnerung, denn er ist nur in seinen Aussprüchen und durch sein Konterfei existent, ein Bild, das einen untersetzten Mann mit Frack und Pelzmütze zeigt, mit riesigem Rucksack auf dem Buckel, Bündel und Knotenstock in der Hand. Ein Wanderer eigener Art, ein fliegender Händler, der im vergangenen Jahrhundert die entlegenen Odenwalddörfer mit dem Neuesten von Frankfurter Messen versah. Sein zentrales Absatzgebiet lag im Beerfelder Raum.

Wir beginnen unsere Wanderung in Beerfelden am Marktplatz mit der Markierung gelber Punkt. Am Rathaus vorbei geht es aufwärts in die Odenwaldstraße, unter diesem Namen allerdings erst später ausgewiesen, wir biegen an deren Ende links in den Siedlungsweg ein und werden hinaus über eine der aussichtsreichen Feldhöhen geführt, von denen die Stadt in riesigem Zirkelbogen umzogen ist. An der Straßengabelung heißt es noch vor dem Ehrenhain rechts abwärts durch Wald, an seinem Rand links hinauf. Am kleinen Parkstreifen neben der Straße Beerfelden–Hirschhorn taucht erstmals ein Schild mit dem Bild des Schlawitzer auf.

Von hier an weist der gelbe Punkt ins enge Tal des Finkenbaches mit der Streusiedlung Falkengesäß, wie sie in dieser Formierung so typisch für den Odenwald ist. Bach und Tal werden durchquert, und drüben geht es unter Haselnußhekken zum Wald hinauf. Es steigt, bis auf der Höhe ein neues Zeichen erreicht ist, das blaue Quadrat. Ihm schließt man sich nach links auf einem breiten Forstweg an. Nur beim Abstieg ins Finkenbachtal, zum Ort Finkenbach, ist darauf zu achten, daß man bei mehrmaligen Seitensprüngen des blauen Quadrates es nicht aus den Augen verliert.

An der Bachbrücke wechseln wir vom blauen Viereck zum weißen über und laufen in Wanderrichtung weiter mit Kurs Gammelsbach. Es steigt kräftig an, bis die Hirschhorner Höhe erreicht ist. Das blaue Kreuz macht die Route kenntlich. Wir folgen ihr auf fast ebenem, gekiestem Weg nach links, doch nur so lange, bis die örtliche Markierung schwarzes Heupferdchen auf kleinem Schild mit dem Zusatz Leonhardshof kommt. Auch hier nach links zum gleichnamigen Weiler, der noch heute vom Ruhme des einstigen Wallfahrtsortes zehrt, von dem die Ruine einer gotischen, dem Schutzheiligen der Pferde, St. Leonhard, geweihten Kapelle oberhalb einer heilkräftigen Quelle erhalten ist.

Doch auch Schlawitzer mischt an dieser Stelle mit. Sein Porträt führt unweigerlich zum gleichnamigen Gasthaus. „Wirtshaus zur Englischen Anlage" hieß es Mitte des vergangenen Jahrhunderts nach dem englischen Bauingenieur Eikenmeier, dem 1837 der Bauabschnitt Beerfelden–Finkenbach der Straße Darmstadt–Mannheim unterstand. Doch im Volksmund heißt es seit eh und je „Zum Schlawitzer" nach dem Mann mit dem bürgerlichen Namen G. Hirsch (1789–1880), geboren in Frankfurt-Rödelheim, der vom Opernglas bis zum Schnürsenkel alles lautstark an den Mann brachte, und sei es über eine Hühnerleiter gewesen.

Gegenüber dem Gasthaus, Schild Beerfelden, geht es für den Rückweg weiter. Markierung sollte die örtliche gelbe Ziffer 5 im Kreis sein. Es steigt wieder. Nach kurzem Walddurchgang links oder rechts dem Rand entlang hinauf zur Straße und links zum Naturparkplatz Kammerweg. Von dort bekommt man in kurzer Entfernung Anschluß an das blaue Kreuz, das auf der bekannten Strecke nach Beerfelden zurückleitet.

Im Bannkreis Einhards

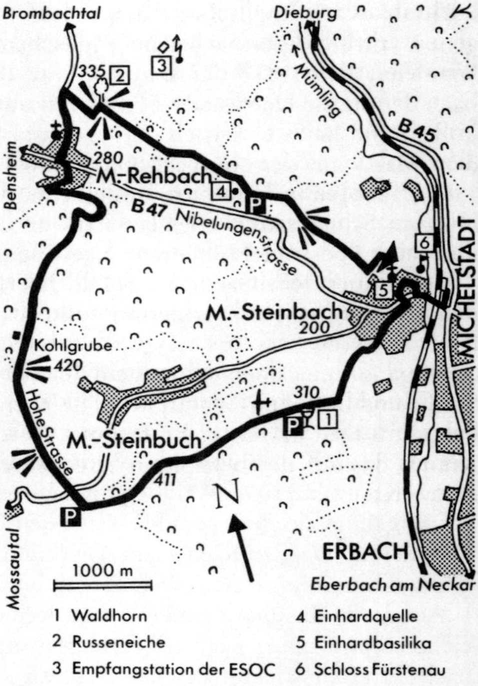

Der geschichtsträchtige Radius um Michelstadt, Zelle des Odenwaldes, ist bedeutend. Kleinere Kulturdenkmäler finden angesichts der karolingischen Einhardbasilika weniger Beachtung. Hier sind zwei am Wegesrand in Rehbach: ein romanischer Kirchturm und zwei Steinsarkophage im ummauerten Friedhof. – Gesamtwanderlänge beginnend am Bahnhof Michelstadt siebzehn Kilometer (5 Std.) – Michelstadt liegt an der Bahnstrecke Frankfurt–Eberbach (Neckar). Autofahrer nehmen die B 45 über Dieburg. – Die Einhardbasilika ist von Mitte März bis Ende Oktober täglich außer Montag von 10 bis 11.30 und von 13 bis 17 Uhr geöffnet. Die Museen im Michelstädter Amtshaus, Odenwald- und Spielzeugmuseum können vom 2. Samstag vor Ostern bis 1. November täglich außer Montag von 10 bis 12 und 14 bis 17 Uhr besucht werden.

In Nachbarschaft namhafter Kulturdenkmäler finden vergleichsweise weniger bedeutungvolle selten die Beachtung, die ihnen gebühren sollte. Beispielsweise in der Umgebung Michelstadts, dessen Fachwerk-Rathaus, Burg, Schloß Fürstenau und karolingischer Einhardbasilika das Interesse der Besucher gilt. Wir nehmen den geschichtsträchtigen Ort als Ausgangspunkt einer Wanderung ins Hinterland.

Der Bahnhof Michelstadt liegt näher zum Stadtteil Steinbach. Wir bleiben auf der Steinbacher Seite, wenden uns vom Bahnhof rechts zur B 47 (Nibelungenstraße) und folgen dem Hinweis „Schloß Fürstenau und Einhardbasilika". Mit dem roten Andreaskreuz biegt man links in die Schloßstraße, vollzieht den Linksknick in die Brückenstraße nach, kommt aus dem alten Ortskern wieder zur B 47 und setzt drüben in der Friedhofstraße den Weg fort. Leicht bergan geht es nach der Kurt-Schumacher-Straße zwischen Weiden weiter, der Blick ist frei auf Michelstadt und Erbach, die mit ihren ausufernden Wohnbezirken das Mümlingtal füllen.

Das Gasthaus Waldhorn kündigt sich voraus an. Ab dem Naturparkplatz daneben gilt das gelbe Dreieck. Man folgt ihm mit der Fahrstraße zum Sportflugplatz, schwenkt in Flugfeldhöhe halblinks auf einen Forstweg ein und hält kurz hinter dem Waldende auf den vorausliegenden Naturparkplatz Mossauer Höhe zu. Dort wird abermals ein Zeichenwechsel fällig, jetzt zum blauen stehenden Kreuz, im Verlauf der Hohen Straße, früher Nord-Süd-Höhenweg vom Main zum Neckar. Auf aussichtsreicher Höhe durch Felder wird voraus Hof Kohlgrube am Waldrand sichtbar. Wenn das blaue Kreuz kurz vor Waldbeginn nach links schwenkt, halten wir ohne Zeichen geradeaus auf den Hof zu, verbleiben auf diesem Weg, zunächst am Waldrand entlang, dann im Wald auf breitem, festem Weg bergab bis Rehbach.

Auf der Höhe über dem Dorf ragt dominierend die Russeneiche empor, unser nächster Orientierungspunkt. Doch zunächst treffen wir auf die B 47, folgen ihr kurz mit Links-Rechts-Knick, dann dem Schild Brombachtal die Straße hinauf. Im ummauerten Friedhof hebt sich der im Kern romanische Kirchturm ab, miteinbezogen in die Friedhofskapelle aus jüngster Zeit. Beim Nähertreten wird man zweier Steinsarkophage ansichtig, der eine mit eingeritzten Kreuzbändern auf der geteilten Deckplatte. Sie wurden 1854 ausgegraben, datieren in karolingische Zeit. Für wen diese jeweils aus einem einzigen Felsblock gehauenen Särge bestimmt waren, ist unbekannt. Wahrscheinlich bestand die Kirche schon in Einhards Tagen. Sie ging 1253 in den Besitz des Johanniterordens über und wurde im Dreißigjährigen Krieg bis auf den Turm zerstört.

Wir folgen der Straße weiter aufwärts, biegen auf der Kuppe rechts in den Feldweg, finden an der Ecke des nächsten Weidezauns das gelbe Quadrat, steuern mit ihm die Russeneiche zur Ringsumsicht an, von dort weiter zum Wald, in der Mulde links die Parabolantennen des ESOC (European Space Operation Centre). An einem Feldeinschub heißt es von der Bank nach halblinks die Feldlänge zur nächsten Waldecke zu durchqueren. Das gelbe Quadrat lotst weiter abwärts durch sonnige Felder und mitten hinein in die kulturgeschichtliche Zelle des Odenwaldes, zur Einhardbasilika.

Quellenstudium um Beerfelden

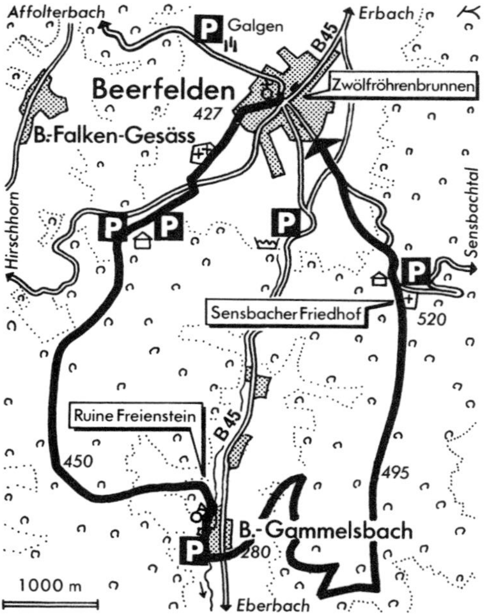

Wo die Wasser sich scheiden zum Main und Neckar hin, liegt Beerfelden im zentralen Odenwald, frei auf der Höhe, doch rundum Wald, stundenlang Wald, nur von tiefeingeschnittenen Tälern durchbrochen, denen die Gebirgssträßchen folgen. – Die siebzehn Kilometer lange Wanderung (5½ Std.) bewegt sich im südlichen Waldrevier der „Stadt am Berge" mit dem Ziel Ruine Freienstein. – Beerfelden ist zu erreichen mit Bahn bis Erbach oder Hetzbach an der Strecke Frankfurt–Eberbach (Neckar), weiter mit Bus bis Beerfelden Marktplatz (Wanderbeginn). Autofahrer kommen auf der B 45 (Dieburg) herein.

Stadt am Berge nennt sich Beerfelden im Odenwald. Obgleich 450 Meter über Meereshöhe eine durchschnittliche Mittelgebirgslage ist, weht hier eine andere Luft, fast könnte man meinen, Gebirgsluft. Beerfelden liegt auf der Wasserscheide zwischen Main und Neckar. Ist es das Wasser, von dem die Frische, die Kühle ausgeht? Wo sprudelt eine Quelle schon zwölfmal wie hier die Mümling aus dem

Zwölfröhrenbrunnen, dekorativer Mittelpunkt des Städtchens.

Nicht so augenscheinlich wie die Mümling, die dem Maine zufließt, offenbaren sich die Quellen der Wasserläufe um Beerfelden, die dem Neckar zustreben. Doch ihre tiefeingeschnittenen Täler sind von besonderem Reiz. Finkenbach, Sensbach, Itter, Gammelsbach, sie verbinden den südlichen Odenwald mit dem Neckar.

Wanderwege um Beerfelden gibt es nach allen Seiten. Wie mit dem Zirkel geschlagen umgeben die Wälder das weite Rund der Wiesen und Felder. Am Marktplatz schließt man sich dem blauen Kreuz in Richtung Stadt an, biegt vor dem Rathaus in die Odenwaldstraße und verläßt die geschäftige kleine Stadt in Blickrichtung auf die südlichen Odenwaldberge. Am Ehrenhain mit den Gefallenenmalen dreier Kriege tritt man in den schattigen Wald ein. Auf herrlich federndem Boden, zwischen hohen Kiefern, Fichten und Buchen läuft man auf dem ebenen Hangweg der Hirschhorner Höhe entlang. Nach etwa eineinhalb Stunden hat sich die Funktion des blauen Kreuzes für uns erfüllt, wir wechseln zum weißen Quadrat über. Nach links führt ein Hohlweg zum Waldrand. Wie auf einer Alm schaut man über die steilen Koppeln diesseits und jenseits des Tales, in dem tief unten einzeln aufgereiht die Häuser von Gammelsbach stehen.

In der Mitte des langgestreckten Ortes erhebt sich über der westlichen Talseite die Hangburg Freienstein, die die Schenken von Erbach im 13. Jahrhundert erbauten. Der Zweck ist eindeutig: Sicherung und Abriegelung des Tales. Zwingmauern mit runden Flankentürmen, Außenwände mehrstöckiger erkergeschmückter Wohngebäude, ein tiefer Halsgraben, das alles ergibt ein eindrucksvolles Bild. Erst seit Anfang des 19. Jahrhundert ist die Anlage dem Zerfall preisgegeben. So erklärt sich der verhältnismäßig gute Zustand der Ruine.

Das Zeichen leitet hinunter in den kleinen Erholungsort Gammelsbach und auf der anderen Talseite wieder hinauf. Während das Dorf bald im Taleinschnitt verschwunden ist, ein letzter Blick über die endlos grüne Weite, und der Wald schließt sich wieder hinter uns. Wir steigen auf den Sattel des Sensbachtales, das parallel zum Gammelsbachtal verläuft.

Fast auf der Höhe ein Zeichenwechsel: nach links mit dem roten Dreieck.

Hat man den Kamm erreicht, wird man sich erstaunt fragen, zu welcher Gemeinde wohl die ausgedehnte Friedhofsanlage hier oben gehört. Seit dem Dreißigjährigen Krieg, als über einem Massengrab eine Kapelle errichtet worden war, bestattet das Dörfchen Sensbach seine Toten hier. Auch die Grafen von Erbach-Fürstenau haben diese Waldeinsamkeit für ihre Familiengruft gewählt.

Vor dem Friedhof wendet man sich dem gelben Punkt zu, geht mit ihm ein kurzes Stück die Straße links hinunter und aus der Kurve nach der Mülldeponie links in den Wald. Wenn es zweimal den Anschein hat, als hörte der Weg auf: jenseits der Forststraßen setzt er sich in einem Pfad fort, dringt zum Waldrand und durch die Felder nach Beerfelden.

Die Mümlingquelle, gefaßt im Zwölfröhrenbrunnen zu Beerfelden

Zwischen Spessart und Odenwald

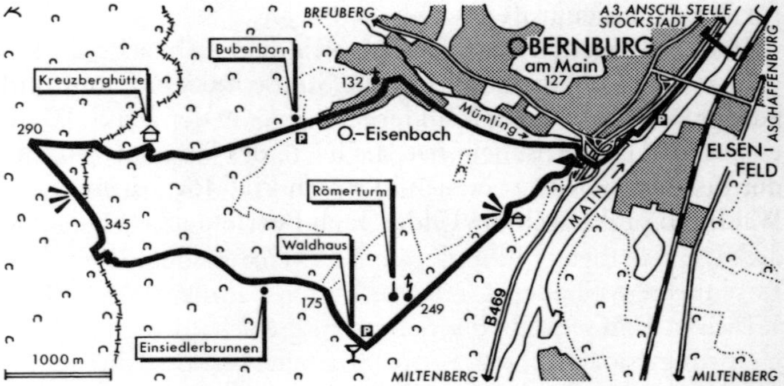

Hie Odenwald, da Spessart. – Daß der Main die beiden Gebirge scheidet, in Obernburg wird's deutlich: Sein Bahnhof liegt auf der Spessartseite in Elsenfeld, ein Brückenschlag verbindet die beiden Orte. – Beginn der siebzehn Kilometer langen Wanderung (5½ Std.) in Elsenfeld, als „drüben", im weiteren Verlauf vielfach Römerspuren. Dazu rustikale Einkehrmöglichkeit im Obernburger Waldhaus (geöffnet sonntags von 9 bis 18, mittwochs von 13 bis 18 Uhr). – Tiefschürfendes über die römische Vergangenheit zeigen Funde im Römerhaus neben dem Rathaus (geöffnet werktags zu Geschäftszeiten). – Obernburg ist mit dem Zug von Frankfurt über Aschaffenburg zu erreichen. Autofahrer nehmen die A 3 bis Anschlußstelle Stockstadt, B 469 Obernburg.

Odenwald oder Spessart, das ist die Frage, die sich demjenigen stellt, der Obernburg als Ausgangspunkt für Wanderungen wählt. Beide Gebirge reichen hüben und drüben des Mains an das Städtchen heran, der Fluß scheidet sie voneinander. Was ein rechter Obernburger der eigentlichen Kernstadt ist, den zieht es mehr auf die Odenwaldseite, als hätte die einstige Grenze des „nassen Limes" über die Jahrhunderte fortgewirkt. Verwunderlich wäre das nicht, denn die Römer sind in ihren Relikten noch allgegenwärtig. Obernburg selbst entstand auf dem Grundriß eines römischen Kastells. Die noch heute den Altstadkern bestimmenden Straßenzüge wurden bereits von einem römischen Landvermesser festgelegt.

Doch zurück zum Wald, mit dem sich die Obernburger besonders stark verbunden fühlen. Es gibt einen bereits im Jahre 1900 gegründeten Waldhausverein, der sich in der Absicht konstituierte, mitten im Grünen ein Blockhaus zu errichten als Treffpunkt für Wanderungen und geselliges Beisammensein. Auch sonst mangelt es nicht an Schutzhütten, gefaßten Quellen, kleinen Einrichtungen, die den Erholungssuchenden erfreuen. Nehmen wir es wahr.

Der Bahnhof liegt jenseits des Mains in Elsenfeld. Auf der neuen Fußgängerbrücke kommt man herüber, das heißt in unserem Fall nicht ganz, wir erfassen das Städtchen zunächst mit dem Auge, seine roten Ziegeldächer, die Stadttürme der Wehrmauer, die Kirchen und nehmen vor dem Brückenende den Treppenabgang hinunter zu den Mainanlagen. Zwischen Rosenbeeten, Flieder, Linden und alten Bäumen geht es flußaufwärts. Von jenseits der Schnellstraße schaut die in ihrem Ursprung romanische St.-Anna-Kapelle herüber, die auf einem römischen Mithrasheiligtum entstand. Sie birgt bemerkenswerte Skulplturen der mainfränkischen Bildhauerschule um 1500. Freskenreste des 16. Jahrhunderts wurden erst in jüngster Zeit freigelegt.

In Höhe der Kapelle tritt der weiße Punkt in Erscheinung, die Markierung der ersten Wanderhälfte. Man folgt ihm über den großen Festplatz, durch die Mainwiesen und wird im Bogen ans Ufer der Mümling gebracht, auf die Verbindungsstraße zum Obernburger Stadtteil Eisenbach. Im Ort begegnet man dem Wappen Eisenbachs auch an Häusern, gekreuzte Hämmer und Schlegel als Zeichen der Eisenschürfung, die schon in karolingischer Zeit begann. Später brach man Basalt in noch heute sichtbaren Gruben. An der spätgotischen, vom Mainzer Barock geprägten Kirche ist der Stein eines römischen Jupiteraltares eingelassen.

Von der Ortsmitte geht es stetig leicht bergauf. Wir kommen zum Naturparkplatz Bubenborn mit kräftig sprudelnder Bubenquelle, Waldspielplatz und Grillhütte. Nicht weit davon entfernt steht zur Rast einladend die geräumige Kreuzberghütte. Doch es heißt weitermarschieren. Am Sechswegestern auf der Höhe wird die bayerisch-hessische Grenze überschritten. Der weiße Punkt geleitet noch bis zum nächsten Stern, dort gibt er die Führung an das blaue Andreaskreuz ab, das nach links aufwärts zum höchsten Punkt der Wanderung bringt.

Hohe Buchenstämme erlauben einen kurzen Durchblick über Waldberge hinweg zur Burg Breuberg. Für kurze Zeit sind wir mit dem Kreuz noch als Grenzgänger unterwegs, dann werden wir an einem ehemaligen Steinbruch für den gesamten Rückweg vom lückenlos postierten offenen roten Quadrat übernommen. Markante Stationen des neuen Begleiters sind, durch herrliche Waldwege miteinander verbunden, die gefaßte Einsiedlerquelle, an der von 1726 bis 1795 die Waldbrüder einer Einsiedelei ihr Wasser schöpften, ebenso wie sie später als Wasserquelle für das benachbarte Waldhaus diente, dem wir nun zur rustikalen Einkehr zueilen. Auch die Römer sind mit einem Turmfragment am Wegesrand vertreten.

Anscheinend um die Straße zum Waldhaus zu meiden, schleicht das rote Zeichen zwischen Bäumen nebenher durch den Wald. Es ist besser, auf der Straße zu bleiben und sich ihm erst am Waldende wieder anzuschließen, hinunter zum Main. Für einen Bummel durch die alten Gassen zu den Stadttoren verläßt man sich nach der Fußgängerbrücke auf den eigenen Spürsinn. Wer römische Spuren verfolgen möchte, findet sie im Römerhaus neben dem Rathaus.

Von der Bergstraße in die Berge

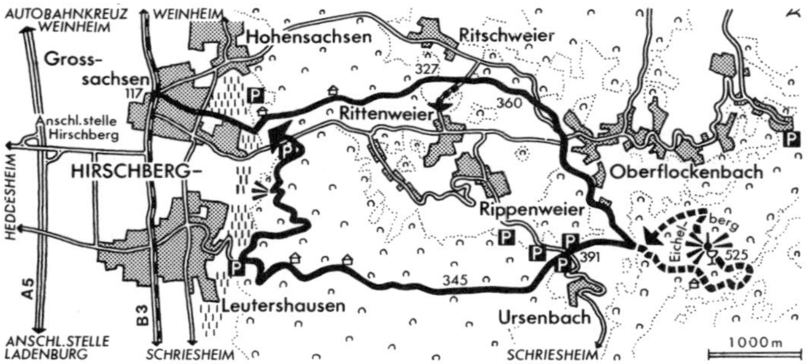

Dies ist eine Wanderung, die es in sich hat, einmal die Länge von siebzehn Kilometern (5½ Std.), die noch um vier Kilometer auf den 525 m hohen Eichelberg vergrößert werden kann (Turm und Einkehr an Sonntagen geöffnet von Mitte März bis 6. Januar). Auch zuvor ist ein Abstecher zum „Jöste Andres" möglich (nur sonntags ganzjährig geöffnet). Auch der Höhenunterschied von 400 Metern bei dieser Tour sollte nicht unterschätzt werden. – Der Ausgangsort Großsachsen ist zu erreichen ab Weinheim mit der OEG Schmalspurbahn. Autofahrer nehmen die A 5 bis Anschlußstelle Hirschberg Großsachsen, weiter Richtung Heiligkreuz-Oberflockenbach, Parkplatz Kunz-Mühle.

Die Bergstraße ist eine zauberhafte Route des Frühlings, die in Darmstadt ihren Anfang nimmt und in Heidelberg endet. Die Wogen des alljährlich von Norden anrollenden Besucherstromes, die Blütenpracht zu bewundern, schwappen allerdings selten so weit südlich. Sie beginnen schon in den alten Burgenstädtchen Alsbach und Zwingenberg zu verebben und laufen allmählich in Heppenheim oder Weinheim aus. Ab Weinheim ändert sich das Landschaftsbild der Bergstraße merklich; nicht, daß es weniger attraktiv wäre, nur die Dörfer haben einen mehr bäuerlichen Charakter, und der Weinanbau tritt stärker in Erscheinung. Wer es ruhiger liebt und deftig genüßlich, wird gern hierherkommen. Der Odenwald hat von jedem Ort der Bergstraße einen Einstieg zum Wandern.

Wir beginnen in Großsachsen. An der OEG-Haltestelle der Schmalspurbahn Weinheim – Heidelberg erwartet uns die Markierung: umgekehrtes rotes T. Sie führt durch das Neubaugebiet, die Friedrich-Ebert-Straße und den Winzerweg, der, nomen est omen, in Weinberge überleitet, und hinauf zum Waldrand. Autofahrer können in Richtung Heiligkreuz–Oberflockenbach bis zum Parkplatz an der Kunz-Mühle fahren und mit dem Zeichen weißes R aufwärts zum T stoßen. Gemeinsam geht es auf hügeligem Weg weiter durch Laubmischbestände mit Einsprengseln von Kiefern und Lärchen. In freiem Feld kreuzt das Sträßchen zu den drei Dörfern Ritsch-, Ritten-, Rippenweier. Wer eine zünftige Brotzeit einlegen möchte, der kann nach rechts Richtung Rittenweier einen Abstecher zum „Jöste Andres" unternehmen. Zum Selbstgeschlachteten und -gekelterten spielt sonntags ab elf Uhr der örtliche Musikverein auf.

Zurück zum T. Der Wald wird unterbrochen von der heiteren Almlandschaft um Oberflockenbach, die wir nur am Rande berühren. Erste Hinweise für Wanderer zum Eichelberg (420 m). Schließlich beim Zusammentreffen mit der Markierung offenes rotes Quadrat stellt sich die Frage: Hinauf zum Aussichtsturm und zur rustikalen Einkehr, oder gleich den Rückmarsch mit dem neuen Zeichen im scharfen Rechtsknick antreten? Der Gipfelstürmer folgt noch dem roten T und kehrt über die Höhe in ausholendem Bogen mit dem roten Quadrat zur Hauptroute zurück.

Hinter einem Feldereinschnitt schließt sich der Wald. Der breite, fast ebene Weg schlängelt sich durch das Grün des Forstes. Wald- und Wegcharakter sind auch dann unverändert, wenn das Zeichen an einer Schutzhütte nach links abbiegt. Wir verbleiben auf dem bisherigen Weg, der nun unmarkiert und leicht fallend – „Leichtweg" obendrein benamt ist –, bis man am Rande des Odenwaldes an den Weinbergen über Leutershausen herauskommt. Hier schließen wir uns dem weißen R des Odenwald-Randweges nach rechts an. In weit ausholenden Kurven führt es mit gleichbleibender Höhe Richtung Großsachsen, eines der drei „Sachsendörfer", Hohen- und Lützelsachsen heißen die beiden anderen, deren Gründung Karl dem Großen zugeschrieben wird, der hier sächsische Gefangene fernab ihrer Heimat nach einem Krieg angesiedelt haben soll. Das R kommt am Wanderparkplatz Kunz-Mühle vorbei.

Die Bahnbenutzer queren die Straße, steigen mit dem R noch einmal kurz steil an und stoßen oben wieder auf das umgedrehte rote T des Herweges.

Jockel duzte selbst den Grafen

Sechs Stunden reine Wanderzeit (18 km), das erfordert einiges an Leistungsfähigkeit. Aber es gibt unterwegs auch Einkehrmöglichkeiten zum Regenerieren. Wenn man die Einheimischen fragt, erfährt man bestimmt allerlei Geschichten vom Raubacher Jokkel. – Start und Ziel ist in Affolterbach, einem Ortsteil von Wald-Michelbach, und mit Bus von Weinheim (Bergstraße) zu erreichen. Autofahrer nehmen die A 5, Anschlußstelle Weinheimer Kreuz, B 38 Mörlenbach, Abzweigung Wald-Michelbach.

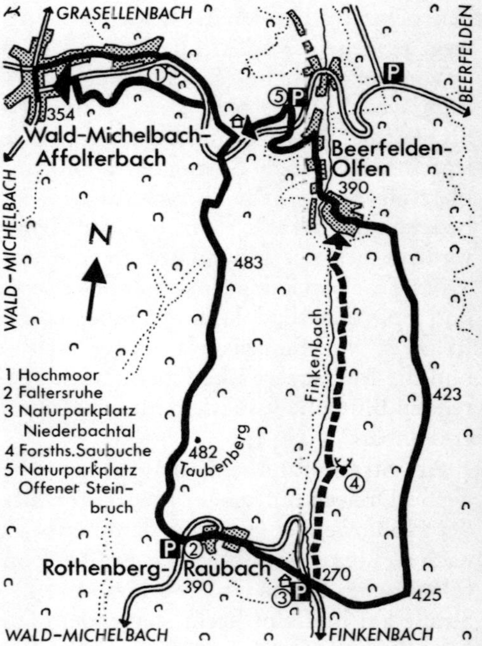

Naturparks im behördlichen Sinn sind abgegrenzte Landschaften, die offiziell als Erholungsgebiete ausgewiesen und von Gemeinden, Kreis- und Forstverwaltung entsprechend gepflegt werden. Naturpark Spessart, Bergstraße-Odenwald, Hoch- und Rheintaunus – es gibt mehr als fünfzig in Deutschland. Wenn auf eine Landschaft die Bezeichnung Naturpark in ihrer ursprünglichen Bedeutung des Gewachsenseins zutrifft, dann ist es der südliche Odenwald in seiner

Geschlossenheit der Wälder, Berge und lieblichen Täler, eine Oase der Ruhe für den Wanderer.

Überwald nennt sich dieses Gebiet, das schon zum Neckar hin ausgerichtet ist in einer Höhe zwischen dreihundert und sechshundert Metern. Etwa zwanzig Ortschaften gehören dazu, bekannte wie Grasellenbach oder Wald-Michelbach, in der Mehrzahl jedoch Weiler, hineingetupft in die Täler des Steinach-, Ulfenbach- oder Finkenbachtales. Über die Höhenrücken im Bereich der beiden letzten zieht unser Wanderweg, ausgehend von Affolterbach.

Von der Bushaltestelle Ortsmitte geht man in Fahrtrichtung weiter, biegt nahe der Kirche in die alte Beerfelder Straße, die sich lang hinausstreckt, bis sie mit der neuangelegten Straße nach Beerfelden an einem ehemaligen Sportplatz zusammentrifft. Für botanisch Interessierte ist dies ein bedeutender Punkt, denn in dem kleinen Wäldchen davor verbirgt sich das Hochmoor en miniature „Rotes Wasser“. Trotz Trockenlegung einer Sumpfwiese nebenan für Straßen- und Sportplatzbau konnten in einer Feuchtmulde seltene Pflanzen wie Siebenstern, der fleischfressende Sonnentau und die Moosbeere überleben. Letztere ist mit ihrem irisierenden Blütenlicht auf dem Moospolster im Frühsommer gut erkennbar.

Am Straßenrand läuft man so lange bergan, bis links das weiße Dreieck auf einem Pfad unter Fichten abzweigt. Auf der Höhe wendet man sich dem neuen Zeichen rotes Kreuz nach rechts zu, kann sogleich eine Verschnaufpause in der Affolterbacher Hütte einlegen und setzt nach Überqueren der Straße auf breitem, leicht steigendem Forstweg seinen Kurs fort. Fichten- und Laubhochwälder wechseln ab, dazwischen grazile Lärchen und immer wieder Kiefern, in deren Gesellschaft die Heidelbeeren so prächtig gedeihen.

Wir kommen zur Faltersruhe an der Straße Schönmattenwag–Raubach. Hier trennen wir uns vom roten Kreuz und folgen dem schon zuvor aufgetauchten gelben Punkt einen Pfad nach Raubach hinunter: drei Gasthöfe und einige Wohnhäuser. Und doch hat Raubach einen legendären Ruf im Überwald. Den verdankt es dem Raubacher Jockel, mit bürgerlichem Namen Jakob Ihrig, einem Original, das hier von 1866 bis 1941 lebte. Er war Gemeindediener, Totengräber, Feldschütz, Köhler, Uhrmacher, Töpfer, vor allem aber Musikant, der sechs Instrumente beherrschte.

Sein Mutterwitz und seine Streiche sind noch heute im weiten Umkreis bei den Einheimischen in aller Munde. Selbst den Grafen von Erbach-Fürstenau duzte er respektlos, als dieser ihm eines Tages im Wald begegnete und nach dem Weg bis Raubach fragte. „Doo muscht erscht de Buckel nuff, dann de Buckel nunner und dann wirrer enuff und nochher kimmscht in die Raubach." Der Graf, verärgert ob der Anrede, wies den Jockel zurecht, doch der antwortete ungerührt: „Wenn de aach de Graf bischt, gehste net de Buckel enuff un wirrer nunner, kimmscht de dei Lebtag net in die Raubach." Liebevoll pflegten die Raubacher das Grab ihres Jockels auf dem kleinen Waldfriedhof.

Der gelbe Punkt weist die Straße weiter bis zum Waldanfang, dort halb rechts auf einen Pfad und den Fichtenhang hinunter zum Wanderparkplatz Hinterbachtal. Wieder auf der Straße, kann derjenige, der abkürzen möchte, nach links den Talweg über das Forsthaus Saubuche nehmen. Das gelbe Zeichen wählt das Steilstück auf der Höhe und gibt dort nach links an das blaue Quadrat ab. Die Eskapaden dieser Markierung, zweimal vom breiten Forstweg ab ins Dickicht zu verschwinden, braucht man nicht mitzumachen. Sie kommt wieder zurück.

Ein letzter Zeichenwechsel findet zum weißen Dreieck statt. Es leitet abwärts nach Olfen, weit auseinandergezogen von den ersten Villen am Waldrand, die lange Finkenbacher Straße hinauf, am Friedhof vorbei bis zum Naturparkplatz Offener Steinbruch. Das Zeichen nimmt seinen Weg über die Affolterbacher Hütte und schließt den Wanderkreis mit einigen Bogen im Ausgangsort.

Die Gralsburg im Odenwald

Etwa auf der Hälfte der mit achtzehn Kilometern (5 Std.) recht anspruchsvollen Rundwanderung liegt die Ruine Wildenburg. Das Barockstädtchen Amorbach ist Ausgangsort. – Öffnungszeiten, ehemalige Benediktinerabtei, Templerhaus u. a. siehe S. 23. – Amorbach erreicht man mit der Bahn über Aschaffenburg und Umsteigen in Miltenberg, mit dem Auto: A 3 bis Anschlußstelle Stockstadt, B 469 bis Amorbach.

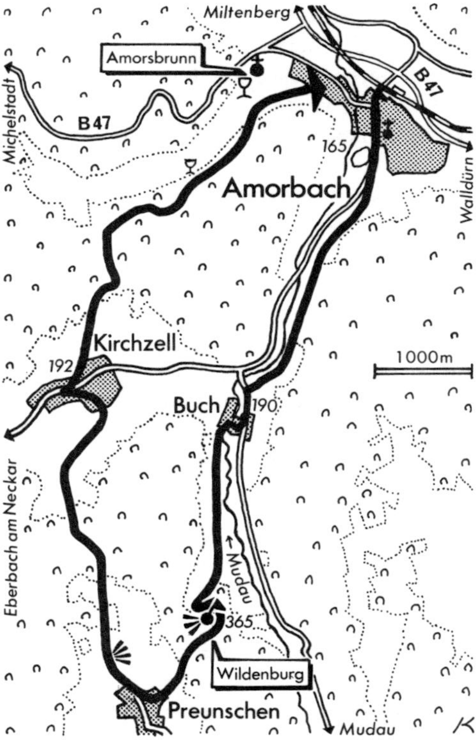

Amorbach als Ausgangspunkt einer Wanderung zu wählen, ist mit einem gewissen Risiko verbunden. Nur allzuleicht verliert man sich im Anblick der barocken Pracht, bleibt in den verträumten Gassen und Gärten hängen. Doch das Ziel, die südlich der Stadt gelegene Wildenburg, ist nicht weniger verlockend. Zum Schutze des Benediktinerklosters erbaut, war sie seit ihren Anfängen in der zweiten Hälfte des zwölften Jahrhunderts aufs engste mit Amorbach verbunden.

Am Bahnhof ist man schon „draußen". Man unterquert die Bundesstraße, läuft von der anderen Seite aufwärts weiter und findet hinter den Parkplätzen an der Zufahrt nach Kirchzell die Markierung roter Rhombus. Wir bleiben auf der Straße, bis sie den Tennisplatz tangiert, und wenden uns jetzt links ab. Ein heckengesäumter Weg bringt den Wanderer zunächst bergan, dann rechts auf einen ebenen Wiesenhangpfad entlang der Mudau. Ganz nah tasten wir uns an das quirlige Bächlein heran und wechseln schließlich in dem Weiler Buch zur anderen Talseite über. Flankiert von Haselnußhecken und breitkronigen Apfelbäumen nähert man sich dem Waldrand des Preunscher Berges. Jetzt heißt es tief Luft holen. Zunächst mäßig, dann steiler werdend geht es bergan.

Und da ragen sie über die Baumwipfel, die Umfassungsmauern und der zwanzig Meter hohe Bergfried aus mächtigen Buckelquadern. Ein Stein im Torturm kündet: „Diese Burg machte Herr Ruprecht von Durn", ein treuer Vasall Kaiser Barbarossas. Doch erst unter Konrad I., einem Enkel Ruprechts, entstand die Anlage, wie sie bis heute in ihrer Ausdehnung selbst als Ruine erkennbar ist. Die reichverzierten Fensterbögen, Säulen und Kapitelle, der mächtige Kamin zeigen noch immer eindrucksvoll den Prunk staufischer Baukunst.

Nicht nur in die Kunstgeschichte ist die Wildenburg eingegangen, auch in der Literatur hat sie ihren Platz. Wolfram von Eschenbach, der hier zeitweise gelebt hat, soll sie als Modell für die Gralsburg im Parzifal gedient haben. Die Wildenburg wurde während der Bauernkriege ein Raub der Flammen. 1271 war sie an Kurmainz übergegangen. Aus dieser Zeit stammt noch die Vorburg.

Wir wenden uns wieder dem roten Rhombus am Eingang zu und klettern mit ihm weiter bergan zu dem auf einem Plateau gelegenen Dorf Preunschen. Das Zeichen begleitet uns bis zum Ortsausgang. Wenn es links abbiegt, gehen wir an der Kirche vorbei aufwärts, treffen oberhalb des Bauernhofes auf das weiße Dreieck und schließen uns ihm nach rechts an. Befreiende Weite umspannt das Rund der Ackerhochfläche. Ein doppelarmiges Holzkreuz setzt einen fremdländischen Akzent in diese Gegend. Es ist eines jener seltenen Kreuze, stets ohne Corpus, wie sie Pilger einst von Jerusalem mitbrachten und zur Abwehr gegen Unheil am Dorfeingang aufstellten.

Am Waldrand beginnt der Abstieg nach Kirchzell. Alle Querwege schneidend, pirscht man sich, wohlgeführt vom Dreieck, auf einem Jägerpfad durch den Forst und läßt sich weiter hinunter in das Dorf leiten. Am Marktplatz mit dem hübschen Fachwerkhaus kündet sich ein neuer Führer an, der weiße Strich. Zunächst gemeinsam mit dem Dreieck klettern wir „Am Steinig“ hoch, kommen in der Verlängerung durch eine Ferienhaussiedlung und streben mäßig steigend der Höhe des Wittigsberges zu. Unübersehbar wird sie von einer mächtigen Eiche beherrscht. Nach dem Rechtsknick heißt es adieu Dreieck, wir vertrauen uns dem weißen Balken an, eine Route, die nur einmal vollstes Augenmerk erfordert, wenn sie nach etwa 10 Minuten ohne Ankündigung vom Hauptweg links auf einen Graspfad einschwenkt. Ein großes erholsames Waldstück wird durchmessen. Kurz vor Ende, wenn links unterhalb Teiche und eine Häusergruppe auftauchen, besteht mit einem kleinen Abstecher die Möglichkeit zur Einkehr in der Gutsschänke „Der Schafhof“. Der weiße Strich bringt uns bis ins Zentrum von Amorbach zurück.

Kamin im Palas der Ruine Wildenburg

Den Katzenbuckel rauf und runter

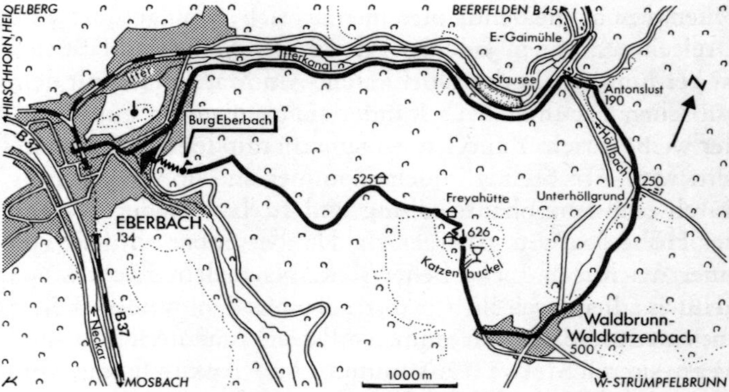

Es klingt eigenartig, aber es gibt ihn wirklich, den Katzenbuckel. Er macht wenig von sich reden und ist doch der höchste Berg des gesamten Odenwaldes, 626 Meter hoch. Ehrensache, einmal da hinaufzusteigen. – Die Turmschänke ist dienstags geschlossen. – Start zur achtzehn Kilometer langen Wanderung (5 Std.) ist in Eberbach am Neckar, das Itterbachtal mit seinem Stausee eingeschlossen. – Das Eberbacher Museum am Alten Markt ist Dienstag und Freitag von 15 bis 17 Uhr, Sonntag von 14 bis 17 Uhr geöffnet. – Anfahrt: direkter Zug Frankfurt–Darmstadt–Eberbach. Autofahrer wählen die B 45 durch den Odenwald oder die B 37 ab Heidelberg am Neckar entlang.

An sonnigen Herbsttagen von Winterhauch zu reden, scheint paradox, zumindest verfrüht. Aber Winterhauch ist hier keine Bezeichnung von Temperaturen, vielmehr ein Name für die etwa 580 Meter hohe, im Winter kalte und schneereiche Hochfläche um die Gemeinde Waldbrunn. Aus diesem Plateau hebt sich ein Kegel vulkanischen Gesteins heraus, der Katzenbuckel. Mit 626 Metern ist er der höchste Berg des gesamten Odenwalds und soll Ziel unseres Ausfluges sein, der in Eberbach am Neckar beginnt.

Weil die zunächst benutzte örtliche Markierung erst am

Stadt- und Waldrand beginnt, der Weg vom Bahnhof dorthin: nach links über den Eisenbahnfußgängersteg, drüben in den Schafwiesenweg, wenn dieser an der Odenwaldstraße endet, jenseits in die Hohenstaufenstraße, rechts durch die Kurpfalzstraße, links die Straße Am Linkbrunnen entlang zum Waldbeginn. Die rote 17 führt uns zuverlässig zwischen Itterkanal und dem diesseitigen Steilhang des Itterbachtales entlang, bleibt aber vom 160000 Kubikmeter fassenden Staubecken durch den Bahnkörper getrennt.

Auf eine Straße mündend, geht es zu den ersten der wenigen Häuser des Eberbacher Ortsteils Gaimühle hinunter, ab dem Eingangsschild rechts mit dem weißen Viereck dem Sträßchen nach, den Höllgrund aufwärts zur Siedlung Unterhöllgrund. Am Hölzerlippbrunnen – Hölzerlipp war Kumpan einer Räuberbande Anfang des 19. Jahrhunderts, eine Art Schinderhannes des Odenwaldes – beginnt es kräftig zu steigen bis in den Luftkurort Waldkatzenbach auf dem Winterhauch. Wenn das bisherige Zeichen dort links abknickt, gehen wir geradeaus weiter, biegen in die Rathausstraße, wo uns an deren Ende der blaue Rhombus erwartet, der bis Wanderende gilt. Ein weißes Schild zeigt in Richtung Katzenbukkel. Durch Felder steigt der Weg weiter an, und wer vorher nicht eingekehrt ist, den lockt als letzte Möglichkeit vor Eberbach die Turmschänke am Waldrand. Auf dem kleinen Gipfelplateau angekommen, trennen uns nur noch die 102 Stufen des 18 Meter hohen Aussichtsturms vom Panorama über unendlich scheinende Wälder bis Taunus, Spessart, Schwarzwald und Schwäbische Alb.

Der Abstieg mit dem blauen Rhombus beginnt auf einem Zickzackpfad, führt über das Gelände der Freyahütte, vom breiten Weg rechts ab, Pfad durch Buschwerk und wieder im Hochwald, der Rhombus muß manchmal mit Argusaugen gesucht werden. Auch der weitere Verlauf ist ein Wechseln zwischen Weg, Pfad und Waldstraße. Endlich wird die Burgruine Eberbach erreicht. Eigentlich sind es ihrer drei: Vorder-, Mittel- und Hinterburg, jede in sich abgeschlossen und trotzdem eine Einheit, entstanden im 12. und 13. Jahrhundert und schon 1403 geschleift. Eine Informationstafel mit Grundrißplan gibt genaue Auskunft über den geschichtlichen Hergang.

Den steilen Burgberghang führt ein schier endloser Zickzackpfad hinunter, mündet in den Burgweg, der sich jenseits der Neuen Dielbacher Straße bis zur Hohenstaufenstraße fortsetzt. Statt direkt zum Bahnhof kann man auf der Odenwaldstraße nach links bis Neuer Markt gehen und von da einen Altstadtbummel durch die heimeligen Gassen mit viel Fachwerk und badischer Gemütlichkeit anschließen. Eberbachs Geschichte ist im Museum am Alten Markt präsent.

Eberbach am Neckar, im Pfarrhof

„Bürgstädter Roter“ und fränkische Brotzeit

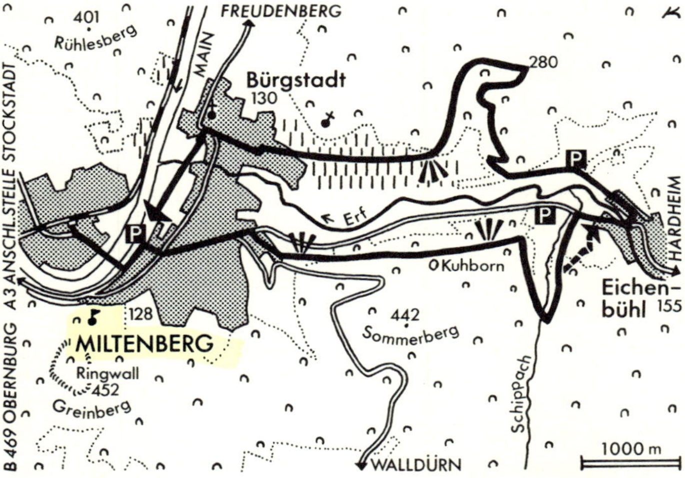

Die Grenzen zwischen Bürgstadt am Main und dem benachbarten Miltenberg sind fließend. Es könnte ein Vorort sein, doch Bürgstadt hat seine Selbständigkeit und fränkisch-dörfliche Eigenart bewahrt. – Die neunzehn Kilometer lange Wanderung ab Bahnhof Miltenberg bzw. sechzehn Kilometer für Autofahrer (6 bzw. 5 Std.) schließt Bürgstadt und seine Weinberge ein. – Miltenberg liegt an der Bahnstrecke Aschaffenburg – Wertheim. Autofahrer kommen über die A 3, Anschlußstelle Stockstadt, B 469 nach Miltenberg.

Wasser, Wald und Wein prägen die Umgebung des Marktfleckens Bürgstadt am südwestlichen Zipfel des Mainvierecks, in unmittelbarer Nachbarschaft vom architektonisch überragenden Miltenberg. Doch auch Bürgstadt hat seine Bauwerke, vornehmlich romanisch-gotische Kirchen, die die einstige Bedeutung des Marktes dokumentieren. Unser Wanderweg umfaßt beide Orte.

Vom Bahnhof Miltenberg aus laufen wir, geführt vom

blauen M, hinunter zur Mainbrücke, lassen uns jenseits nach links weisen, geben das Zeichen dann wieder auf, um vom markanten Viereckturm, dem Würzburger Tor, aus der Straßenbiegung Richtung Eichenbühl/Walldürn (Schild) zu folgen. Weiter bis zur Abzweigung Walldürn. Gegenüber taucht erstmals der rote Querstrich auf. Mit ihm gehen wir kurz darauf halb rechts in den Mäuerleinsweg und sind schon im Freien. Die Sicht reicht über das breite Erftal zu den Bürgstädter Rebenhängen, durch die später unser Rückweg führen wird.

Der rote Strich weist zum Wald. Unser Weg steigt leicht bis zum Kuhborn, dann geht es wieder abwärts. Nach der Aussichtsstelle setzen wir zum großen Haken um das Schippachtälchen an, anfänglich auf dem naturbelassenen Weg unterhalb des befestigten. Am Ende der Wiesenzunge und nach Queren des Baches trifft man bald auf das weiße Dreieck, das hinunter zur Straße und rechts an ihr entlang in den Erholungsort Eichenbühl lotst. (Zur Vermeidung der Straße kann man, noch im Wald, dem Schild Eichenbühl folgen.)

Kurz nach Ortseingang ist die gotische Valentinskapelle aus dem 14. Jahrhundert quasi die Wendemarke unserer Wanderung. Mit dem weißen Dreieck geht es wieder hinaus, zwischen Tennis- und Naturparkplatz Kohlgrund, am Robinsonspielplatz und alten Weinbergterrassen vorbei zur Waldecke. Das Schild Stübchenweg weist uns in den Wald hinauf. Mit Rechts-Links-Biegung steigt es in Kiefernregionen (Klingenweg) noch etwas weiter. An einem Hochsitz ist auf den rechts abzweigenden, naturbelassenen Weg zu achten, der stark bergan führt und wieder in einen festen mündet. Nach leichtem Bergab geben wir das weiße Dreieck am spitzwinkligen Knick auf und laufen mit der gelben 7 den „Amtsweg" geradeaus weiter.

Der Wald endet, Weinberge ziehen sich weit das Erftal hinunter. Etwa 50 Hektar beträgt Bürgstadts Weinanbaufläche. Der feurigrote Spätburgunder, der schon im Jahre 1350 als „Bürgstädter Roter" weithin bekannt war, dominiert. Von weitem, zwischen Waldbergen und Mainknie, grüßt Miltenberg herüber. Den asphaltierten Weinbergweg hinunter – Zeichenhilfe ist jetzt nicht mehr nötig – erreichen wir Bürgstadt.

Wir treffen auf blaues M und R, die uns geradewegs bis kurz vors Renaissance-Rathaus von 1590 führen. Die Linkskurve der beiden Zeichen zunächst ignorierend, aber später hierher zurückkehrend, sollte man den künstlerischen Dreiklang auf sich wirken lassen: das hochgiebelige Rathaus, die spätromanisch-gotische katholische Pfarrkirche mit dem Torhaus der früheren Ummauerung und die Martinskapelle. In diesem kostbaren Kleinod aus dem frühen 13. Jahrhundert illustrieren Fresken (1593) in Gestalt zahlreicher Medaillons die Heilsgeschichte. Am Portal musizieren Engel seit 1430 unterhalb des Martinsreliefs im Bogenfeld.

Nach einer deftigen fränkischen Brotzeit in einer der Häkkerwirtschaften, die ihren selbstgekelterten Wein ausschenken, setzten wir mit M und R den Rückweg fort, zunächst zwischen Kleingärten, über das Erfbrückchen und schließlich durch Wiesen nach Miltenberg, wo wir wieder am Würzburger Tor eintreffen.

Eingang zur Martinskapelle in Bürgstadt

Römerspuren im Odenwald

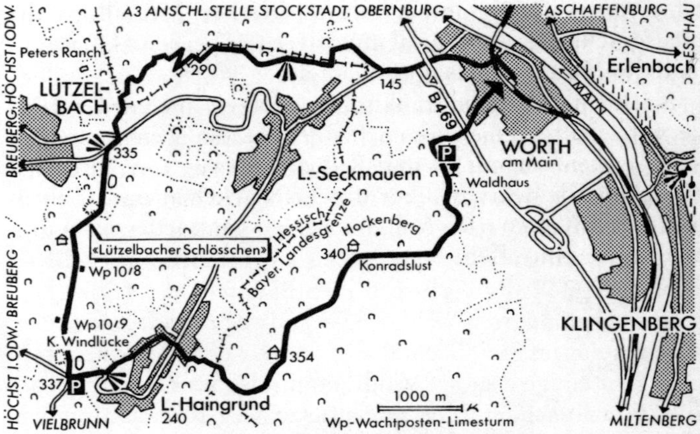

Nicht nur im Taunus kann man Römerspuren entlang dem Limes und im Hinterland folgen. Auch im Odenwald, wo sich der Grenzwall bis zum Nekkar fortsetzte, erinnern Relikte an die römische Besatzungszeit. – Im Schifferstädtchen Wörth am Main beginnt und endet der neunzehn Kilometer lange Rundkurs (6 Std.) über Berg und Tal. – Abschluß sollte ein Altstadtbummel sein mit dem Besuch des Schiffahrtsmuseums in der ehemaligen gotischen Kirche (geöffnet Samstag und Sonntag 14 bis 17 Uhr). – Im „Waldhaus" kann sich der Wanderer Mittwoch und Samstag ab 14 Uhr stärken, Sonntag ab 10 Uhr. – Wörth liegt an der Maintalbahnstrecke Aschaffenburg – Wertheim. Autofahrer nehmen die A 3 bis Anschlußstelle Stockstadt, weiter B 469.

„Ein Römer stand in finst'rer Nacht am deutschen Grenzwall Posten . . .", schmetterten Studenten einst weinseligfreiheitlich Viktor von Scheffels „Gaudeamus"-Lied. Der unerschrockene Wächter hätte wohl kaum etwas gegen die jenseits der Linie lauernden Alemannen auszurichten vermocht, wäre er gänzlich auf sich allein gestellt gewesen. Zwar nicht auf Tuchfühlung, aber immerhin in Sicht- und Hörweite voneinander patroullierten die römischen Soldaten vor annähernd 2000 Jahren entlang dem 548 Kilometer langen obergermanisch-rätischen Limes, gesichert durch 1000 Wachttürme und über 100 Kastelle im Hinterland. Auf Schritt und Tritt begegnet der Wanderer im ehemaligen Grenzwallgebiet von Taunus und Odenwald den verbliebenen Relikten. Auch die vorgesehene Route in der Umgebung von Wörth am Main erinnert an einigen Stellen an die römische Besatzungszeit.

Vom Wörther Bahnhof geht man über den großen Vorplatz links zur Straße nach Lützelbach, gleichzeitig nehmen wir damit die Markierung gelbes Viereck auf. Auch wenn es allgemein von den Wanderklubs tunlichst vermieden wird, hier führt das Zeichen fast zwei Kilometer lang schattenlos an der Straße entlang. Wenn bereits die ersten Häuser von Seckmauern sichtbar werden, biegt das gelbe Viereck in den zweiten der beiden dicht nebeneinander abzweigenden Wege ein zur Waldhöhe. Oben wechselt das Zeichen auf einen nur schwer erkennbaren Pfad zwischen hohen Bäumen, der schließlich in einen asphaltierten Wald-Feld-Randweg mündet mit freier Sicht auf das im Steinbachtal sich erstreckende Seckmauern.

Es geht einige Zeit am Waldrand mit leichter Steigung entlang. Kurz nachdem der asphaltierte Weg für uns in einen Feldweg übergegangen ist, ist Achtung geboten auf unerwartetes Abknicken rechts in den Wald, wo uns ein großer Z-förmiger Schnörkel einer breiten Forststraße zuführt, auf der sich dem Quadrat das gelbe Kreuz hinzugesellt, später auch noch das Limeszeichen. Wenn ein geschnitzter und bemalter Baumstammtorso mit der Inschrift „Peters Ranch“ die Aufmerksamkeit auf sich zieht, ist dies das unübersehbare Merkmal, hier links in ein schlechtes, ausgefahrenes Wegstück überzuwechseln. Sobald sich Quadrat und Kreuz trennen, verbleiben wir beim gelben Kreuz, bis wir kurz darauf auf das blaue Andreaskreuz treffen, das für lange Zeit gilt, zunächst durch Feld zur Straße Wörth-Lützelbach, jenseits in den Wald und zum Kastell Lützelbach, Lützelbacher Schlößchen genannt, am Rand einer Waldwiese. Das Numeruskastell Lützelbach, ein kleines Hilfstruppenkastell für etwa 150 Mann, war das nördlichste des Odenwaldlimes. Es bestand von 100 bis 155 n. Chr. Wall und Graben sind im Odenwald nicht vorhanden. Als andernorts 120 n. Chr. mit dem Bau begonnen wurde, war der über die Höhen des Gebirges führende Limes als Grenze bereits an den Main vorverlegt worden.

Das blaue Kreuz zieht auf ebenem, festem Weg weiter, vollzieht angesichts der nahen Schutzhütte einen Links- und gleich einen Rechtsknick im Kiefernwald, vorbei an den Standorten ehemaliger Wachttürme. Die Bezeichnung Wp 10/8 oder 10/9 bezieht sich auf die heutige Streckenunterteilung des Limes in 15 Abschnitte mit der jeweiligen Anzahl von Wachtposten. Rechts, gegenüber dem Haingrunder Sportplatz, erinnert eine Tafel an das völlig verschwundene Kleinkastell Windlücke. An der folgenden Straßenkreuzung wird ein Zeichenwechsel zum umgekehrten blauen T fällig. Es weist die Straße nach Haingrund hinunter bis zur engen Kurve, geht kurz durch Feld und Wald, dann den Rother Weg abwärts zur Durchgangsstraße, den alten Waldfriedhof entlang und auf einem Kraxelpfad zum Waldrand. Überraschend rechts geht es auf leicht steigendem, breitem Weg weiter, der kein Ende zu nehmen scheint. An der Schutzhütte Konradslust ist es fast geschafft. Ab hier orientiert man sich nur noch an dem schon an der grünen Hütte hinzugekommenen blauen R. Es bringt zur wohlverdienten Einkehr im schattigen „Waldhaus Diana". Man läuft den Zufahrtsweg in bisheriger Richtung bis zum Parkplatz Bocksberg mit Wandertafel vor dem Schützenvereinshaus, rechts abwärts über die Brücke und weiter die Bergstraße hinunter, die an der Bahnstraße endet. Durch die Unterführung geht es rechts zum Bahnhof Wörth.

Das Schifferstädtchen Wört beging gerade sein siebenhundertjähriges Bestehen. Neben dem bereits restaurierten Alten Rathaus von 1600 ist jetzt auch die Sanierung der ehemaligen gotischen Marienkirche abgeschlossen worden. In dem seit 1869 profanierten Gebäude wurde ein Schiffahrts- und Schiffbaumuseum eingerichtet.

Register

Die mit * gekennzeichneten Orte sind Ausgangs- oder Endpunkte von Wanderungen

Die Deutsche Bibliothek – CIP-Einheitsaufnahme

Klein, Elvira:
Der Ausflug in den Odenwald und an die Bergstraße: [kurze und lange Wanderungen in den Naturparks „Bergstraße-Odenwald“ und „Neckartal-Odenwald“] / Elvira Klein. [Kt. und Zeichn. von Rudolf Klein]. – 2. Aufl. – Frankfurt am Main: Societäts-Verl., 1995
ISBN 3-7973-0510-9